_____ 님께

_____ 드림

프로액티즘
PROACTISM

이대희 지음

프로액티즘
PROACTISM

글머리에

이 문구는 필자가 학창 시절부터 좋아했던 미국의 사상가 에머슨^{Ralph} W. Emerson, 1803-1882의 말이다. 필자는 종합상사를 거쳐, 중견기업 여러 곳에서 경영자와 마케터의 길을 걸어왔다. 그 길은 항상 새로운 무대와 새로운 사람들을 접하는 길이었으며, 그야말로 없는 길을 찾아서 흔적을 만들어내는 과정의 연속이었다. 그러한 과정 속에서 국내외 시장의 여러 기업과 사람들의 명멸 과정을 바라볼 기회가 많았고, 그들과의 일과 비화가 주었던 감동과 아쉬움은 지금도 기억에 생생하다.

필자는 그간의 분주한 활동 가운데에서도, 조그마한 소망을 갖고 있었다. 그것은 바로 많은 이들의 치열한 사회생활에 실질적인 도움을 줄 수 있는 진정한 프로의 모습을 정립하고, 그에 관한 이해와 행동의 장場을 열어갈 수 있도록 조력하는 것이었다. 이런 연유로 인해 틈나는 대로 서점으로 달려가 여러 서적을 독파하며 탐구도 해보았지만, 이상하게도 마음에 와 닿는 내용을 담은 책들은 접하기가 어려웠다. 수많은 논리로 무장한 책들은 부지기수였지만, 경험의 기술이 결여된 논리들이 필자에게는 그저 공허하기만 했다. 세상이 돌아가는 모습은 아주 다르니 말이다.

이 책은 초경쟁 글로벌 시대가 요구하는 전향적인 프로의 모습을 그린 것이다. 또한 경영자로서 마케터로서 오랜 기간 필드를 누벼왔던 한 사람의 이야기이기도 하다. 글로벌 비즈니스 세계는 맹수들이 우글거리는 정글처럼 숨 막히는 전쟁터이다. 1년, 아니 한치 앞도 예측하기에 버거울 정도이며 이에 따른 조직 생활 역시 힘들기는 마찬가지다.

이러한 갑갑한 현실 앞에서 필자가 각고의 고민 끝에 세상에 내놓은 단어가 바로 '프로액티즘'이다. 그리고 여기에는 그간의 적지 않은 경험과 철학이 고스란히 내포되어 있다. 프로액티즘은 치열한 비즈니스 전장과 조직 생활에 있어서, 오늘의 비즈니스 전사들이 반드시 갖춰야 할 실전 행동철학이다. 또한 무한경쟁 시대의 주역이 될 '진취적 프로'가 갖춰야 할 전향적 실행의 패러다임이기도 하다. 진취적 프로는 한 마디로 '미래지향적·성취지향적' 프로이며, 진취적 프로야말로 진정한 프로이자, 리더로서의 자격이 있다.

'진취적 프로'의 활성인자는 다르다. 그 속에는 마력이 있다. 이제 필자는 '프로액티즘'을 통해서 당신 안에 잠재되어 있는 활성인자를 깨울 것이다. 그 활성인자는 당신을 조직이나 시장의 어느 곳에서라도 주역으로 만들어 줄 것이다. 당신이 누구이든, 어디에 속하든, 무얼 하는 사람이든 상관없다. 중요한 건 바로 당신 자신이다. 세상에 완벽함이란 없다. 그러나 완벽함은 하나의 목표가 될 수 있다. 그러니 독자여러분들은 이 목표를 향해 두려워 말고 나아가기만 하면 된다. 이기기를 꿈꾸는 독자여러분들이여, 이제 '진취적 프로'의 길로 들어설 준비가 되었는가? 두려워 말고 떠나자. 그 길이 당신을 기다리고 있다.

이 책은 성공적인 커리어를 추구하는 기업의 사원과 간부 및 임원, 그리고 사회인 전반을 염두에 두고 쓴 것이다. 물론, 그 내용의 일부는 이미 글로벌 무대에서 활발히 움직이고 있거나, 향후 그러한 계획을 갖고 있는 기업이나 단체에서 일하는 사람들에게도 큰 참고가 될 수 있을 것이다. 이 책이 부디 미래와의 전쟁을 펼치는 많은 사람들의 행로에 좋은 길잡이가 되기를 바라는 마음 간절하다.

이 책이 나오기까지에는 많은 분들의 격려와 조언이 있었다. 현대경제연구원 고문으로서 왕성한 활동을 하고 계신 김주현 박사님, 서울과학종합대학원 김종식 교수님^{전 커민스코리아(중국총괄) 대표}, ㈜포커스컴퍼니 최정숙 사장님, 인간개발연구원 한영섭 원장님, GS칼텍스 부사장을 역임한 뒤, 인재들의 양성에 힘쓰고 계신 솔브리지^{SolBridge} 국제경영대학의 이재영 교수님께 깊은 감사의 말씀을 드린다. 또한 필자의 아호^{雅號}를 지어 준 오랜 벗으로서, 큰 격려를 아끼지 않은 김신규 교수^{전 한양대 류마티스병원장}께도 깊은 감사의 마음을 전하며, 마지막으로 조용한 후원자로서 늘 곁을 지켜준 아내와 가족들에게도 고마움을 전하고 싶다. 이 책의 출간을 기꺼이 허락해주신 이정수 대표님과 많은 협조를 해주신 출판사 임직원들께도 감사의 말씀을 전한다.

을미년
가을의 끝자락에서
소보^{少甫} 이 대 희

진취적 프로 모델
Enterprising Professional Model (EPM)

격(格)이 다른 행동가
High Caliber Performer

전략 마인드

조직 가치의 수호자
Champion of Organization

마음을 얻는 마케터
Captivating Marketer

정체성

조직

진취적 프로

시장

파트너십

21세기형 글로벌 역량

흥정과 타협의 고수
Savvy Negotiator

21세기형 글로벌 전사
Leading Global Player(21C)

목차

제3장

'조직 가치'의 수호자가 되라

제6장

21세기형 비즈니스 전사가 되라

성공의 크기는 열정의 깊이에 좌우된다.

— 피터 데이비스(1937–)

제1장
색깔 있는 프로가 되라

진정한 프로페셔널, 자타가 공인한 성공사업가들은 자신만의 뚜렷한 정체성이 있다. 정체성은 비즈니스와 인간관계 속에서 비춰지는 본연의 모습이자 꿈, 시간 그리고 간절한 열망의 소산이다. 정체성이 뚜렷해야 진짜 프로다. 정체성이 뚜렷한 사람은 분명한 색깔 色과 지탱하는 힘이 있다. 그것은 희열의 원천이기도 하다.

내 안의 신神 '열정'을 불러라

동구권 개방 초기^{1993년 1월}의 어느 겨울 날, 필자는 러시아의 시베리아 남동부에 위치한 작은 도시인 '치타'로 향하고 있었다. 기내에서 내다보는 창밖은 고요했지만 내 가슴은 이미 광활한 시베리아를 가로지르는 열차들의 굉음으로 쿵쾅거리고 있었다. 치타는 바이칼호 동쪽 약 900킬로 지점에 있는 시베리아 횡단철도의 기착지이자, 중국의 국경도시 '만추리'로 이어지는 철도의 통제본부가 있던 곳이었다. 그곳은 제정 러시아 시대 개혁파 청년장교들의 유형지로서 삶의 애환이 서린 곳이기도 하다. 오랜 비행 끝에 그곳에 도착하니 영하 30도 안팎의 추위가 마중 나오듯 온몸을 휘감아 왔다. 머나먼 길을 달려온 뒤의 안도감과 뭔가 모를 뭉클함이 솟구쳤다. 필자는 눈앞에 펼쳐질 일들을 상상하면서, 쇳물보다 뜨거운 열정을 그 속에 쏟으리라 마음먹었다.

당시 회사는 러시아와 카자흐스탄 철강기업들과의 비즈니스 개척에 시동을 걸고 있었다. 그 선결 과제는 시베리아 횡단철도를 이용한 극동과 중국으로의 운송시스템을 구축하는 것이었다. 하지만 머나먼 이국땅에서 처음 만나는 사람들과 영화 속의 이야기 같은 시베리아 횡단철도에 관한 이야기를 논의한다는 것은 그리 간단한 일이 아니었다. 어찌 보면 발상 자체가 무모한 도전이었을지도 모른다.

결과적으로 당시의 방문은 카자흐스탄과 중국을 연결하는 고난도의 비즈니스를 성사시킬 수 있는 발판이 되었다. 중요한 인맥구축과 더불어 안전하고 정확한 철도운송시스템이 구축되었기 때문이다. 곧이어 연간 수천만 달러 규모의 높은 이익률을 기록한 획기적인 비즈니스를 성사시킬 수 있었다. 그것은 급격한 개방으로 출렁이던 넓은 땅에서 새로운 비즈니스의 전기轉機를 만들어보겠다는 열정과 보드카의 낭만이 어우러진 결과이기도 했다.

돌이켜보면, 직업인으로서의 행로에서 겪은 모든 일들은 마치 롤러코스터를 탄 듯 기복과 난관을 거치면서 이루어졌다. 때로는 희열이, 때로는 고통이 뒤따랐다. 또한 하나의 일에서 얻은 경험이 또 다른 일을 할 수 있는 강한 원동력이 되기도 하였다. 예컨대, 당시 잠자던 거대한 땅에서 전례 없이 어려운 비즈니스를 개척했던 경험은 그 이후 동유럽 등 다른 지역에서 새로운 비즈니스를 전개하는 데에도 큰 힘이 되었다. 그것은 중견기업의 경영자로서 새로운 분야에서 일할 때에도 마찬가지였다. 물론 많은 사람들의 협조 또한 잊을 수 없다. 하지만 그 모든 일들은 열정의 힘이 앞서지 않았다면 불가능했을 것이다. 열정으로 하는 일치고, 안 되는 일은 없다.

열정, 신神이 부여하는 무기이다

열정熱情은 프로의 가장 큰 무기이다. 열정은 사람들의 머리와 가슴을 지배하며, 그 말을 듣기만 해도 무엇인가 솟구치게 한다. 열정은 한번 끓어오르면 더 끓어오른다. 열정이 최고조에 달한 사람은 마치 자신만의 특별한 세계를 항해하듯 일하며, 그 모습은 단지 열렬함과는 차원이 다르다. 비록 누구든지 직업적으로 대가를 받고 일하지만, 열정만큼은 물질적 보상만으로 가치를 논할 수 없다. 필자는 열정熱情을 다음과 같이 정의한다.

열정은 '나'에 대한 열렬한 정情이다. 그것은 겉으로의 '나'가 아닌 '내 안의 나'에 대한 열렬한 정이다. '내 안의 나'에 대한 열렬한 정은 곧 '자신'에 대한 사랑과 극복을 의미한다. 그것은 결국 자존감, 자신감, 고난 극복의 의지로 내 안에 자리 잡아, 영육靈肉을 불사르듯이 강한 에너지를 발산한다. 흔히 일컫는 '혼魂을 불사른다' '혼신渾身의 힘을 다한다'라는 말은 바로 그러한 의미이다. 열정의 어원인 라틴어 'pati'가 '견디다'의 의미를 내포하듯, 열정은 불굴, 불퇴, 불멸의 특성을 지니고, 일과 삶의 모든 과정을 지배한다. 열정은 신神이 부여하는 무기이다. 때문에 열정에 가득 찬 모습은 거룩하고 성스럽기까지 하다. 열정 없이는 성공도 영광도 없다.

열정에는 도전, 성취, 희열, 실패, 좌절, 간절함이 모두 담겨 있다. 간절함이 없는 열정은 열정이 아니다. 열정은 본연의 기질이나 강한 성취욕의 산물이지만, 숱한 굴곡을 겪으면서 쌓인 내공^{內攻}에 의해서 더 강해지고, 더 뜨거워진다. 뚜렷한 목표, 혹독한 자기 평가, 지속적 훈련은 열정을 강하게 만들어 준다. 사람은 누구에게나 자기만이 향유하는 은사^{恩賜}와 열정이 있다.

92세의 바이올리니스트 이브리 기틀리스^{Ivry Gitlis, 1922-}는 10대부터 지금까지 거의 매일 연습하면서 열정을 담금질했다고 한다. 열정은 자신에 대한 열렬한 사랑, 곧 자존감^{自尊感} 없이는 절대로 존재할 수 없다. 만약 당신이 오직 열심히 최선을 다하는 것을 열정이라고 생각했다면, 지금 이 순간부터는 그 좁은 생각에서 탈피하라. 더불어 열정의 차원을 달리하라. 열정은 반드시 자신의 혼^魂을 불러올 정도가 되어야 한다.

진정한 프로는 비즈니스도 인생도 남다른 열정으로 산다. 백년기업의 주역인 탁월한 경영자나, 치열한 시장의 한구석에서 이전투구 하는 마케터나, 연구소의 불빛을 지키는 엔지니어나, 넘치는 꿈을 펼치려는 작은 벤처의 기획자들이나 모두 그러한 열정의 소유자들이다. 열정에는 투혼^{鬪魂}이 있다. 열정이 강한 사람은 벌거벗겨진 채로 사막 한가운데에 내던져져도 살아 돌아와, 강남대로를 활보할 수 있을 정도로 강인하다. 그러한 강인함은 가슴 속의 불덩이를 식지 않게 하고, 불같은 성정^{性情}으로 일할 수 있게 해 준다. 열정의 프로에게는 꼭 잊지 말아야 할 것이 있다. 그것은 돈과 명예에 대하여 특별한 생각을 갖는 것, 즉 자신의 이름을 더럽히거나 눈앞의 이익에 연연하지 않는 것이다.

열정은 프로의 생명이다. 만일 당신이 진정한 프로가 되고자 한다면 열정의 차원을 달리하라. 오직 열정으로 생각하고, 말하고, 행동하라. 내 안의 신神을 불러오라. 내 안의 신神을 부를 수만 있다면, 모든 일에 승리의 기운이 넘치게 되며 위대한 성과를 이루게 된다. 열정의 차원을 달리하는 프로, 그것이 진정한 프로이자 성공하는 직업인의 모습이며 당신은 이미 그 길에 들어서 있다.

승자의 곡선을 그려라

"아, 정말 못해 먹겠다. 왜 이렇게 일이 안 되지?"

양복 입은 전사戰士라면 누구나 한번쯤은 이러한 말을 되 뇌인 적이 있을 것이다. 특히 자나 깨나 일과 성과에 대한 압박감에 눌리면, 만사가 싫어지기도 한다. 헌데 그럴 경우에, "걱정마, 다 잘 될 거야. 모두들 힘내자!"라고 말하면 안 될까? 하기야 복잡하고 힘든 직장 생활 가운데 어쩌다가 시금털털한 말을 한다고 해서 대놓고 비난할 사람은 없다.

하지만 프로에게는 좋은 성과만이 위상과 능력을 인정받는 잣대이므로 어떻게 해서든지 그러한 중압감을 떨쳐 버리고 성과를 낼 수 있어야 한다. 그렇게 하려면 무슨 일을 하든지 긍정의 기운이 넘치고, 상승 무드를 탈 수 있도록 자기 최면을 걸어야 한다. '승자의 곡선Winner's Curve'은 그러한 견지에서 머릿속에 그려야 할 필요가 있다.

승자의 곡선이란?

'승자의 곡선'은 어떤 일을 성취
했을 때 그려지는 남성호르몬의
증가 추세를 그리는 곡선이다. 이
모델은 독일의 경제학자 한스 게
오르크 호이젤Hans-Georg Häusel, 1943-
이 만든 것인데, 누구든지 좋은 성
과를 냈을 때에는 계속 좋은 성과
를 낼 수 있음을 시사한다. '승자
의 곡선'은 공연히 일에 지쳐서 헉
헉거리기만 하거나, 매사에 뚜렷
한 결실을 맺지 못하는 사람에게
는 더욱 필요하다. 만약 어려움 속

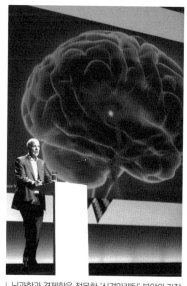

뇌과학과 경제학을 접목한 '신경마케팅' 분야의 거장 한스 게오르크 호이젤 박사의 강연모습.

에서 조금이라도 알찬 성과를 일궈낸다면, 당장에 처한 그 어려움은 오
히려 커다란 성과의 원천이 될 수 있다.

'승자의 곡선'은 잘 되는 기운을 불러일으킨다. 무슨 일을 하든지 간에
일단 상승무드를 타면 그 일은 지속적으로 잘될 수 있게 되는 것이다. 예
컨대 필자의 경험으로도, 어렵게 추진하던 거래가 성사된 경우, 목표치
를 초과 달성한 경우, 투자가들 앞에서 성공적으로 프레젠테이션을 마친
경우 등에는 기분이 한껏 고조되었고, 그 다음에 하는 일도 잘 되곤 하였
다. 그것은 마치 스포츠 경기에서 멋진 슛이나 홈런을 성공시키고 포효

하는 순간, 더 멋진 킥이나 타구로 이어지고 마침내 경기를 승리로 마무리하는 것과 유사하다. 흔히 말하듯이 신나면 더 신나고, 일이 잘 되면 더 잘 된다.

승자의 곡선, 이렇게 그려라

그렇다면 어떻게 해야 멋진 승자의 곡선을 그릴 수 있을까?

그것은 단적으로 말해서 진취적인 자세로씨 프로답게 일하는 것이다. '진취적이다'라거나 '프로답다'라는 말은 누구나 쉽게 이해할 수 있지만, 막상 자신에게 "당신은 진취적인가?" "당신은 프로답게 일하는가?"라고 묻는다면, 서슴없이 "예스!" 라고 말할 수 있는 사람이 과연 얼마나 될까?

진취적인 자세로서 일한다는 것은 무엇인가? 그것은 바로 긍정적이고, 미래지향적인 자세로써 일하는 것을 의미한다. 진취적이라는 말의 영어 단어 프로액티브^{Proactive}의 근원을 살펴보면, 프로^{Pro}는 '앞으로'와 '찬성'의 의미를 갖고 있다. 진취적인 사람은 항상 "찬성, 앞으로!"를 외치고 행하는 사람이다. 진취적인 사람은 무슨 일을 하든지 앞서가며, 한번 꽂히면 긴장하고 열광한다. 또한 어려움 가운데서도 리듬을 잃지 않으며, 오히려 그 속에서 춤을 춘다.

자기 분야에서 어느 정도의 위치를 굳히고 능력을 인정받는 사람들은 모두 진취적으로 일하는 사람들이며, 흔히 말하는 '스타 플레이어'도 그 속에서 탄생한다. 진취적인 사람은 급할 때는 급해 보이지만, 필요할 때에는 여유를 부릴 줄도 안다. 진취적으로 일하는 사람은 머리, 가슴, 배짱을 총동원한다.

프로답게 일한다는 것은 무엇인가? 그것은 곧 강한 성취욕과 실행력을 갖고 일하는 것을 의미한다. 프로답게 일하는 사람은 일의 가치와 방향을 올바로 인식하고, 집중해서, 민첩하게 한다. 프로답게 일하는 사람은 올바른 목표, 최선의 노력, 선의의 영향을 끼치겠다는 의지로 가득 차 있다. 선의의 영향을 끼친다는 것은 몸담고 있는 조직에 기여하는 것, 고객이나 파트너들의 성장과 삶의 질 향상에 기여하는 것을 의미한다. 프로답게 일하는 사람은 화려하고 멋지게 보이는 일뿐만 아니라, 밋밋하고 허접하게 여겨지는 일도 완벽히 해낸다. 때로는 천당과 지옥을 오가는 듯한 굴곡에서 탈출할 수 있는 생명력과 끈기도 발휘한다. 프로답게 일하는 사람의 머리는 차갑고, 가슴은 뜨겁다. 날렵하고 기품이 있다.

'패자의 함정'에 유의하라

당신은 한편으로 이러한 의구심을 가질 수 있다. "어떤 일이 잘 된다면, 정말 모든 일이 끝없이 잘 될까?" 그러나 아쉽게도 신神은 세상을 그렇게 창조하지 않았다. '승자의 곡선'에도 함정은 있다. 그것은 일이 잘될 때 자신도 모르게 빠져들 수 있는 함정이며, 작게는 슬럼프로, 크게는 '패자의 함정'으로 바뀐다. '패자의 함정'은 만용적인 성취감이 지배할 때, 또는 위중한 문제나 전혀 뜻밖의 결과로 인해서 크게 낙심할 때 엄습하며, 완전한 추락의 늪에 빠뜨리기도 한다. 우연한 성공도 독毒이 된다.

흥미롭고 놀라운 사실은 어떠한 목표를 두고서, 최선의 노력을 지속할수록 '승자의 곡선'에서 나타나는 남성호르몬의 수치는 증가하지만, 노력없는 우연한 성공을 얻은 경우에는 그 수치가 별로 증가하지 않는다는 점이다. 그러므로 일이 잘 될수록 자신을 더 경계해야 하며, 잘 나갈수록 더 깨어있어야 한다. 모든 정보와 상황을 유리하게만 생각해서도 안 된다.

프로는 이기고 성취해야 한다. 하지만 프로의 세계에는 어쩔 수 없는 경쟁과 성패의 엇갈림이 있다. 그러므로 어떠한 상황에서도 놓치지 말아야 할 것은 진취적인 자세와 역동적인 행동으로써 페이스를 유지하는 것이다. 무엇보다 중요한 것은 순조로운 리듬과 선순환의 고리를 잘 이어가는 것이다. '승자의 곡선'이 갖는 의미는 크다. 이기고 성취하는 프로가 되려면, 승자의 곡선을 상상하고 머릿속에 그려라. 무슨 일을 하든지 긍정의 기운과 상승의 무드가 넘치도록 자기최면을 걸어라. 언제나 자신의 열정을 점검하면서 끊임없이 시도하라. 그렇게 하면 반드시 격^格 다른, 멋진 프로가 될 것이다.

정체성이 뚜렷해야 진짜 프로다

영화 '타이타닉'에서 필자의 눈시울을 가장 뜨겁게 한 장면은 최후의 순간까지 갑판에서 찬송가를 연주하며, 혼란에 빠진 승객들의 마음을 진정시켜 주던 월레스 하틀리Wallace Hartley의 바이올린 연주 장면이다.

그는 얼마간의 돈을 벌기 위해 배에 오른 가난한 음악가였지만, 최후의 순간까지도 음악인으로서의 정체성을 잃지 않으며, 천국에의 소망을 나누려는 감동적인 연주를 계속하였다. 짧게 남은 삶의 시간 속에서도 모든 사람의 축복을 기원하는 음악인으로서의 역할을 다하고자 했던 것이다. 그는 바이올린을 넣은 케이스를 몸통에 묶은 채 배와 함께 물속에 가라앉음으로써, 음악인으로서의 정체성을 더욱 명확히 했다. 그것은 인기를 얻고 음악을 잃은 여느 음악인의 모습이 아니었다.

정체성, 유한의 시간과 무한의 열망

정체성이란 무엇인가? 정체성이라는 말은 자주 사람들의 입에 오르내리지만, 막상 그 의미에 대해서 이야기하라고 하면 대부분 우물쭈물한다. 정체성은 "나는 누구인가?" "나의 가치는 무엇인가?"에 대한 대답이다. 정체성은 월레스 하틀리처럼, 자신의 업業이 추구하는 가치를 위해서, 얼마나 간절한 열망을 갖고서 일하는가에 의해서 입증된다. 그것은 각자에게 주어진 시간에서의 문제이다. 그러한 맥락에서, 최고의 프로로서 인정받는 사람들은 모두 뚜렷한 정체성을 갖고 있다고 말할 수 있다. 정체성은 이를테면 마케터, 스포츠맨, 요리사까지 또는 경영자부터 사원에 이르기까지 그 사람의 진면목을 읽을 수 있게 한다.

정체성은 뚜렷해야 한다. 정체성이 뚜렷하다는 것은 분명한 색깔色과 그것을 지탱하는 힘이 있다는 의미와 같다. 직업인으로서 자타가 인정하는 성공적 위치에 서려면, 자신만의 확고한 강점과 이미지를 가져야 한다. 또한 사람의 마음을 얻는 신뢰와 진정성이 있어야 한다. 필자에게도 나름대로의 색깔이 있었다. 그 색깔은 상사의 영업맨으로서 치열하게 일하던 시절부터 경영자의 위치에 이르는 동안, 다양한 모습으로 변모하고 융합되었던 것 같다. 정체성은 오직 열정으로 물 불 가림 없이 일하던 시절의 경험들을 통해서 형성되는 것 같다.

정체성은 꿈, 시간 그리고 간절한 열망의 소산이다. 만약 주어진 시간 속에서 자신의 업業이 추구하는 가치를 이루고자 하는 열망이 극대화 된다면, 정체성이 분명해진다고 할 수 있다. 정체성은 유한의 시간에 무한의 열망을 얹음으로써 형성되는 것이다. 필자가 생각하는 프로의 궁극적인 정체성은 뚜렷한 전문성을 가진 사회인이되, 올바른 삶을 추구하는 자유인이다.

정체성, 통찰과 선의의 영향
Identity, Insight, Influence

정체성에는 지향하는 바가 있어야 한다. 그것은 사려 깊은 판단과 선의가 넘치는 행동을 하는 것이다. 흔히 사람들은 지혜와 통찰 그리고 영향력을 가지라고 말하는데, 그것은 매사에 판단을 잘하고 똑바로 하라는 이야기이다. 물론 그러한 말은 바람직하지만, 가뜩이나 바쁜 직업인들에게는 한편으로 부담스럽게 들리기도 한다. 그 이유는 오직 하나, "그것은 나와는 거리가 먼 이야기다!"라는 생각 때문이다. 아무리 출중한 사람이라고 해도, 오직 "지금 하고 있는 일에 충실하면 그만이다."라는 생각으로만 움직인다면, 그 사람은 진정한 프로라고 보기 어렵다.

정체성에는 동반자가 있다. 정체성은 통찰력과 영향력을 수반할 때, 그 진가가 높아지고 보다 큰 차원의 일을 꿈꾸게 한다. 그렇다고 해서 아주 거창하고 대단한 지혜나 힘을 꼭 발휘해야만 한다는 의미는 아니다. 중요한 것은 자신의 참 모습이다. 만약 겉으로만 그럴듯해 보인다면, 정체성이 약한 것이다. 정체성은 자신만의 강점과 이미지에 의해서 확고해지며, 통찰력은 경륜과 시간의 흐름에 따라 깊어진다. 그리고 영향력은 갖고 있는 능력을 십분 발휘하고 기여함으로써 강해진다. 직업인은 이 세 가지를 얼마나 제대로 갖추고 행사하느냐에 따라서 그 사람의 격格이 달라지고, 처우도 높아진다. 좀 더 이야기 해보자.

첫째, 정체성은 비즈니스와 인간관계 속에서 비쳐지는 자신의 참 모습을 의미한다. 정체성은 하루아침에 형성되지 않는다. 고액 연봉의 샐러리맨이나 스타마케터는 뚜렷한 전문성과 능력을 발휘하면서, 시장의 긍정적 평가를 얻을 때 탄생한다. 그들은 고객과 파트너들에게 꾸준히 자신의 강점을 인식시키고, 긍정적 이미지를 구축함으로써, 자신의 정체성을 분명히 하는 사람들이다. 정체성은 판에 박은 듯 단순한 모습을 가리키는 것이 아니다.

둘째, 통찰력은 프로라면 반드시 갖춰야만 하는 역량, 즉 지혜와 판단력을 말한다. 그것은 일, 조직, 시장, 사람에 대한 통찰력과 글로벌 동향을 꿰뚫어 볼 수 있는 세계인으로서의 통찰력을 말한다. 또한 그것은 경쟁과 협력, 실리와 명분, 기회와 위험에 대한 안목과 분별력을 갖는 것을 의미한다고도 할 수 있다. 통찰력을 갖고 있는 사람은 일 하는 격格이 다르고, 색깔色도 분명하다. 통찰력은 경험과 내공內攻에 의해서 다져진다.

셋째, 영향력은 몸담고 있는 조직뿐만 아니라, 고객과 파트너들에게도 끼치는 유언무언의 행동으로부터 나오는 힘이다. 프로라면 맡은 일에 대한 성과를 내야할 뿐만 아니라, 몸담고 있는 조직의 성장에 반드시 기여해야 한다. 진정한 프로는 '가치' 지향적이어야 하며, 경우에 따라서는 새로운 도전을 하거나 어려운 일을 감당하는 것을 서슴지 않아야 한다. 물론 그러한 경우에 앞서 말한 통찰력을 갖고 있다면, 그의 영향력은 증대될 것이다. 프로의 진면목은 통찰과 선의의 영향을 끼치는 데에 있다.

몸값은 어찌하나?

이 모든 점에도 불구하고 직업인들에게 간과할 수 없는 것은 역시 몸값Income이다. 몸값은 단지 수치로 표시되는 금전의 차원을 넘어서 자신의 위상, 경력, 그리고 경제적 삶을 좌우한다. 몸값은 자신의 색깔이 분명하고 일하는 격格이 달라지면 저절로 올라간다. 그러나 때로는 당장의 몸값에 연연하지 않는 것이 좋다. 진짜 프로의 몸값은 숨겨진 능력을 발휘하다가 어느 날 자신도 모르게 슬며시 커지기 시작한다. 필자의 경험으로도 프로로서의 전문성, 성과에 대한 확신 그리고 부단한 노력은 배신하지 않았다. 몸값보다 중요한 것은 진정한 프로로서의 색깔과 품격을 유지하는 것이다. 아무리 목구멍이 포도청이라고 할지라도 자신의 존재감을 잃어서는 결코 안 된다.

진정한 프로라면 "나는 누구이다. 또한 나의 가치는 이것이다."라고 자신 있게 말할 수 있어야 한다. 자신의 정체성에 대한 확신이 없다면 높은 몸값은 차치하더라도 엉터리 의상을 빌려 입은 삼류배우와 다를 것이 없다. 또한 다른 사람의 정체성을 흉내 내는 것은 다른 사람의 사진에서 나의 얼굴을 찾으려는 것과 같다. 정체성은 내 안에 있다. 다만 확실히 해야 할 것은 정체성을 생업의 차원에서 유지할 것인가, 아니면 전문가의 징표로서 갖출 것인가의 문제이다. 분명한 점은 자신의 일을 생업으로만 여기는 사람은 프로로서의 성장에 한계가 있다는 점이다. 이기는 프로, 인정받는 직업인이 되려면 정체성을 뚜렷이 하여야 한다. 정체성이 뚜렷해야 진짜 프로다.

헤파이스토스처럼 변화무쌍 하라

그리스 신화에 나오는 헤파이스토스는 신神이며, 건축가, 대장장이, 갑옷장이, 전차 제조자로서 팔방미인 격이다. 그는 헤라와의 부부 싸움에 화가 난 제우스의 발길에 차여 지상에 떨어지며 절름발이가 되었으나, 금으로 된 신발을 신고 공중과 물 위를 마음대로 이동하였으며, 천마의 발굽에 놋쇠 편자를 박아타고 다니며 하늘과 바다 위를 질주하였다. 그는 어느 물건에나 움직이는 힘을 불어 넣은 후, 그것을 타고서 신전을 자유자재로 넘나들었다. 필자는 험난한 시장과 조직 생활 속에서 "언제나 헤파이스토스처럼 변화무쌍한 모습을 갖고서 앞을 헤쳐 나갈 수 있다면 얼마나 좋을까?"라는 상상에 사로잡힌 적이 있다.

변화무쌍함으로 승부한다

필자는 사회생활의 오랜 기간 중, 세계를 무대로 활동하던 상사맨에서 중견기업의 경영자에 이르는 동안 여러 분야에서 참으로 다양한 일들을

헤파이스토스 조각상. 그리스신화에 나오는 불과 대장간의 신으로 올림포스 12신의 하나이며, 미의 여신인 아프로디테의 남편이다. 로마신화의 불카누스에 해당한다.

하였고, 그 일들은 언제나 변화무쌍한 역량을 요구하였다. 전략가로서, 마케터로서, 협상가로서, 위기관리자로서 늘 숨 가쁘게 활동하였으며, 그 순간순간에는 직업인으로서의 안위를 위협할 정도로 숱한 어려운 고비가 찾아오기도 했었다.

직업인이라면 누구나 "과연 나는 지금의 일과 상황에 필요한 역량들을 제대로 갖추고 있는가?"에 대해서 한번쯤은 스스로 되짚어보게 된다. 사실 모든 일의 성과는 시시각각 변화하는 국면에서 필요한 역량들을 제대로 발휘할 수 있어야만 가능하다. 그것은 곧 "회사와 고객, 조직과 시장이 필요로 하는 시점에, 필요한 역량을 발휘할 수 있어야 한다."라는 의미가 된다.

물론 복잡한 직업인의 세계에서 헤파이스토스처럼 변화무쌍하게 움직이는 것은 쉽지 않다. 하지만 진정한 프로라면, "당신은 전략가입니까?" "당신은 협상가입니까?" 혹은 "당신은 세계인입니까?"라는 질문을 받더라도, 떳떳이 자신감을 표시할 것이다. 이를테면 엔지니어나 요리사가 자신 본연의 일을 하면서도 탁월한 마케터나 협상가로서의 역량을 발휘하는 것은 아주 바람직하고 보기도 좋다. 명배우의 가치는 '천千의 얼굴'에 있다고도 하지 않은가?

초경쟁 글로벌 시대인 지금, 직업인이라면 누구나 고유의 전문성과 더불어 변화무쌍한 역량을 발휘할 수 있어야 한다. 예컨대 당신이 전문 엔지니어라 가정하자. 그렇다면 당신은 기술개발 이외에도 해외 파트너에게 기술을 팔거나 들여올 수 있는 마케터가 되어야 하고, 지적재산권에 관한 분쟁을 해결하려면 협상가가 되어야 한다. 아울러 웬만한 사람들과는 격格 다르게 일하면서, 조직 생활에서도 전혀 무리가 없어야 한다. 그것은 모두 나自身를 인자因子로 하여 일, 조직, 시장, 파트너십 그리고 글로벌 역량에 관한 접근의 변화와 그에 걸맞은 행동으로 나타나야 한다. 진정한 프로는 변화무쌍한 역량을 유감없이 발휘할 수 있는 사람이다.

현재 세계무대는 모든 분야에서 복잡성과 불확실성이 빠르게 전개되고 있으며 그것은 놀라울 정도이다. 그러나 그 어느 석학이나 전문가들의 말에도 해법은 없다. 그러므로 직업인들은 어떠한 일과 상황, 혹은 어떠한 상대와 부딪치더라도 냉혹한 현실감과 변화무쌍한 역량으로써 대응할 수 있어야 한다. "군자는 쓰임이 하나뿐인 틀에 박힌 그릇이 되어서는 안 된다君子不器"라는 말이 가리키듯, 직업인은 스스로를 하나의 모습 속에 가두어서는 안 된다. 그것은 자신을 속박하는 것이며, 성장에도 한계가 있다. 진정한 프로가 되고자 한다면 부디 변화무쌍한 면모를 지녀라! 프로는 변화무쌍해야 이기고 성공한다.

진취적 커리어맨이 되라

커리어 그랜드 슬램은 테니스나 골프 같은 스포츠 선수 생활 중에 4개의 메이저 대회에서 우승하는 것을 의미한다. 스포츠 선수로서 권위 있는 대회에서 그와 같이 여러 번 우승을 하거나 높은 순위에 오르려면, 피나는 훈련과 치열한 경쟁을 뚫으며 다양한 경기 경력을 쌓아야 한다. 기업에서 일하는 사회인들도 샐러리맨으로서, 전문가로서 그리고 사업가로서 어느 정도 성공적인 위치에 이르려면 각고의 노력으로 경력을 쌓고 능력을 인정받아야 함은 물론이다. 직업인의 삶이란 커리어를 쌓고, 커리어로 새로운 기회와 성장을 이어가는 과정이다.

샐러리맨과 커리어맨

샐러리맨이란 어떤 존재인가? 샐러리맨이라는 말은 인류 최초의 샐러리맨인 로마 군인이 급여를 소금Salt으로 받았던 것에서 유래하며, 그 의미 또한 돈을 받고 일하는 사람을 가리킨다. 샐러리맨의 원조인 군인은 충성심과 귀속감이 있다. 한편, 용병傭兵은 계약에 의해서 전쟁에 참여하는 특정 무기나 전술의 전문가들이다. 용병은 오늘날에도 로마 교황청을 지키는 스위스 용병처럼 충절과 결전의 용사로 알려진 경우도 있지만, 충성심이나 귀속감 없이 오직 거래와 대가를 도모하면서 전장을 오고 가는 싸움 전문가이다. 로마의 장군 중에서 율리우스 시저 같은 사람은 유력자들로부터 전쟁 비용을 조달하여 전쟁을 치른 후 전리품 거래로 막대한 이득을 챙긴 사업가이기도 하다. 어쨌든, 군복을 입은 전사의 모습과 양복 입은 전사의 모습은 각자의 영역에서 나름대로 커리어를 쌓고 성장한다는 면에서는 다를 바가 없다. 어느 분야에서든 당당한 커리어맨이 잘 나간다.

커리어맨이란 어떤 존재인가? 커리어맨이란 나름의 정체성을 지닌 채, 자신이 꿈꾸는 일과 더 높은 위상에 지속적으로 도전하면서 매 기회마다 형성되는 커리어의 폭, 깊이, 시간壽命을 넓히고 강화시키는 사람이다. 물론 그러한 행동은 부서의 이동, 더 나은 전문가로서의 위상 확보, 고위 간부나 임원 및 경영자로의 승진 그리고 스카우트나 이직 등의 결과로 나타난다.

커리어 형성에 중요한 것은 자신이 어떠한 유형의 직업인인지를 앎과 동시에, 현재 하고 있는 일의 특성들을 잘 파악하는 것이다. 즉 그 일을 어떻게 하고 있는가, 만나는 사람은 누구인가, 인정받고 있는가를 잘 인식하고 노력하는 것이 중요하다. 아울러, 설사 지금 하고 있는 일이 마땅치 않더라도, 상황은 언젠가 바뀐다는 생각을 갖고서, 일단 잘 해내는 것이다. 그것이 당당한 커리어 구축을 위한 첫걸음이다.

직업인들의 커리어는 대체로 3가지 유형을 띄면서 형성되는데, 즉 샐러리맨형, 전문가형, 사업가형이 그것이다. 예컨대 대부분의 사람들은 "저는 어느 회사의 김○○ 과장입니다"라고 말하는 샐러리맨형, "나는 금융과 물류 전문가입니다"라고 말하는 전문가형, "우리 회사의 제품력과 세계 시장에서의 위상은 대단합니다"라고 말하는 사업가형 등으로 구분할 수 있다. 물론 유능한 커리어맨들은 상황에 따라 이러한 특성들을 잘 융합하면서 자신의 커리어를 확장시켜 나간다. 이를 좀 더 심층적으로 풀어보면 다음과 같다.

샐러리맨형은 자신이 어느 기업의 누구라고 알려지기를 좋아하며, 대체로 무난하게 일하고, 좋은 성품을 갖고 있다. 샐러리맨형으로서 성공한 사람들 중에는 역량이 뛰어난 사람들도 많지만, 오너 또는 최고경영자의 신임을 얻거나 인맥관리의 귀재로서 잘 나가는 사람도 많다.

전문가형은 최소한 한 분야에 대해서는 반드시 정통하면서 높은 성과를 내는 사람이다. 바야흐로 지금은 전문가의 시대이며, 오늘날의 전문가들은 자기 분야뿐만 아니라 연관 분야에 대한 식견과 능력 또한 훌륭하다. 진짜 전문가는 여러 분야를 넘나들기도 한다.

사업가형은 말 그대로 사업가 기질이 있는 사람이다. 사업가형은 꿈틀거리는 사업 감각과 불같은 추진력을 갖고 있으며, 왕왕 새로운 아이디어를 비즈니스로 구체화시키는 혁신의 주역이 된다. 사업가형은 개인적 삶의 경로와 환경의 영향으로 그러한 성향을 갖게 되었을 가능성이 높다.

어쨌든 능력 있는 커리어맨은 자신의 유형을 잘 인식하면서 부족한 면을 잘 채워 나가는 사람이다.

커리어는 자기주도형이어야 한다

커리어를 만드는 것은 당연히 나 자신이다. 대부분의 경우 사람들은 소위 출세하고 성공한 커리어맨의 전형적인 모습을 부러워한다. 물론 그러한 사람의 커리어 구축 과정을 참고로 하는 것은 나쁘지 않지만, 대체로 그들의 스토리와 현재의 나와는 괴리감이 큰 경우가 대부분이다.

커리어 구축에 있어서 그들이라고 대단한 비책이 있는 것은 아니다. 커리어 구축의 실패 원인은 그저 잘 나간다는 사람의 모습을 무턱대고 흉내 내며 따르려 하거나, 그 방법론을 연구하는 데 그치기 때문이다. 언론을 장식하는 세칭 스타 경영자나, 요리사의 길을 택한 엔지니어라든지 혹은 홍대 앞에서 기타를 치다가 가수가 된 세일즈맨의 경로를 무조건 흉내 내거나 따를 수는 없는 것이다. 커리어 구축은 자기만의 기준과 방향 그리고 노력에 의해서 이루어지는 것이다.

커리어는 자기주도형이어야 한다. 그러한 견지 하에 훌륭한 커리어를 구축하는 방법 5가지를 소개한다.

〈훌륭한 커리어를 구축하기 위한 5가지 방법〉

1. 스스로의 욕구와 방향을 확인할 것.
2. 당장 시작할 과제를 정하고 실행할 것.
3. 항상 업그레이드에 주력할 것.
4. 활용 가능한 제도와 자원을 최대한 활용할 것.
5. 커리어의 목표 수준을 현재보다 더 높게 설정할 것.

유능한 커리어맨이 되려면 어느 정도의 욕심을 가져야 하며, 그랜드 슬램 정도의 위상을 꿈꾼다고 해서 비난할 사람은 없다.

스스로에게 묻고 답하라

직업인이라면 누구나 자신의 분야에서 진짜 프로가 되고 싶어 하며, 어느 정도 성공한 위치에 도달하고 싶어 하는 것은 인지상정이다. 하지만 직업인의 성공은 일, 조직, 사람에 대하여 어떻게 접근하느냐, 또한 치열한 경쟁에서 앞설 수 있느냐에 따라서 좌우된다. 때로는 조직에 충성하는 직장인, 능력 있는 전문가, 백절불굴百折不屈의 사업가가 되어야 하고, 때로는 그 모든 모습을 지녀야 한다. 결국 이 모든 것의 기초는 자신만의 탄탄한 커리어를 구축하려는 노력과 그로부터 생성되는 실력과 능력이다. 그것은 경영자나 고위 리더로서의 위치에 설 때까지 숱한 고비마다 꺼뜨리지 말아야 하는 불씨와 같은 것이다.

진정한 프로로서 우뚝 서려면, 자신만의 커리어를 견고히 구축해야 한다. 그리고 자신의 커리어를 어떻게 디자인하고 결합해야 하는지에 대한 질문과 대답은 스스로 내려야 한다. 즉 자신이 목표로 하는 방향과 위상을 설정하고, 그것을 어떻게 이룰 것인가에 대해서는 스스로에게 묻고 답할 수 있어야 하는 것이다. 그것은 언젠가 몸담던 회사를 떠나 스카우트가 되거나, 창업의 길을 택하더라도 마찬가지이다. 자신의 커리어를 치밀하게 구축하는 노력을 계속하고 있다면, 그는 이미 성공 가도에 있다고 해도 과언이 아니다. 무엇보다도 중요한 것은 "흘러가는 대로 가겠다" "가다 보면 어디 까지는 가겠지"라는 안이한 생각을 버리는 것이다.

적당한 스펙과 경력의 포장만으로써 값싼 용병처럼 오고 가는 것도 바람직하지 않다. 진정한 프로가 되려면 당당하게 자신의 경로를 꿈꾸며 한발 한발 나아가는 진취적 경력의 추구자가 되어야 한다.

조직에 충성하고, 시장에 민감하라

직업인이라면 누구나 지켜야 할 철칙이 있다. 그것은 "조직에 충성하고, 시장에 민감하게 행동하는 것"이다. 이 두 가지는 경영자와 마케터로서 오랫동안 일했었던 필자가 금과옥조金科玉條처럼 여겨온 좌우명이다.

직업인에게 있어 조직이란 싫던 좋던 상사, 부하 그리고 동료들과 매일 얼굴을 맞대고 일하는 곳이며, 시장은 내 편이던 아니던 칼자루를 쥔 고객과 경쟁자들이 있는 곳이다. 그러므로 누구든지 직업인으로서 성장하려면 어떻게 해서든지 조직 내에서 입지를 단단히 해야 하며, 시장의 움직임에 대해서도 항상 예민하게 촉각을 세우고 있어야 한다. 조직과 시장에 대하여 그러한 시각을 갖는다는 것은 전사戰士가 오른 손에는 검劍을, 왼손에는 창槍을 쥔 것과 같다고 할 수 있다.

프로의 무대는 조직과 시장이다

프로의 무대는 조직과 시장이다. 그리고 모든 일과 행동은 '안으로는 조직, 밖으로는 시장'에서 이루어진다. 그것은 곧 조직 생활을 잘 하고, 시장에서의 활동도 성공적으로 해야 한다는 의미가 된다. 조직 생활의 근간은 조직에 대한 충성과 조직 내에서의 인간관계이며, 시장에서의 활동 근간은 고객이나 파트너들과의 비즈니스를 통해서 가치를 창출하는 것이다. 흔히 강조하는 '고객가치'라는 말은 고객에게는 축복을 안겨 준다는 뜻이자, 조직으로서는 이윤을 확보한다는 뜻이다. 결국 조직 생활과 시장에서의 활동은 유리되어 있는 것이 아니다. 달리 보면 사람들은 조직과 시장을 위해 숨 쉬고 산다 해도 과언이 아니다.

조직에 충성하고, 시장에 민감하게 행동한다는 것은 결코 쉽지만은 않은 일이다. 예컨대 어떤 제품을 잘 팔아서 회사에 기여하려는 의지가 있어도 시장을 잘 모르고 덤빈다면 전략상의 오류를 범하게 되고, 결과적으로 회사에 누*를 끼치게 된다. 반면, 시장이 어떻게 돌아가는지에 대해서는 잘 알아도, 조직에 대한 기여 의지가 부족하면 일을 적당히 하게 되고, 이 또한 마찬가지로 회사에 누를 끼치게 된다. 결국 시장을 이해하지 못하고 행하는 것과 조직에 대한 기여 의지가 약한 가운데 행하는 것은 좋은 성과를 낳을 수 없다. 반대로 조직과 시장, 즉 양쪽에서의 활동이 성공적으로 결합된다면 일도 잘 되고, 입지도 강해진다.

조직 가치의 수호자가 잘 나간다

어느 조직에서든 조금 특별한 애사심과 충성심을 가진 사람들은 반드시 있게 마련이다. 예컨대 어떤 사람은 마치 자신이 사장의 분신인 듯 행동하면서 "나만큼 윗분의 철학과 뜻을 잘 아는 사람은 없다"라고 은연 중 과시까지 한다. 또 어떤 사람은 "모든 일은 똑 부러지게 해야 하고, 작은 비용도 아껴야 한다"라고 말하면서 스스로도 그렇게 한다. 그런데 정말 유별난 사람은 일하는 것은 엉성한데, 눈꼴 시릴 정도로 회사를 아끼는 시늉을 하고, 속이 오글거릴 정도로 아첨을 떠는 사람이다.

어쨌든 정도의 차이는 있겠지만, 회사와 오너가 추구하는 가치를 철저히 신봉하거나 "회사가 있기에 내가 있다!"라는 자세로 무장한 사람들임에는 거의 틀림이 없다. 그들은 조직 가치의 남다른 수호자들이며, 신기하게도 대부분 잘 나간다.

조직에 대한 충성심은 직업인이 갖춰야 할 매우 중요한 기본 덕목이다. 충성이라는 말 속에는 조직과 나를 하나로 만드는 가치관, 헌신 그리고 행동이 포함되어 있기 때문이다. 1차 세계대전 중 전쟁 시詩로 명성을 떨친 영국의 시인 루퍼트 브룩Rupert Brooke, 1887~1915은 〈병사〉라는 소네트sonnet, 8행시에서, 전장에서 싸우는 이름 모를 병사가 지닌 조국의 땅과 흙에 대한 간절한 심정을 묘사하고 있다. 만약 모든 직업인이 조국의 땅과 흙을 사랑하는 병사처럼 자신이 속한 기업이나 조직에 깊은 애정을 갖고 있다면, 그 기업이나 조직의 성공은 의심할 여지가 없다.

시장의 숨결에 촉각을 세워라

어느 날 갑자기 본부장이, "김 과장, 왜 아직 Y산업과의 상담 결과에 대한 보고가 없어?"라고 물으면 그로 인한 스트레스는 말로 표현할 수 없다. 속된 말로 시장은 엉망인 가운데, 구매사인 Y산업의 담당자는 이번만 어떻게 도와 달라고 통사정을 해도 눈썹 하나 까딱하지 않는다. 그런데도 공장에서는 환율 인상 때문에 원자재 가격이 오르고 있으니, 빨리 오더를 달라고 난리를 친다. 이러한 상황에서 어떻게 해서든지 수주를 받아야 하지만, 더 이상 길이 보이지 않는다. 그런데 며칠 전 업계의 어느 행사에서 우연히 마주친 경쟁사의 담당자가, "요즘은 거래처들의 요구가 정말 까다로워서 못해 먹을 지경입니다. 디자인이 항상 문제죠."라고 중얼거리듯 한 말이 떠오른다. 디자인 문제는 언젠가 구매사인 Y산업의 담당자도 언급한 기억이 났지만, 그 동안 크게 신경을 써야 할 정도는 아니었다.

누구나 일하는 가운데 위와 같이 조직과 시장 사이에 끼어 버린 상황에 처할 수 있다. 그리고 뒤늦게 "아, 두 사람 사이에 뭔가 있기는 있었구나, 진작 냄새를 맡았어야 하는 건데" 혹은 "지금이라도 비집고 들어갈 틈이 없을까?"라는 생각을 하게 된다. 하지만 이미 때는 늦었을 가능성이 크다.

만약 평소에 시장의 숨결에 촉각을 세워두고, 고객의 욕구 변화, 새로운 디자인의 추세, 나아가 장막에 가려진 거래의 동향까지 면밀히 파악했다면 상황은 달리 전개될 수 있다. 또한 일이 잘 안 풀릴 때에는 거래처 주요 인사들과 함께 만나는 자리를 만들고, 문제의 핵심과 의무감을 공유시킴으로써 해법을 찾아갈 수도 있다. 진정한 프로는 매사에 신의 한 수를 찾으려 하기보다는, 시장과 고객의 움직임에 촉각을 세우는 데에 치중한다.

"시장의 숨결에 촉각을 세워라!"는 것은 한마디로 '마켓 센싱market sensing'을 하라는 것이다. '마켓 센싱'이란 고객의 잠재적이고 장기적인 욕구를 감지하는 것이다. '마켓 센싱'을 제대로 하려면 기술과 제품의 동향, 떠오르는 시장, 고객 욕구의 변화 등에 대해서 파고 들어야 한다. 또한 시장 내의 모든 정보와 행동을 주시함과 동시에, 모든 성과의 실마리가 어디에 있는지를 확인해야 한다.

유대인 기업들이 두각을 나타냈던 이유 중의 하나는 여성들이 사용하는 모든 것과 사람들의 입에 들어가는 모든 것에 촉각을 세우고, 그 속에 잠재된 무한한 가치 창출의 실마리를 보았기 때문이다. 그들은 여성은 남성이 번 돈을 실제로 쓰는 주체라는 점, 그리고 사람들은 온갖 음식과 먹거리를 즐기지 않고서는 살 수 없다는 점에 촉각을 세우고 그에 맞는 가치 창출에 총력을 기울인 것이다.

시장은 예민하다. 잠자고, 꿈틀거리고, 펄떡거린다. 공격의 타이밍을 노려도 미동조차 없고, 때로는 침체의 늪에서 서서히 탈출하려고 한다. 그러다가도 거친 숨을 몰아쉬면서 움직인다. 어느 순간 트랜드를 낳고, 그것들은 곁에 있다가도 어느덧 사라진다. 시장은 경쟁과 타협, 기회와 위험이 공존하는 곳이기도 하다. 한마디로 인간의 머리, 가슴, 발이 총동원되는 거대한 활동의 장場이다. 하지만 시장은 어디로 가는지 알려 주지 않는다. 그러므로 진정한 프로라면 언제나 무엇을 보아도 새롭게 느낄 정도로 예민한 시장 감각을 갖고서, 트랜드를 옆에 끼고 살아야 한다. 혹자는 트랜드에 지나치게 민감할 필요는 없다고 말하는데, 그것은 난센스다. 예민한 시장 감각이야말로 항상 지녀야 할 무기이다.

우선순위는 시장이다

직업인이라면 누구나 자신이 몸담고 있는 조직에 대한 충성과 고객의 입장 사이에서 애로를 느낄 수 있다. 필자도 국내에서나 해외에서나 고객들에게는 인기가 있었지만 회사에서는 미운 털이 박혀 심하게 마음고생을 한 경험이 있다. '고객지상주의'에 입각해서 비즈니스를 열심히 추진하다 보니 조직이 돌아가는 데에는 무감각해 진다거나, 고객과의 분쟁을 해결하자니 상사上司의 의견에 반反하게 되는 경우가 있었다. 하지만 어느 경우에도 비즈니스를 성공시키기 위해서는 고객의 입장을 우선적으로 고려해야만 했으며, 지금도 그러한 생각에는 변함이 없다. 필자는 "고객이 보스다"라는 피터 드러커의 말에 전적으로 공감한다.

조직과 시장 사이에서 양자택일을 해야 한다면, 시장의 입장을 우선적으로 고려하는 데에서 출발해야 한다. 그 이유는 모든 성과의 실마리는 시장으로부터 나오고, 시장이 존재함으로써 조직과 내 자신도 존재하기 때문이다. 만약 어떤 거래를 가까스로 성사시킨 후, 고객으로부터 "사실 조건이 너무 안 좋았지만, 당신을 봐서 내가 질러 버린 거야!"라고 생색 내는 말을 들을 정도가 된다면, 시장의 입장에 선 것이 잘한 것임을 입증하는 것이다. 아울러 보다 나은 조건으로 다음 기회까지 약속을 보장 받을 정도라면 그는 진짜 프로라고 할 수 있다.

조직과 시장, 균형을 잡아라

조직에 대한 충성과 시장에 대한 배려 사이의 균형을 잡는 것은 프로의 가장 필수적인 행동이다. 그것은 치밀한 대안과 양쪽을 납득시킬 수 있는 노력을 필요로 한다. 예컨대 시장의 입장을 반드시 충족시켜야 할 입장이라면, 여러 가지 근거와 타당성을 제시하여 회사를 이해시키고 특단의 결심을 얻어 내야 한다. 시장에 맞는 시스템을 만들기 위해서는 조직에 부딪칠 수도 있어야 한다. 그러나 회사의 입장에서 보았을 때 한 치의 여유도 없다면, 시장의 편의나 고객의 이득을 위한 별도의 기회를 조성하거나, 다음 기회를 노리는 수밖에 없다. 조직과 시장 사이에서 균형이 보장되는 특별한 비결은 없다. 다만 평소에 남다른 애사심과 고객에 대한 강한 충성심을 각인시켜 놓으면, 설사 진퇴양난의 상황에 처하더라도 양쪽 모두 조금씩 물러서서 자신을 지지하게 만들 수 있다.

프로의 무대는 조직과 시장이다. 때문에 진정한 프로라면 조직 생활과 시장에서의 활동 사이에 절묘한 조화를 이룰 줄 알아야 한다. 그것은 오직 부단한 노력과 체계적인 활동에 의해서만 가능하다. 조직 가치의 수호자는 회사의 지지를 받을 수밖에 없고, 시장을 똑바로 쳐다보고 숨 쉬는 사람은 아무리 시장의 요구가 무리하더라도 출구를 찾을 수 있다.

누구든지 조직에서 충성심을 인정받고, 시장에서는 놀라울 정도로 민감하게 대응을 할 수 있다면 그의 앞길은 탄탄대로이다. 조직에 충성하고 시장에 민감하게 행동하는 것, 이 두 가지는 직업인의 행로에서 반드시 지녀야 할 검劍과 창槍이다. 그 검과 창을 잘 쓰면, 이기고 성공한다.

숫자로 인품을 말한다

"숫자가 인품이다! 힘들지 않은 사람 있으면 나와 봐!"

이 말은 필자가 종합상사에서 근무하던 시절 모셨던 '도끼'라는 별명을 가진 본부장님의 말씀이다. 그는 후에 삼성그룹 계열사의 사장직까지 역임하였는데, 비즈니스 회의 중에 간혹 그와 같이 일갈하시곤 하였다. 당시 그에게 질책 받고서 풀 죽은 모습으로 회의실 밖으로 나오던 간부들의 모습은 '실적이 곧 인품'이라는 것을 은연중 실감케 하였다. 그는 맹장이자 덕장으로서의 면모를 지녔던 분으로서, 그 시절 숨 막히는 무역전쟁 속에서 긴박하게 일하던 사람들에게 그와 같은 말로 강한 '프로의식'을 심어 주었던 것이다.

숫자는 유능함의 상징이자, 존재감의 징표

직업인들에게 숫자가 갖는 의미는 크다. 흔히들 "자리가 사람을 만든다."라고 하는데 자리를 빛나게 하는 것은 실적, 곧 숫자이다. 예컨대 국내 어느 최고경영자가 재임 1년간 영업이익률을 3,800% 증가시켰다거나, 어느 기업의 간부는 어려운 해외 입찰에서 경쟁을 물리치고 큰 금액의 수주에 성공하여 사내외에서 스타가 되었다는 것을 간혹 언론을 통해 접해보았을 것이다. 그러나 이런 예와는 반대로 전략상의 오류나 불운 탓으로 기대했던 만큼의 실적을 달성하지 못한 경우, 그에 대한 시선은 차갑기만 하다. 이렇듯 경쟁과 성과를 쫓는 비즈니스 세계에서는 오직 가시적 성과만이 유능함의 상징이자, 존재감의 징표가 된다. 그러므로 직업인은 오직 진취성과 탁월함의 반복을 통해서 좋은 성과를 내고, 자신의 존재를 입증해야 한다. 여기에 성과를 올리기 위한 방법 5가지를 나열해 본다.

〈성과를 올리기 위한 5가지 방법〉

1. 정확한 의사 결정을 할 것.
2. '시장이 이끄는 행동'에 집중할 것.
3. 협업과 시너지를 추구할 것.
4. 위험과 득실을 따져볼 것.
5. 마무리를 명쾌히 할 것.

이외에 정보 마인드, 문제 해결 능력, 숫자 감각은 기본이다. 숫자 감각은 기업 활동의 범위와 기능이 넓어짐에 따라서 재무, 회계, 금융 등에 대한 기본적인 이해와 더불어 꼭 필요하다. 한 가지 명심할 것은 성과에 관한 한, 조직과 개인의 입장은 분명히 다르다는 점이다. 성과에 상응하는 보상은 조직이 할 일이지만, 성과를 내는 것은 마땅히 개인의 몫이다.

지위와 몸값도 당당한 성과를 낼 때 바뀌며, 운運도 씩씩하게 성과를 추구하는 사람에게만 따르는 법이다.

숫자는 인품, 이긴 자가 강하다

주지하다시피 비즈니스 세계는 냉정하며, 시장은 공정하지 않다. 뛰어난 능력과 최선의 노력이 항상 좋은 성과를 보장하지도 않는다. 그렇다고 시장이 언제나 비열한 것은 아니다. 때로는 잘한 것 같지 않은데도 좋은 성과가 나오는 경우도 있다. 운運과 환경의 변화는 항상 따르는 변수이다. 혹자는 운 또한 실력의 일부라고 말하기도 한다. 어쨌든 승리할 확률은 대체로 실패할 확률보다 높으며, 만약 그렇지 않다면 세상은 이미 멸망했을 것이다. 그러므로 직업인은 오직 프로다운 전문성, 성과에 대한 확신 그리고 부단한 노력만이 성공의 열쇠임을 믿고, 뜻하는 성과를 내기 위해서 최선을 다해야 한다.

프로의 세계에서는 강한 자가 이기는 것이 아니라 이기는 자가 강한 것이다. 경영자나 마케터나 모두 좋은 실적을 내는 사람이 좋은 대우를 받는다. 영국의 작가 윌리엄 서머셋 모엄 Wiliam S. Maugham, 1874-1965은 "성공은 그 사람의 성격이나 인품을 높게 한다."라고 말했다. 프로에게는 숫자가 성공이자 인품이다. 오직 숫자만이 현실이며, 감상은 비현실이다. 그러므로 프로는 오직 숫자, 즉 성과로 승부해야 한다. 그것은 피할 수 없는 야박한 현실이다. 오직 성과로 승부하겠다는 강한 집념, 그리고 그것을 향해서 매진하는 것만이 어려운 비즈니스 게임에서 이기며 프로로서 인정받는 길이다. 진짜 프로는 숫자로 인품을 말한다.

승자는 시간을 붙잡고 달리며,
패자는 시간에 쫓겨서 달린다.

– 시드니 해리스(1917~1986)

HIGH CALIBER PERFORMER

제2장
격格이 다른 행동가가 되라

초경쟁 글로벌 시대의 프로는 일하는 격格이 다르다. 격이 다른 프로는 뚜렷한 가치관과 전문성이 있으며 일 처리 또한 남다르다. 그는 결단과 행동으로 무장되어 있으며 어떠한 문제 앞에서도 성과를 이룬다. 격 다르게 일하려면 뚜렷한 목표, 강한 성취욕 그리고 바닥에서의 경험이 있어야 한다. 격이 다른 행동가는 신神이 개입하는 시간을 만들며, 선善한 영향을 추구한다.

결단과 행동의 무사武士가 되라

필자가 미국 캘리포니아주 중부지대를 여행했을 때의 일이다. 달리는 차창 밖으로 어느 순간 광활한 옥수수밭이 눈앞에 펼쳐졌다. 뜨거운 태양 아래 하늘을 향해 쭉쭉 뻗은 옥수수들을 보면서, 필자는 문득 고교시절 여름 방학 때 옥수수밭에서 낫을 들고 옥수수 줄기를 자르던 추억이 떠올랐다.

높고 곧은 옥수수 줄기를 낫으로 자르는 것은 여간 어려운 일이 아니었다. 낫을 제대로 찍어 내리지 않으면 날이 옥수수 줄기에 박혀 버리고, 옆으로 가르듯이 자르려면 힘이 들어가지 않았다. 게다가 잘못하면 예리한 날에 베이거나 다칠 수 있는 위험이 있었기에, 낫 휘두르는 것이 주저되고 두렵기까지 하였다.

나는 잠시 하던 일을 멈추고 생각해 보았다. "낫의 각도를 비스듬하게 세우고, 가볍게 휘둘러 빠른 속도로 내리쳐 보자…" 이렇게 마음먹은 나는 크게 심호흡을 한 다음 과감하게 내리쳤다. 순간 옥수수 줄기가 쫙 소리를 내면서 시원하게 잘려나가는 것이 아닌가! 같은 방식으로 몇 차례 반복해본 결과 이제는 옥수수 줄기를 모두 자를 수 있다는 자신감이 생겼고, 송골송골 맺힌 구슬땀이 오히려 시원하게 느껴질 정도였다.

돌이켜보건대 필자가 옥수수 줄기를 성공적으로 자를 수 있었던 이유는 작은 결단에 있었다. 이렇게 해볼까 저렇게 해볼까 잠시 고민한 뒤, 냉철하게 동작의 방향을 바로 세우고 신속하게 내리쳤기 때문에 가능했던 것이다. 결국 옥수수 줄기를 손쉽게 자를 수 있었던 비결은 냉철함, 방향성, 정확성, 그리고 과단성에 있었던 것이다. 결단의 이치는 바로 이러한 것이 아닐까?

결단은 내가 하는 것이다

결단은 경영자혹은 리더들나 담당자에 이르기까지 피할 수 없는 행위이다. 필자와 평소 절친한 어느 기업의 사장은 내게 이렇게 토로한 적이 있다.

"사장이 된 이후 부사장이었을 때의 차이가 정말 이렇게 큰지 실감치 못했네. 부사장 시절에는 어떤 문제가 발생하더라도 사장과 의논할 수가 있었지만 지금은 그럴 처지가 못 되며, 특히 중요한 결단을 내려야 할 때에는 말할 수 없는 불안과 고독감을 느낀다네. 사장과 부사장 사이의 거리는 부사장과 대리 사이의 거리보다 훨씬 먼 것 같아…"

그의 고백은 유사한 상황에 처해본 적이 있는 필자로서도 마땅히 공감할 수 있었다. 결단은 누구에게나 부담스럽다. 그러나 결단은 피할 수 없는 것이다.

직업인들에게 결단이 요구되는 상황이나 문제는 시시각각 찾아온다.

그리고 자기 대신 결정을 해 줄 사람은 아무도 없다. 무슨 일을 하든지 스스로 결정해야 할 뿐만 아니라 잘 해야 한다. 그것은 크고 작은 전략의 선택에 관한 문제이든, 상사와의 이견을 다투는 문제이든, 이직이나 창업과 관련된 고민이든 다를 바가 없다. 결단의 주체와 책임자는 오직 자신이며, 설사 좋은 멘토나 가까운 사람들의 조언을 접하더라도 그것은 궁극적으로 그들의 머리와 입에 담겼던 것들일 뿐이다. 그들의 이야기에는 구속력이 없으며, 행동의 종착역에서 나를 기다려 주지도 않는다. 진정한 프로라면 자신이 내리는 모든 결정은 처음이자 마지막이라는 생각으로 스스로 하되 잘 해야 한다.

결단은 뼈가 시릴 정도로 고통스럽다. 아무리 남다른 결단의 주도자라 해도, "과연 이 일을 해야 하나?" "정말 이 방향이 맞을까?" "실패하면 어떻게 하나?" 같은 우려나 불안감에 휩싸이는 것은 당연하다. 게다가 정말 단호하게 결정을 내렸더라도 뜻밖의 난관에 부딪치면 이미 내린 결정을 후회하거나, 가지 않은 길에 대한 미련까지 갖게 된다. 하지만 세상에서 주저함, 후회, 미련처럼 소용없는 것은 없다. "누군가 이 어려운 결단을 대신 해주었으면"하는 생각이 들더라도, 이 세상에 그럴 사람은 아무도 없으며 어떠한 결단이라도 그에 따르는 결과와 책임은 자신의 몫이다. 결단은 뼈가 시릴 정도의 고통을 감내하면서 내가 하는 것이다.

결단은 매서운 칼처럼

직업인이라면 누구나 결단의 시점을 맞게 된다. 그것은 가장 적합한 선택을 해야 할 긴장되는 순간이기도 하며, 때로는 성패를 가름하는 절대 절명의 순간일 수도 있다. 중요한 것은 그러한 순간에 이루어지는 전략적 선택이 냉정한 진단, 짜임새 있는 구도, 빠르고 일관된 행동을 전제로 이루어지느냐의 여부이다. 만약 그렇지 못하다면 그 전략은 전략 자체의 적敵이 되어 버리고, 일은 산山으로 가게 된다. 그러므로 일을 도모하기에 앞서 해야 할 결단은 반드시 매섭고, 빠르고, 분명해야 한다. 칼 같은 결단이란 바로 그러한 것이며, 이러한 결단이야말로 격이 다른 행동가의 몫이다.

결단은 빠르고 단호해야 한다. 필자는 한때 어려운 일을 잘 처리한다고 알려진 탓에 더 어려운 일을 맡아 달라는 파트너의 요구를 받아들이지 않은 적이 있었다. 불공정하다고 판단한 끝에 주저하다가 결국 받아들이지 않은 것이다. 그런데 그 대가는 생각했던 것보다 커서 불이익을 자초한 격이 되어 버렸다. 경영자로서 전직轉職이라는 중요한 결정을 해야만 하는 상황에서도 너무 노심초사하다가 그만 일이 꼬여버린 적도 있었다.

결국 무엇이든 너무 신중하게 생각하거나 망설이는 것은 전혀 득이 되지 않았다. 완벽한 최고의 결정은 결코 존재하지 않으며, 오직 필요한 것은 적절한 결정뿐인 것이다. 결단이란 완벽한 결정보다 합리적 결정을 적시에 하는 것이며 그러한 결정이 오히려 좋은 결과를 불러올 수 있다.

중국의 묵자墨子, B.C.470-391는 "오리五里를 걷는 동안 일을 결단할 수 있는 자는 왕이 될 수 있는 자다. 구리九里를 걷는 동안 결단할 수 있는 자는 강한 자일지는 몰라도 왕은 될 수 없는 자다"라고 말했다. 그의 말은 짧은 시간의 흐름 속에서도 오직 칼 같은 결단을 내릴 수 있는 사람만이 제왕이나 리더로서의 자격이 있다는 의미로 해석된다. 결단은 매서운 칼처럼 빠르고 단호해야 한다.

밀어붙일 때는 미친 듯 밀어붙여라
-70%의 상식과 30%의 광기-

미국 텍사스주의 거래선 중에 매우 친숙했던 스티브 필레만^{Steve Fillerman}이라는 사람이 있었다. 그는 최악의 시장 상황에서도 계약을 취소하지 않은 의리 있고 멋진 비즈니스맨이었다. 그는 약간 대머리에 더블 엠^{MM}, 즉 모터 달린 입^{Motored Mouth}이라는 별명을 갖고 있었는데, 만날 때마다 항상 "비즈니스는 70%의 상식^{Common Sense}과 30%의 광기^{Madness}가 합쳐진 것이다"라고 설파하였다. 그는 엄청난 불경기 중에도 일본 상사와의 합작을 끈질기게 밀어붙인 후, 짧은 기간 내에 회사를 크게 성장시켰다.

그는 자신이 동원한 것은 오직 상식과 광기^{狂氣}뿐이었다고 웃으면서 이야기하곤 했다. 필자 역시 성정^{性情} 탓인지는 몰라도 어떤 일이든지 밀어붙일 때에는 세게 밀어붙이는 편이었다. 그러한 연유 때문인지 그와 나는 서로 배포가 잘 맞았고 유대가 돈독했다. 무슨 일이든지 밀어붙일 때는 마치 불도저처럼 미친 듯 밀어붙여야 일도 잘 되고 뱃속도 편해진다. 물론 동지애도 깊어진다.

일은 결단과 행동의 연속이다. 그러므로 무엇이든 결단을 한 이후에는 미친 듯이 실행해야 한다. 아무리 칼같이 결단을 해도, 그 일에 미치지 않고서는 잘될 수 없다. 또한 "이 정도면 되겠지"라는 자세로 적당히 해서는 절반의 성과조차 기대하기 어렵다. "미친, 미쳤다!"라는 의미를 가진 'MAD'라는 단어를 풀어 보면, "사람Man이 능력Ability을 다해서 헌신Dedication한다"라는 의미가 된다. 미친다는 것은 헌신한다는 것이며, 그 속에 모든 에너지를 쏟으면 반드시 이루어진다MADE. 미치는 것은 자신의 능력을 다해서 헌신하는 것, 남들이 상상할 수 없는 에너지를 쏟는 것이다. 어떤 일에서든지 미친 듯한 열정과 헌신하는 자세로써 그 속에 모든 에너지를 쏟아 부으면 좋은 성과는 따라오게 마련이다.

'불광불급不狂不及'이라는 말이 있다. 어느 선비가 그의 출중한 글씨조차 진晉나라의 명필 왕희지王羲之, A.D.303~361의 그것에 미치지 못함을 한탄했다는 고사古事에서 나온 것이다.

한 시대를 대표했던 발견이나 걸작품 속에는 그 누구도 억누를 수 없는 광기狂氣가 숨겨져 있다. 오직 주체할 수 없는 광기와 몰입만이 달콤한 성취의 희열을 선사한다는 것을 잊어서는 안 된다. 누구든지 습관적인 '네거티브negative'나 빈둥거리는 소수자의 자세로 일관하는 사람은 아예 프로가 될 자격이 없다. 일은 미치는 사람의 것이다. 프로는 미쳐야 한다.

가다가 아니면 바람처럼 돌아서라

'미친 듯 일하라'는 의미는 맨손으로 호랑이를 때려잡듯이 맹목적으로 일을 하라는 의미가 아니다. 일에 있어서의 민첩성이라는 것도 무조건

빠르게 하는 것이 아니라, 일의 목표와 중요도를 신중히 고려하면서 신속하게 움직이는 것이다.

홍콩의 갑부 리카싱李嘉誠이 신조로 삼는다는 '대지大止'라는 말이 있다. "큰 지혜를 가진 사람은 그칠 때를 알고, 그렇지 않은 사람은 오직 도모하는 것만 생각한다."라는 의미이다. 만인의 화두인 혁신도 새로운 것을 시작하는 것이 아니라, 중요하다고 여기던 것을 멈추는 것이다.

멈출 때와 돌아설 때를 아는 것과 돌아설 수 있다는 것은 대단한 용기가 필요한 것이며 그렇기 때문에 중요한 것이다. 일상적인 일 가운데에서도 차라리 중단하는 것이 이득인 경우는 허다하다. 하지만 그것을 용기 있게 행하는 경우는 드물다.

결단의 시기와 방향성 그리고 속도의 조절은 정말 중요하다. 그럼에도 불구하고 오직 스피드 시대의 강박 관념에 사로잡혀 매사를 무조건 빨리 하려고만 한다면 그것은 차라리 무능함보다 못한 것이며, 종국에는 일을 망치게 된다. 또한 지금의 경쟁 우위 요인들만을 믿고서 안주하는 것만큼 위험한 일도 없다. 왜냐하면 그것들은 눈 깜짝할 사이에 바뀔 수 있기 때문이다.

일단 결정을 하면 미친 듯이 밀어붙여야 하지만 만약 '가다가 아니다'라는 생각이 들면, 바람처럼 돌아설 수도 있어야 한다. 밀어붙이는 것이나 돌아서는 것이나 모두 경험과 상식 그리고 저돌성만 있으면 얼마든지 가능한 일이다. 밀어붙일 때는 세게 밀어붙여야 한다. 그러나 그것이 그릇된 선택임을 알게 되는 순간에는 과감히 미련 없이 돌아설 수 있어야 한다.

지금은 무한 경쟁 시대이다. 무한 경쟁 시대에는 모든 것이 미쳐 돌아
간다. 이런 시대에는 나 자신도 미치지 않으면, 이룰 수 있는 것이 거의
없다. 무사안일이나 적당주의는 승리는커녕, 실패의 쓴 잔만을 안겨 줄
뿐이다. 그러므로 진정한 프로라면 무슨 일을 하든지 기꺼이 하되 미쳐
야 한다. 미치다 보면 위기 또한 기회로 바뀔 수 있다. 프로에게는 칼 같
은 결단, 미친 듯한 실행만이 무한 경쟁 시대의 성공에 대한 답쓰이자 길
이다. 밀어붙일 때는 세게 밀어붙여라. 하지만 무조건 눈을 감고 가지는
말라. 만약 가다가 아니면, 바람처럼 돌이서라!

제대로 벌이고, 독하게 챙겨라

"한 번의 날카로운 공격으로 전쟁은 끝난다." 나폴레옹이 그의 영광을 드높인 '아우스터리츠 전투Battle of Austerlitz, 1805'에서 승리를 쟁취하기 직전에 한 말이다. 막강한 오스트리아와 러시아의 동맹군을 물리치고, 유럽의 전쟁사를 새로 쓴 나폴레옹의 이 말은 과연 그가 얼마나 완벽한 전략과 전술로써 전쟁을 벌였으며, 어떻게 휘하의 장군들과 병력 및 군수 체계를 챙겼는지에 대해서 상상할 수 있게 한다. 비록 러시아 원정1812과 워털루 전투Battle of Waterloo, 1815에서는 실패했지만, 나폴레옹은 정말 전쟁에 관한 한 최고의 프로이었음이 분명하다.

나폴레옹은 스위스 출신의 군사 전략가인 앙투안 조미니Antoine-Henri Jomini, 1779- 1869를 총애했다. 조미니는 중국의 손자孫武, B.C. 545~470?와 프로이센의 클라우제비츠Carl von Clausewitz, 1780- 1831보다 덜 알려져 있지만, 군왕君王들의 전략에 관한 탁월한 분석으로 능력을 인정받아 프랑스군 대령으로 발탁되었고, 작위까지 받은 사람이다. 괴팍한 천재의 모습을 띠기도 했던 이 전략가는 '기하학적 사유思惟'와 '불변의 원칙'을 중시했으며,

흔히 활용되는 도상훈련圖上訓練은 그의 발명품이다. 조미니의 그러한 접근들은 프로의 세계에서도 '전략 마인드'가 중요함을 상기시켜준다. 전쟁이든 비즈니스든 제대로 벌이고 독하게 챙겨야 승리할 수 있다는 사실을 부인할 사람은 없을 것이다.

'전략 마인드'를 가져라

'전략 마인드'란 무엇인가? 전략 마인드는 곧 무엇을 하고, 무엇을 포기해야 하는지를 고민하는 자세를 뜻하며, 흔히 말하는 '전략적 사고'와 같은 의미이다. 전략 마인드는 전체를 바라볼 수 있는 안목과 행동의 근간이자 프로의 최우선 요건이다. 유명 전략가들의 전략 마인드의 공통점은 가장 유리한 전략과 전술을 펼치는 것과 영토와 전리품을 최대한 지키고 획득하는 것이다. 한 마디로 '제대로 벌이고, 독하게 챙기는 것'이다. 예를 들어보자.

손자는 진정한 승리는 싸우지 않고 이기는 것이며, 정치, 경제, 외교 등을 동원한 동맹이 중요하다고 역설했다. 그는 기습과 정보의 중요성에 대해서도 강조했다. 반면, 클라우제비츠는 승리는 오직 군사력의 파괴로 얻을 수 있으며, 동맹은 단순한 거래에 불과하다고 여겼다. 그는 군사력에 의한 국면의 우위를 강조했지만, 기습과 정보를 중시하지 않았다. 한편, 조미니는 전쟁을 술術이 아닌 과학으로 접근하면서, 크라우제비츠처럼 기습과 정보를 가볍게 여기지는 않았다. 기습과 정보는 신무기와 통신기술이 엄청나게 발달한 오늘날에도 중요성이 크게 부각되고 있으며, 걸프전1990은 그 좋은 예이다. 아무튼 이러한 접근들은 모두 '전략 마인드'의 발현이라고 할 수 있으며, 그 목적은 전쟁을 제대로 펼치고, 실리 또한 뚜렷이 챙기는 데 있을 것이다.

프로는 '전략 마인드'로 무장해야 한다. '전략 마인드'로 무장하면, 중요한 프로젝트를 수행하거나, 새로운 시장을 개척하고 이득을 확보함에 거칠 것이 없다. 누구나 선명한 목표와 방향 하에 일을 벌이고, 하나하나의 과정을 철두철미하게 챙겨나간다면, 안될 일이 무엇이겠는가?

벌이기와 챙기기를 조화시켜라

"저 친구는 아라비아 사막 한가운데 벌거벗겨 떨어뜨려도 김포공항에 넥타이를 매고 내릴 사람이야, 물면 안 놔…" 이 말은 필자를 잘 아는 회사 상사가 필자에게 간혹 농담조로 던지던 말이었다. 그런데 그 말 속에는 어려운 일들을 야무지게 잘 한다는 격려와 더불어 좀 살살 하라는 충고의 의미도 담겨 있었다.

사실 상사맨으로서, 마케터로서, 경영자로서의 활동에서 자신의 몫을 다 하려면 복잡하고 어려운 일들을 계속 벌여야 했고, 전후좌우의 과정을 독하게 챙기지 않으면 안 되었다. 그렇다 보니 어느새 개척자로서의 강한 이미지가 꼬리에 붙어서 한때 그러한 말까지 들었던 것 같다. 물론 이것은 자랑이 아니라, 일하는 것이 그만큼 어렵고 힘들었다는 의미이다. 어쨌든 일은 제대로 벌이고, 독하게 챙기라고 있는 것이다.

과거 함께 일하고 아끼던 부하들 중 특별히 기억나는 두 사람이 있다. 한 사람은 세칭 유학파였는데, 일을 아주 잘 벌이고 아이디어도 뛰어났다. 그는 친화력이 좋았을 뿐더러 외국어 구사력도 훌륭했다. 그런데 나중에 하나 둘 문제들이 발생하기에 확인해 보았더니, 그는 자신이 잘한 일에 대해서 쇼우 오프show-off하는 데에는 무척 신경을 썼지만, 문제가 생기면 깔고 앉는 성향을 갖고 있었다. 반면 다른 한 사람은 일단 시작한 일을 챙기는 데에는 선수였지만, 일의 방향과 핵심을 잘 잡는 데에는 약하고 무엇이든 시작에 앞서 우물쭈물하는 편이었다. 필자는 지금도 두 사람 중에서 누가 더 좋은 평가를 받아야 했는지 혼란스럽지만, 어떤 일이든지 좋은 성과를 얻으려면 제대로 벌이고, 독하게 챙겨야 한다는 생각에는 변함이 없다.

대부분의 사람들은 어떠한가? '일을 잘 벌이는 것'과 '일을 잘 챙기는 것', 이 두 가지를 동시에 완벽히 해낸다는 것은 사실 쉽지 않다. 대체로 일을 잘 벌이는 사람은 일을 잘 챙기지 못하고, 반면에 일을 잘 챙기는 사람은 일을 잘 벌이지 못하는데, 그것은 신기할 정도이다. 누구에게나 두 마리의 토끼를 모두 잡는 것은 쉽지 않다. 그러므로 중요한 일을 벌여야 하는 상황에 처할수록 올바른 목표와 전략을 세우되, 과정관리와 사후관리에 만전을 기해야 한다. 모든 일의 성과는 일을 제대로 벌리되, 얼마나 독하게 챙기느냐에 달려 있다. 그것은 불완전을 완전케 하는 최선의 방법이다.

망원경과 현미경을 같이 사용하라

수년 전 이탈리아 밀라노의 '산타 마리아 델레 그라치' 수도원에서 흐

릿하게 바랜 다빈치의 명화 '최후의 만찬'을 본 적이 있다. 그림에 대한 설명 자료를 읽고서 다시 바라보니, 등장인물들의 표정, 손짓, 자세에 아주 세밀한 차이가 있어 보였고, 그 속에는 바둑판 구도와 원근법까지 접목한 놀라운 기하학적 디테일이 숨겨져 있었다. 명화 속에는 여러 개의 그림이 숨겨져 있다는 말을 들은 적이 있지만, 그처럼 잘 짜인 구도와 정교한 디테일이 그 작품 속에 숨어있을 줄은 몰랐다. 일을 함에 있어서도 명화에서처럼 전체적인 구도와 디테일이 조화를 이룬다면 틀림없이 좋은 성과가 나올 것이다.

일이란 하나의 작품을 만드는 것과 같다. 그러므로 무슨 일을 할 때에는 전체적인 구도와 디테일을 잘 고려해야 한다. 그것은 마치 망원경과 현미경을 모두 손에 들고서, 일의 파노라마panorama를 머릿속에 펼쳐 보이는 것과 같다. 파노라마는 원래 어떤 경관을 병풍처럼 펼쳐 놓은 것인데, 만약 망원경과 현미경을 같이 사용하면 그것을 완벽하게 즐길 수 있다. 예컨대 장엄한 공연을 관람할 때에도 망원경으로는 무대 전체를 보고, 작은 안경으로는 출연자들의 동작과 표정을 관찰하면 완벽하게 작품을 이해할 수 있다. 마찬가지로 일을 함에 있어서도 망원경과 현미경을 동시에 사용하듯이 하면, 전체의 흐름과 세세한 내용을 모두 잡을 수 있는 것이다. 만약 풍부한 경험, 예리한 직관, 날카로운 분석이 모두 동원된다면, 최고의 작품이 탄생할 것이다.

직관과 분석의 균형을 유지하라

흔히 나폴레옹을 위대한 전략가로 꼽는다. 그는 과연 위대한 전략가인가? 나폴레옹이 칭송받았던 이유 중의 하나는 프랑스 혁명 이후 조국을 저버린 귀족이나 장군들과는 달리 유럽 각국과의 전쟁에 과감히 앞서서 승리를 쟁취했기 때문이다. 하지만, 그가 어떻게 젊은 나이에 그토록 혁혁한 승리들을 거둘 수 있었는가에 대해서는 궁금하게 여겨진다. 놀랍게도, 나폴레옹의 위대성은 피카소나 베토벤 같은 천재들의 그것과 유사한 창의와 직관력에서 발견된다. 나폴레옹은 전쟁에 임하면 일단 전장으로 이동해서 상황을 판단한 후 전투에 돌입했으며, 그의 신출귀몰한 전략은 노출되지 않았다. 그의 나이와 경험를 초월한, 가히 천부적인 직관의 소유자라고 할 수 있다.

그러면 나폴레옹이 러시아 원정[1812]에서 실패한 이유는 무엇인가? 잘 살펴보면, 그의 뛰어난 직관은 과학적 분석에 상당히 가려져서 종국에는 실패를 불러온 듯하다. 나폴레옹은 그가 총애하던 조미니의 원칙론의 영향을 받은 탓인지는 몰라도, 자신의 치밀한 전략과 전술 및 군수 체계라면 능히 러시아까지도 정복할 수 있다는 확신 하에 원정을 감행했으며, 험준한 알프스를 넘던 그의 위용은 한 장의 멋진 그림으로 남아있을 정도이다.

하지만 나폴레옹의 그러한 모습 속에는 통념만으로도 직감할 수 있는 위험을 가볍게 여긴 만용이 숨겨져 있었고, 그의 전략은 노출되었다. 그는 험난한 알프스를 넘는 것과, 평생 겪어보지 못한 추위 속에서 기나긴 행군과 전투를 벌이는 것이 얼마나 무모한 일인지에 대해서는 간과함으로써 원정에서 실패한 것이다. 만약 나폴레옹이 클라우제비츠가 칭송했던 바처럼 이전의 전쟁에서 발휘한 만큼의 직관력을 발휘했더라면 역사는 달라졌을지도 모른다.

흔히 "감感이 있어야 한다."라는 말을 한다. 초경쟁 글로벌 시대의 프로에게 필요한 것은 지식과 정보를 활용하는 능력뿐만 아니라, 사유思惟와 판단을 앞설 정도의 동물적인 감각과 직감력이다. 허나, 무슨 일을 하든지 직관과 분석의 어느 한쪽에 치우치는 것은 바람직하지 않다. 무한의 정보와 불확실성이 지배하는 오늘의 시대에는 직관과 분석을 조화시키는 균형감이 필요하며, 만약 더 넓은 시각과 통찰을 겸한다면 새로운 역사를 탄생시킬 수도 있을 것이다.

마무리 능력이 진짜 능력이다

누구나 일 잘 하는 사람으로 평가 받고 싶은 것은 인지상정人之常情일 것이다. 그러나 아무리 일을 잘 벌이고 잘 챙겨도 마무리를 못한다면 아무런 소용이 없다. 마무리는 전쟁에서의 마지막 전투와 같은 것이다. 비즈니스에서나 일상적인 업무에서나 마무리가 확실치 않으면 그 결과는 없다. 세계 최고의 프로 골퍼golfer도 마지막 순간에 퍼팅potting에서 실패하면 우승을 놓치게 된다. 프로의 세계에서는 '100-1=99'가 아니라, '100-1=0'이며 어떠한 일이라도 완벽히 끝날 때까지는 절대로 끝난 것이 아니다.

극명한 사례로 새로운 비즈니스 계약이나 분쟁 타결에 합의한 후에는 재빠르게 약속된 시한 이내에 은행 채널로 필요한 절차와 서류를 보완한 후, 상대방의 마음과 상황이 바뀌기 전에 돈 문제를 깔끔히 처리해야 한다. 마지막 순간에 돈을 못 챙기면, 만사가 헛수고가 된다.

마무리의 좋은 방법은 '1대1 협의', 곧 '확인사살'을 늘이는 것이다. "1%의 지시와 99%의 확인"이라는 말도 결국 그런 의미이다. 누구든지 제 아무리 일을 잘 하고 있는 것 같아도, 역량이나 자세에는 차이가 있고, 실수나 거짓을 저지르기도 한다. 예측 불허의 상황 또한 발생한다. 진짜 문제는 정말 중요하고 긴박한 일이 벌어져도 심각성을 인식하지 못하거나 적당히 처리하는 것이다. 그러므로 모든 문제의 원인은 가급적 면전에서 확인하고 해결책을 찾아야 한다.

특히 긴박한 위기 상황이 발생할 경우에는 키 맨key man을 꽉 붙잡고 어떻게든 해결책을 찾아야 한다. 막상 면전에서 부딪치면 아무리 센 사람이라도 빈 말이나 딴 소리를 함부로 하지 못한다. 이런 관점에서 보면 마무리 솜씨란 1대1 협의에 능한 것이라고도 할 수 있다.

프로에게는 마무리 능력이 진짜 능력이다. 매 순간 맺고 끊기를 잘 하는 사람 중에 능력 없는 사람은 없다. 나폴레옹은 "개선으로부터 몰락까지의 거리는 단 한 걸음에 지나지 않는다. 나는 사소한 일이 가장 큰 일을 결정함을 보았다."라고 말했다. 그의 말이 시사하듯, 결승점 앞에서도 사소한 일까지 확실히 마무리 하는 것이 프로의 자세이다. 아무리 신들린 듯이 일해도, 끝맺음이 잘못되면 실패이며, 그 일은 아예 시작한 것보다 못한 것이다. 그러므로 어떠한 일을 하더라도 마무리 단계에서는 근성과 독기를 잃지 않고 최선을 다해야 한다. 진정한 프로는 끝맺음을 생명처럼 여기는 사람이다.

승리는 일의 큰 그림과 작은 그림을 모두 염두에 두면서 멋지게 마무리하는 사람의 것임을 기억하라!

'가지'보다는 '근본'에 집중하라

인도에는 그들만의 독특한 비즈니스 문화가 있다. 인도 비즈니스맨들은 억지에 강하고, 비논리를 논리화하는 데에는 단연코 선수들이다. 인도 기업과 거래를 하다 보면, 사소한 서류상의 하자를 계약의 불이행이라고 주장하면서 대금을 지불할 수 없다고 생트집을 잡는 경우가 있다. 그들은 눈앞의 실리에 강하며, 한번 시작하면 정말 짜증이 날 정도로 굽히지 않고 버틴다.

그러한 일들은 중동 지역에서도 종종 발생하곤 했는데, 그것은 과거 중동 전역에서 중개상으로 활약하던 인도 상인들의 영향 때문이다. 인도 상인들은 B.C.1,000년경부터 향신료^{SPICE} 교역으로 이집트와 로마제국의 주목을 받았고, A.D.500년경에 이르러서는 아라비아와 페르시아에서 활발히 활동했던 전력^{前歷}에서 드러나듯 상인 기질이 대단하다. 아무튼 그러한 경우에 시비가 걸린 서류상의 하자 문제에만 집중해서 그들과 논쟁을 벌이면 결코 문제를 해결할 수 없다. 문제의 핵심은 전혀 다른 곳에 있다.

문제, 핵심에 매달려라

일반적으로 가까운 파트너 간의 비즈니스에서는 서류상의 하자를 빌미로 문제를 제기하지 않는다. 그러나 국제거래에서는 물건의 하자가 없더라도 선적 서류의 하자를 이유로 대금지불을 거부하는 사례가 왕왕 발생한다. 선적서류란 은행 채널을 통해서 제시되는 판매대금에 상응하는 유가증권선하증권(B/L)과 제품의 명세서들인데, 구매자가 그 내용이 잘못되었다고 시비를 걸고 대금을 주지 않는 경우가 있는 것이다. 그런 경우, 상호 간의 신뢰가 깊을 경우라면 단순한 오류에 의한 하자는 문제가 되지 않는다. 그러나 만약 구매제품의 가격이 하락하거나, 다른 이해관계의 충돌로 인해서 신뢰가 깨져 버린다면 그것은 큰 문제로 확대될 수 있다. 또한 인도상인들처럼 상습적으로 그러한 시비를 일으키는 경우에는 사전에 막을 도리가 없다.

그렇다면 이러한 문제에 대한 해답은 무엇일까? 그것은 문제의 핵심에 집중하는 것, 즉 '가지'보다는 '근본'에 집중하는 것이다. 이 말의 의미는 서류의 하자에 대한 시비로 시간을 허비하는 대신, 시장의 큰 흐름을 읽고 재빨리 양보할 것은 양보하되 균열된 파트너십을 복원하는 데 주력하라는 것이다. 물론 양보라는 것도 그리 쉽지는 않다. 하지만 시간이 흐를수록 상황은 더 불리해질 수 있기 때문에 어느 정도의 손실을 감수하더라도 그것이 최선의 길이다. 만약 그렇게 하지 않고 계속 '가지'에만 매달려 있으면 수렁에서 빠져나올 길이 없다. 이렇듯이 어떤 문제에 부딪쳤을 때, 특히 비상식적인 문제에 부딪쳤을 때는 반드시 '가지'보다는 '근본'을 붙잡고 해결에 임해야 한다. 돌파력도 그 속에서 나온다.

울타리보다 기둥을 붙잡듯 하라

김 갑수^{가명} 과장은 과거 필자가 중견 통신제조업체의 부사장으로 일하던 시절 끔찍이 아끼던 사람이었다. 그는 세칭 일류 대학 출신인데, 똑똑하고 머리가 좋은 것으로 말하면 아무도 그를 따를 사람이 없었다. 그는 화려한 언변에 기억력도 뛰어나서 무슨 일이든지 맡기면 금방 해치워 버릴 수 있을 것 같았다. 그런데 이 사람의 문제는 일단 일을 붙잡으면 죽기 살기로 파고드는 것 같아도 뚜렷한 결과를 시한 내에 제시하지 못했고, 그나마 한 일도 전체적인 방향에 잘 맞지가 않았다. 한마디로 그는 부산하게 움직였지만 일의 핵심과 큰 그림을 볼 줄 몰랐던 것이다. 이러한 사람에게는 어떠한 처방을 해야 할까?

누구나 일을 할 때에는 성과를 의식하지만, 그 속에는 예기치 않은 복병들이 숨어 있기 마련이다. 하지만 그러한 문제들을 잘 해결하면 큰 이득을 얻을 수 있다. 현대그룹의 ^故정주영 회장은 북한의 금강산호텔 사업을 추진할 때, 김정일의 갑작스러운 요구로 서커스장을 건설하게 되었는데, 겨울이 닥쳐와서 공사가 어렵게 되었다. 이에 정주영 회장은 주변의 눈치에도 아랑곳 하지 않고 공사장 전체를 비닐하우스로 덮은 후 공사를 진행하였다. 참으로 그다운 발상이자 행동이었다. 그는 서커스장을 건설하는 데 있어서, 기술적 애로의 개선이라는 '가지'보다는 추위의 차단이라는 '근본'에 집중하여 어려운 과제를 완수한 것이다.

이처럼 어떤 일을 벌이거나 문제에 부딪쳤을 때에는 마치 울타리보다 기둥을 붙잡듯이, '가지'보다는 '근본'에 집중하는 것이 최선의 방법이다. 그것은 눈앞에 닥친 문제를 조속히 해결하게 해주며, 특별한 성과를 이룰 수 있게 해 준다. 일을 정말 잘 하는 사람은 한 폭의 호랑이 그림을 보더라도, 화려한 겉가죽보다는 그 속에서 꿈틀거리는 뼈마디들의 움직임을 보는 법이다.

디테일은 '가지'에도 필요하다

모든 일에는 가지에도 근본에도 디테일이 있어야 한다. 가지보다 근본에 집중하라는 것은 버릴 가지를 버리라는 것이지, 디테일을 무시하라는 말이 아니다. 가지보다 근본에 집중한다는 것은 디테일을 무시하는 것과는 관점이 다른 것이다. 그것은 중대한 프로젝트를 추진할 경우에나 고객과의 가벼운 상담을 하는 경우에나 마찬가지이다. 디테일은 원래 계획했던 작품보다 더 크거나 더 좋은 걸작의 실마리가 될 수도 있다. 어떤 분야에서 한 가닥 하는 사람치고, 디테일에 신경을 쓰지 않는 사람은 없다. 디테일은 '가지'에도 '근본'에도 다 필요하다.

프로의 세계에서 문제없는 일은 없다. 그러나 문제해결 없는 성과도 없다. 일을 함에 있어서 난관은 누구에게나 찾아오지만 정말 일을 잘하는 사람은 시시각각 부딪치는 문제들을 잘 해결하는 사람이다. 그러므로 정말 프로라면 문제를 바라보는 시각과 접근이 달라야 한다. 훌륭한 건물도 울타리보다 기둥을 잘 세워야 하듯이, 가지보다 근본에 집중하면 문제와 위기 또한 단골 메뉴로 삼지 않을 수 있다.

프로의 눈은 크고 손은 섬세해야 한다. 진정한 프로라면 작은 가지에 연연하기보다는 큰 그림과 뿌리를 보면서 일해야 한다. 디테일의 미학에도 강해야 한다. 아무리 멋지게 모양새를 갖추더라도, 핵심과 본질 및 세밀함을 잊는다면 결코 좋은 성과를 낳을 수 없다.

탁월함과 유능함은 다르다

"김 아무개는 참 일을 잘해." "역시 이 아무개는 능력이 있어."

흔히 사람들은 이렇게 말하곤 한다. 그런데 이러한 말은 그가 그저 일을 잘 하는 정도인지, 보통 이상의 능력을 갖고 있는지에 대해서 헷갈리게 한다. 특히 실적으로 먹고 사는 경영자나 마케터들에게는 '능력이 있다'는 말 보다는 '탁월하다'는 말을 듣는 것이 훨씬 인정받는 듯한 느낌을 준다. '능력이 있다'는 표현은 때에 따라서는 그냥 추켜세우는 인사치레에 불과한 경우도 없지 않다. 어쨌든 탁월함과 유능함은 다르며, 두 가지 모두는 능력뿐만 아니라 자질까지도 포함한다.

세계적 명성을 가진 모델 지젤 번천Gisele Bundchen, 1980- 은 한 언론과의 인터뷰에서 이렇게 말했다.

"나는 하룻밤 새에도 수두룩하게 등장하는 젊은 경쟁자들을 꼼꼼히 관찰한다. 그리고 '나는 저 사람과 어떻게 다른가?', '나는 저 사람의 좋은

점을 갖고 있나?'를 생각하며
매번 반성한다."

그렇다면 그녀는 탁월한 사
람인가? 유능한 사람인가? 그
녀의 하늘같은 명성으로 보아
그녀가 탁월한 사람임을 의심
할 여지는 없을 것이다. 그녀
의 탁월함 속에는 자기보다 어
린 경쟁자들과의 숱한 경쟁과
그것을 뛰어 넘으려는 각고의

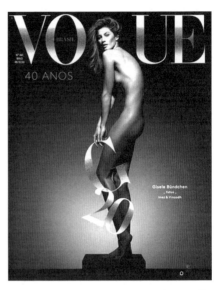

노력이 있었고, 한편 그러한 과정에서 유능하다는 말을 수없이 들었을
것이다. 누구든지 그녀를 탁월하다고 말하지, 유능하다고 말하는 사람은
없다. 탁월함은 경쟁을 초월한 유능함이 축적된 것이다. 탁월함은 최고
의 직무역량과 최고의 행동역량을 발휘하는 것이다. 탁월함은 넘치는 끼
를 수반하기도 한다. 탁월한 사람의 끼는 잔꾀와는 차원이 다르다.

탁월함이란?

탁월함은 최고와 최상으로 가는 방법이자, 그것을 판정하는 기준이다.
그것은 자신만의 특별한 역량을 발휘하면서 좋은 성과를 반복하는 가운
데 형성된다. 탁월함은 때로는 남이 하지 못하는 일을 하거나, 가지 않
는 길을 감으로써 발휘되기도 한다. 그것은 마치 깊은 숲 속에 숨겨져 있
던 보물처럼 어느 날부터 강한 빛을 내뿜으며 위력을 발휘한다. 탁월함

이야말로 경쟁을 초월하며 직업인이 추구해야 할 최고의 덕목중 하나이다. 진취적 프로는 유능하다는 말 속에 스스로를 가두어서는 안 된다. 그리고 "세상에 나 같은 사람은 없다"라는 생각 또한 경계해야 한다. 이러한 생각을 우리는 흔히들 '자만과 오만'이라 부른다. 자만과 오만을 경계하는 데 있어서는 삼국지의 관우關羽만큼 좋은 사례가 없을 것이다.

삼국지 속의 영웅 관우關羽는 자신의 탁월함을 너무 신봉한 나머지 오군의 장수 여몽呂蒙에게 패해 죽임을 당하였다. 관우는 평소 자신의 위엄과 힘을 신봉한 나머지 오나라 군사를 '쥐새끼' 취급하듯 업신여겼고, 그들의 대도독 여몽을 '오하아몽吳下阿蒙'이라 놀리며 가벼이 여겼었다. 그러나 여몽은 절치부심하며 관우의 자만과 오만을 역이용하여 결국 형주성을 탈환하게 되고, 그의 목을 취해 수치심을 되갚게 된다. 이러한 예화에서 보듯 탁월함은 조그마한 부족함까지도 완전히 채우되, 겸허함을 잃지 않는 가운데 도달할 수 있는 것이다.

유능함이란?

유능함은 자신의 위치에서 주어진 일을 해 내는 것, 즉 제 몫을 충분히 하는 것을 의미한다. 누구든지 일을 척척 해내는 사람은 유능하다는 평가를 받는다. 유능한 마케터라면 어떤 물건이든 잘 팔고, 뒤에 남는 치다꺼리까지 모두 깔끔히 해내는 사람이다. 유능한 사람은 감感도 빠르다. 직업인으로서 유능하다는 말을 들을 수 있다면, 일단은 성공이다. 일단 유능하다고 평가를 받으면 주변에서 관심을 보이고, 발탁의 기회도 생기기 때문이다. 유능한 사람일수록 반복적인 성과에 우쭐거리거나, 근거 없는 과신에 빠지는 데에 유의해야 한다. 그것은 탁월함으로 향하는 길을 막는 행위나 진배없다.

초경쟁 글로벌 시대인 지금은 일하기가 힘든 세상이다. 조직과 시장 어디서나 치열한 경쟁은 스타와 낙오자를 동시에 낳으며, 대박과 쪽박을 엇갈리게 만든다. 그러므로 탁월함만을 믿고 지나친 경쟁에 사로잡히는 것은 바람직하지 않다. 다른 시각으로 볼 때, 경쟁에서의 승리는 내가 이기는 것이 아니라 상대방이 지는 것이다. 그러므로 탁월하다는 평가를 받거나, 조금 유능하다는 소리를 듣는다고 해서, 도度를 넘는 자만에 빠지는 것은 차라리 무능함보다 못하다는 것을 알아야 한다.

탁월하든 유능하든, 교만이나 과신처럼 스스로를 망가뜨리는 것은 없다. 탁월하거나 유능하다고 해서 모든 것이 보장되는 것도 아니다. 정상에서의 바람은 시원할수록 짧은 법이다. 진정한 탁월함은 겸허함과 진정성 가운데서 그 진가를 발휘한다. 유능함을 넘는 탁월함을 추구하되, 그 무게를 유지할 수 있는 성숙함을 가진 자가 프로 중에 프로다.

천천히 서두르라

어느 다국적 기업의 경영자가 영국인, 프랑스인, 독일인 세 사람을 모아 놓고, '낙타에 대한 연구보고서'를 작성 후 제출하라고 지시를 했다. 이에 영국인은 즉시 사막으로 떠났고, 프랑스인은 동물원으로 향했으며, 독일인은 도서관으로 갔다는 이야기가 있다. 그 이야기는 곧 영국인은 현실적인 경험과 행동을 중시하고, 프랑스인은 과학적 합리성과 감각을 저울질하며, 독일인은 관념적 탐구와 결과에 대한 집착이 강하다는 의미를 갖고 있다.

필자는 유럽 지역 출장 중 독일을 자주 방문했는데, 독일에서는 무엇이든지 그 속에 질서와 권위가 스며들어 있는 것 같았고, 독일인들은 매사에 답답할 정도로 진척이 느린 것 같지만, 결과에 대해서는 견실함을 느끼게 했다. "독일에는 명곡名曲은 있으나 명화名畵는 없다."라는 말이 있듯이, 그들의 무뚝뚝함 속에는 치밀함과 결과 사이의 하모니가 숨어 있다. 독일인들은 매사에 조급함이라고는 전혀 없는 '천천히 서두름'의 선수들이다.

천천히 서두름이란?

그렇다면 '천천히 서두른다는 것'은 무엇인가? 그것은 바로 '급할수록 서두르지 않고, 더욱 신중하게 한다'는 의미이다. 독일의 속담에 '천천히Weile'와 '서두름Eile'의 두 단어를 합친 'Eile mit Weile아일레 미트 바일레'라는 표현이 있는데, 이것은 게르만 특유의 둔중한 듯하면서도 끝내 앞서가는 특성을 잘 보여 준다. 독일인들은 작은 건물을 짓더라도 마치 공사가 중단된 것처럼 보일 정도로 오랜 기간 다져가면서 공사를 진행하지만, 일정한 시간이 지나면 어느덧 빠른 속도로 공사를 완료한다. 비즈니스에서도 그러한 점은 유사하다. 2차 세계 대전에서 완패한 독일이 70년 만에 최고의 경제대국이 된 비결은 바로 그러한 '천천히 서두름'에 있었다 해도 과언은 아닐 것이다. 게르만 특유의 계획성, 철두철미함, 결과에 대한 집착은 실로 놀랍다.

독일인들은 사랑할 때에도 천천히 하되, 서두름이 없다. 독일 작가 막스 뮐러Friedrich Max Müller, 1823-1900가 쓴 소설 '독일인의 사랑1856'은 필자의 학창시절 많은 이들이 접한 작품 중의 하나이다. 막스 뮐러는 옥스퍼드 대학교수 시절 영국 귀족 가문의 소녀와 사랑에 빠졌었는데, 그 소설은 당시의 절절한 사랑에 대한 상념을 토대로 병약한 소녀와 젊은 청년 사이의 긴 사랑을 섬세하고 아름답게 그려낸 작품이다. 그 소설은 깊이 사귀지는 않지만 뭔가 미묘한 기류를 유지하면서 '썸'을 타거나, '빠름'에 대한 집착을 버리지 못하는 오늘의 젊은이들에게 깊은 사랑이란 어떻게 열매를 맺는 것인지에 대해서도 잘 보여 주고 있는 듯하다. 게르만 특유의 단순하고 무뚝뚝한 기질을 떠올리면, 국적, 신분, 종교의 벽 앞에서도 서두름이라고는 전혀 없이 마침내 결실을 맺는 막스 뮐러의 사랑 이야기는 지금도 찬사를 보낼만하다. 비즈니스도 '독일인의 사랑'처럼 서두름 없이 차곡차곡 쌓여야 종국에는 좋은 결실을 맺을 수 있지 않을까?

'빨리빨리'와 '대충대충'에서 벗어나라

"이 부장, 아무리 생각해봐도 인도에서의 입찰은 이번 기회가 마지막일 것 같아. 비즈니스는 타이밍이 중요하니 준비를 서두르게!"

"김 과장, 자료가 왜 이리 엉성해? 중요한 건이라 경영회의에 보고해야 하는데 신중을 기해 잘 만들어야지. 아무리 급해도 이렇게 서두르기만 하면 어떡하나?"

본부장의 지시를 받은 이 부장은 이틀 전 퇴근 시간 무렵, 다음 주 경영회의에서 다룰 인도 국영기업의 대형입찰 건에 관한 자료를 잘 만들라고 김 과장에게 지시 겸 신신당부를 했었는데, 김 과장은 도대체 어떻게 한 것일까? 아무튼 누구는 서두르라 요구하고, 누구는 서두른다고 야단을 치니 김 과장의 스트레스는 매우 클 것이며, 만약 누구든지 그와 같은 입장이라면 자신의 존재에 대해서 의구심마저 갖게 될지도 모른다.

누구든지 일을 하다가 위와 같은 상황에 처하게 되면, 도대체 어느 장단에 발을 맞춰야 할지 종잡을 수가 없게 된다. 더구나 매사에 완벽주의 성향을 가진 사람이라면 그런 말을 듣는다는 것 자체가 자존심 상할 일이다. 하지만 그럴수록 취해야 할 길은 '천천히 서두르는 것'이다. 일이란 급할수록 서두르지 말고, 더욱 신중하게 해야만 뜻하는 성과를 이룰 수 있는 법이다. 아무리 급한 일도 '빨리빨리' 한다거나 '대충대충'해서 되는 일은 없다. 이는 자고로 이름 있는 군주나 장군들의 사례에서도 찾아볼 수 있다. 로마의 황제 아우구스투스는 매사에 서두르는 것을 아주 싫어했다고 하는데, 그는 중요한 전투에 임해서 병사들에게 항상 '빨리 천천히speude bradeos'라는 지침을 내렸다고 한다. '빨리 천천히'나 '천천히 서두르는 것'이나 의미하는 바는 똑같다.

홀륭한 경영자나 사업가들 중에는 '천천히'와 '서두름'을 잘 활용하면서 기회와 행동을 설묘하게 소화시키는 능력을 가진 사람들이 많다. 잘 살펴보면 그들의 성공비결은 모두 '천천히 서두르는 행동'으로부터 기인한 것이다. 그들은 무조건 '빨리빨리' 하거나 '대충대충' 하지 않고, 결단 후에는 신중함을 잃지 않으면서도 행동의 속도를 높이는 사람들이다. '천천히 서두름' 속에는 매서운 결단, 치밀한 계획, 주도면밀한 행동이 숨겨져 있다.

날렵하게 치고 빠져라

'천천히 서두름'과 동시에 염두에 두어야 할 것이 있는데, 그것은 '날렵하게 치고 빠지는 것'이다. 누구든 일을 하다가 보면 자신도 모르게 '빨리빨리' 속으로 빠져드는 경험이 있었을 것이다. 이것이 위험한 이유는 '경쟁우위의 종말The End of Competitive Advantage' 때문이다.

'경쟁 우위의 종말'은 콜럼비아대의 리타 맥그래스Ritha McGrath, 1957- 교수가 주장한 개념인데, 지금까지 자신 있게 의존하던 경쟁력의 요소들이 기술이나 환경의 변화 때문에 더 이상 쓸모가 없어지는 상황을 의미한

| '전략경영의 대가' 마이클 포터와 리타 맥그래스

다. 스마트 폰의 출현으로 인해서 세계 굴지의 디지털카메라 업체이었던 코닥KODAK이 몰락의 길을 걷게 된 것은 좋은 예이다.

  '경쟁우위의 종말'은 일에 있어서 효자 노릇을 하던 요소들이 더 이상 유효하지 않을 수 있다는 점과, 그럼에도 불구하고 무조건 '빨리빨리' 하려고만 하는 것이 얼마나 위험한지를 가리켜 준다. 그러므로 어떠한 일을 함에 있어서, '천천히 서두름'과 더불어 염두에 두어야 할 것은 '날렵하게 치고 빠지는 것'이다. 상황에 따라 방망이를 짧게 잡는 것도 필요한 것이다.

  필자는 펜실베니아대 와튼 스쿨 연수 중 만났던 맥그래스 교수의 씩씩한 말투와 활기찬 강의를 기억하면서, 깊은 인상을 주었던 그녀가 오랜 시간을 뛰어넘어 그러한 주장을 펼친 데에 대해서 한편의 반가움도 느낀다. 그녀의 주장은 지난 30년을 풍미해온 전략의 대가 마이클 포터Michael E. Porter, 1947-의 '경쟁우위 이론'의 한계를 잘 지적하고 있으며, 프로답게 일한다는 것의 의미를 새롭게 조명해 보는 관점에서도 공감할 만하다.

그렇다. 지금은 무슨 일을 하든지 천천히 서두르되, 한편으로는 눈을 부릅뜨고 주변을 살피면서, 날렵하게 치고 빠지며 일해야 하는 시대이다. 이런 관점에서 보면 '천천히 서두름'은 '날렵하게 치고 빠지는 것'과 일맥상통한다고도 할 수 있겠다.

초경쟁 글로벌 시대의 프로는 무슨 일을 하든지, 변화와 지속성 간의 균형을 염두에 두고 일에 임해야 한다. 그 이유는 사람도 환경도 항상 배반할 수 있기 때문이다. 그러므로 무슨 일을 하든지 간에 무조건 '빨리빨리' 하거나 '대충대충' 하다가는 큰 낭패를 볼 수 있다. 여담이지만 '빨리빨리'를 변함없는 구호와 단골 메뉴로 삼는 한국에서 '천천히 서두르는 것'이 하나의 혁명적 인식으로 자리 잡는다면 많은 변화가 있으리라 기대된다.

'천천히'와 '서두름' 간의 절묘한 조화, 변화를 주시하며 '날렵하게 치고 빠지는 것'까지의 노련한 일솜씨를 발휘한다면 그 사람이야말로 시대에 부응하는 진정한 프로가 아닐까 한다. 진정한 프로라면 이 절묘한 플레이를 즐겨야 하지 않겠는가?

시간을 지배하라

10여 년 전 필자는 영화 '쉰들러 리스트'의 발자취를 찾아 2차 세계대전 당시 유대인 수용소가 있었던 폴란드의 아우슈비츠^{Auswitz}와 인근의 역사적 도시 크라쿠프^{Kraków}를 방문한 적이 있다. 필자는 영화 속의 생생한 장면들과 스필버그^{Steven Spilberg, 1946-} 감독의 촬영 당시 모습에 대한 안내인의 설명을 듣고서, 그는 명감독이기에 앞서 진정한 프로라는 생각을 갖게 되었다. 그는 촬영 과정의 상당 부분을 분 단위로 구성된 계획에 따라서 거의 한 치의 어김도 없이 움직였다고 한다. 분 단위 계획이란 이를테면 10시 3분부터 11시 17분까지는 무엇을 한다는 식의 계획인데, 전해들은 이야기가 사실이라면 그는 아마도 시간을 요리하는 데에는 선수였던 것이 분명하다.

시간을 요리하라

누구나 시간 관리의 중요성에 대해서 전적으로 동의한다. 하지만 스필버그처럼 분分 단위로 계획을 세워 치밀하게 시간을 관리하거나, 무언가 특별한 비법을 가진 사람은 흔치 않다. 대체로 어떤 사람은 성과가 분명하면서도 그리 바쁘다고 말하지 않지만, 어떤 사람은 이렇다 할 성과도 없으면서 항상 바쁘다고 말한다. 물론 당장 눈앞에 닥친 일들을 처리하기에도 급한데 무슨 공자님 말씀 같은 소리냐는 힐난에도 무리가 없는 것은 아니다. 하지만 그러한 사람들을 잘 살펴보면, 제일 바쁜 사람이 제일 시간이 많고 일도 잘 한다. 반면 제일 시간이 없다고 투덜대는 사람은 일을 잘 못한다. 어쨌든 일의 성과가 분명한 사람은 아무리 바쁘더라도 시간에 쫓기지 않으며, 시간에게 여유를 주지도 않는다.

시간을 잘 요리한다는 것은 시간을 절약하는 것뿐만 아니라, 시간의 효율을 높이고 없는 시간을 만들어 내는 것까지를 포함한다. 무슨 일이든지 그렇게 해야만 일찍early, 적시에on-time, 재빠르게fast 할 수 있는 것이다. 시간을 잘 요리하려면 멀티태스킹multi-tasking에도 능해야 하며, 지하철에서 책을 본다든지, 화장실에서 외국어 발음을 익히는 것과 같은 일들이 습관화되어야 한다. 필자는 어느 외국인 컨설턴트가 "한국기업 중에는 절반의 인력으로도 기존의 일을 할 수 있거나, 같은 인원으로도 두 배의 매출을 올릴 수 있는 회사가 많다"라고 말한 것을 기억하는데, 그것은 시간의 효율성이 없는 것을 경계하는 말로서 되새겨볼 만하다.

시간과의 관계를 정립하라

시간을 잘 요리하기 위해서는 선결 과제가 있는데, 그것은 시간과 나의 관계를 정립하는 것이다. 시간과 나의 관계를 정립한다는 것은 시간의 속성을 똑바로 인식하고 움직인다는 의미이다. 누구든지 시간에게 밀리지 않는 가운데 자신의 능력을 최대로 발휘할 수 있다면, 그는 시간을 마음대로 요리하고 있는 사람이라고 할 수 있다. 물론 그 모든 것의 기초는 시간을 스스로 통제하려는 의지와 습관이다. 안이함과 쾌락의 유혹 또한 물리쳐야 한다. 시간을 절약하든지, 시간을 쪼개든지, 시간을 창조하든지 간에 시간을 요리하기 위한 모든 행위는 시간과 나와의 관계를 새롭게 정립하는 데에서 출발해야 한다.

시간을 아예 정복한 사람도 있다. 러시아의 곤충학자로서 과학, 철학, 역사, 문학 등 여러 분야에 해박했던 알렉산드로 류비셰프^{Alexandro Lyubishev, 1890-1972}는 '시간 통계'로서 유명한데, 그는 26세 시절부터 죽을 때까지 56년 동안 매일 일과를 기록하고, 소요된 시간의 통계를 냈다고 한다. 그는 업무의 중요도와 난이도에 따라 시간을 계산했으며, 그러한 계산을 하는데 소요된 시간까지도 계산했다. 그는 열심히 일하면서도 매일 8시간 이상의 수면을 취했고, 운동과 산책을 즐겼으며, 매년 60여 차례의 공연과 전시회를 관람했다고 한다. 한마디로 할 일 다 하면서 쉴 때 쉬고 즐길 때 즐긴 사람이다. 그는 가장 바쁜 사람이었지만 가장 시간이 많은 사람이었다.

직업인의 행로에서 주어진 시간은 정말 많지 않다. 만약 당신이 30세부터 60세까지 일한다면 총 10,950일의 시간이 주어진다. 그 시간들은 처음에는 천천히 가지만 1년, 2년, 3년이 지날수록 마치 두루마리 화장지가 술술 풀려 나가듯 점점 빠르게 지나간다. 그러므로 빠르고 제한된 시간들과의 관계를 잘 정립하지 않은 채 그럭저럭 일을 하다 보면, 시간은 언젠가 나를 허망하게 만들 수도 있다. 윌리엄 셰익스피어^{William Shakes peare, 1564-1616}는 이렇게 노래했다.

"시간은 야박스런 주막 주인과 같다. 그는 나가는 손님에게는 가볍게 작별 인사를 한다. 그리고 들어오는 손님에게는 호들갑을 떨며 달려가서 악수를 한다. 시간은 반길 때는 웃는 모습을 하고 헤어질 때는 한숨을 쉰다."

직업인으로서 언제나 이처럼 읊조리게 된다면 모든 일은 한낱 덧없는 회한으로 남게 될지도 모른다.

신神이 개입하는 시간을 만들라

헬라어로 시간에는 크로노스^{Chronos}와 카이로스^{Kairos} 두 가지가 있다. 크로노스는 일련의 불연속적인 사건들이 발생하는 단순히 흐르는 시간을 말한다. 반면 카이로스는 구체적인 사건이나 존재 속에 담긴 의미를 느끼는 절대적이고 짧은 시간을 의미한다. 일례로 여인의 임신 기간 10개월은 크로노스이고, 출산의 고통 후 새 생명 탄생의 축복을 느끼는 순간은 카이로스이다. 우리가 직업인으로서 시시각각 벌이는 모든 일은 크로노스 속에 있지만, 만약 그러한 일들이 올바른 가치를 추구하고 있다면 카이로스 속에 있는 것이다. 카이로스 속에는 영원한 가치의 비밀이 담겨 있다.

사실 크로노스의 삶을 살면, 그 삶이 가치가 있든 없든 아무런 관련이 없으며 오직 일하고, 돈 벌고, 당장 좋으면 그만이다. 부정한 인맥, 배신의 사업 그리고 독선과 아집 등 모든 것은 오직 이 순간에 원하는 것을 쟁취하기만 그만이라는 생각에서 나오는 것이다. 그러나 카이로스의 삶을 살면, 신神이 내린 최고의 선물인 지금 이 순간에 행하는 모든 일들에 가치와 축복이 넘치게 된다. 한마디로 카이로스는 맡은 일을 충실히 하는 시간이자 일의 가치를 추구하는 시간이다. 그러한 가치 추구의 시간은 공동의 선善, 승리하는 개인, 그리고 성공하는 기업들이 늘어나는 시간으로 바뀐다.

시간은 참으로 오묘한 신神의 선물이다. 시간은 일이 잘 되면 얄미울 정도로 잘 가고, 다음 날이 기다려지게 한다. 그러나 새로운 제품이 잘 팔릴까? 돈을 떼이지는 않을까? 하는 조바심이나, 지구 저편에서 발생한 파트너와의 골치 아픈 문제에 사로잡히면 시간은 답답함만을 키워 준다. 또한 철옹성 같은 아집 때문에 자신의 의견을 전혀 받아들이지 않는 상사와의 줄다리기에도 시간은 아무 관심이 없다. 시간은 불타는 연정을 품은 청년 앞에서도 냉정하기 그지없는 여성의 말투처럼 속을 타게 한다. 시간은 결코 제 자리에서 머무르거나 되돌림이 없고, 붙잡으려고 해도 어느덧 사라진다.

  야박하게도 모든 일은 결코 주어진 시간 이내에 완벽히 이룰 수 있도록 허락하지 않는다. 하지만 직업인으로서 행하는 숱한 일들 속에서 잠깐 일하더라도 영원히 일할 것처럼 일하고, 당장 그만두더라도 영원히 기억할 수 있게 일한다면 얼마나 좋을까? 내가 숨 쉬고 일하는 매 시간, 매 순간 속에 진정한 가치와 희열이 있다면 높은 지위, 많은 보수, 그럴 듯한 스펙도 별로 중요치 않으며 시간은 축복이 된다. 직업인의 삶에서 정답은 없다. 다만 그 삶 가운데 주어진 시간의 가치를 극대화시킬 수 있다면 그 삶은 성공적이라고 말할 수 있을 것이다.

버릴 것은 미련 없이 버리고 가라

    수년 전 이탈리아 피렌체의 아카데미아 박물관에서 말로만 듣던 미켈란젤로의 유명한 조각 '다비드 상'을 본적이 있다. 필자는 그때나 지금이나 조각에 관해서는 전혀 문외한門外漢이지만, 그 조각 앞에서만큼은 감탄을 금치 못했었다.

    전해지는 이야기에 의하면, 미켈란젤로는 "당신은 어떻게 그런 훌륭한 작품을 만들 수 있었습니까?"라는 어느 성직자의 질문에, "그것은 아주 간단합니다. 다비드와 관련 없는 것은 전부 버렸습니다."라고 대답했다 한다. 과연 미켈란젤로의 대답은 복잡하기 그지없는 직업인의 세계에서도 통용될 수 있는 말일까? 필

| 미켈란젤로의 '다비드 상'

자의 논리는 여기서부터 출발한다.

결별의 용기를 발휘하라

일 중에는 버려야 할 것들이 많다. 그 중의 대표적인 것은 과욕에 의한 전략의 오류, 무분별한 사업 확장 그리고 비윤리적인 사욕 추구 등이다. 물론 불필요한 업무 절차나 지나치게 두꺼운 서류들도 문제이다.

우리 기업들을 보면 아직도 시대와 문화의 변화를 잊은 체, 온갖 불필요한 형식과 자료를 동원하여 두꺼운 보고서를 만드는 경우가 많다. 그런 보고서가 업무 과정에 대한 정리나 증거가 될 수는 있지만, 그것을 자세히 들여다보는 사람은 거의 없다. 그러므로 아무리 복잡한 사안일지라도 관련 서류는 요점만 정리하여 최소의 분량으로 작성하고, 나머지는 과감하게 버려야 한다. 불필요한 정보나 자료에 대한 욕심은 쓰레기에 대한 탐욕과 다를 것이 없다.

버린다는 것은 결별의 용기를 발휘하는 것이다. 그것은 결국 불필요한 생각이나 행동을 버리고 오직 필요한 생각과 행동에만 집중하는 것이다. 물론 몸에 밴 프로세스나 습관을 버리는 데에는 너나 할 것 없이 많은 저항이 따르지만 그럴수록 과감히 버려야만 사뿐하게 앞으로 달릴 수 있는 것이다. 올바로 잘 버린다면 일의 속도와 효율성도 높아진다. 집중력과 돌파력도 커진다. 이별의 아쉬움도 결별의 용기 앞에서는 수그러들게 마련이다.

우선순위를 정하라

올바로 잘 버리기 위해서는 일의 우선순위를 정해야 한다. 우선순위는 해야 할 일Should, 하고 싶은 일Would, 할 수 있는 일Could의 세 가지로 분류하길 바란다. 첫째, 해야 할 일Should은 부여된 사명이자, 의무이다. 둘째, 하고 싶은 일Would은 본인의 의지에 따라서 하는 일이다. 그것은 선택이 가능하고 의무가 없다. 하지만 그것은 의지와 사명감이 있으면 반드시 하는 일이다. 셋째, 할 수 있는 일Could은 본인의 역량으로 가능한 일이다. 그것은 할 수도 있고 안 할 수도 있는 일이다. 그러나 창의력을 발휘하면 더 잘 할 수 있는 일이다. 일의 우선순위를 정한다는 것은 이들 중에서 어떤 일을 먼저 할 것인가를 결정하고 그에 집중하는 것이다.

일의 우선순위를 정하려면 일의 근본과 가지, 중요한 것과 덜 중요한 것, 시급한 것과 여유 있는 것을 잘 분별해서 해야 한다. 물론 비용이 많이 드는 것과 적게 드는 것도 구별해야 한다. 일의 우선순위를 고려하지 않고 한꺼번에 하려고 하면 무엇 하나 제대로 되는 일이 없고, 좋은 성과를 기대하기도 어렵다. 또한 우선순위를 무시한 채 사소한 일에 집착하다가는 더 큰 일을 놓치게 되고, 전체적인 균형감도 잃게 된다. 따라서 모든 일에는 반드시 우선순위가 고려되어야 한다. 일의 우선순위를 정할 때에는 조직 내에서 자신의 위치, 맡은 일의 특성, 주위 사람들과의 관계를 고려하는 것이 중요하다.

단순화 하라

일은 단순화시켜야 한다. 단순화야말로 일을 함에 있어서 필요한 최고의 기술이다. 스위스의 디지털시계회사 스와치Swatch는 한때 침체의 깊은 수렁에 깊이 빠졌던 적이 있었다. 이때 회사의 최고경영자였던 니콜라스 하이에크Nicolas Hayek, 1928-2010는 과감한 단순화 전략을 도입하여, 침체의 수렁에 빠져 있던 기업을 되살렸다. 그는 디지털시계의 부품수를 91개 내지 125개에서 51개로 내폭 줄이고 조립공정을 단순화시켰는데, 그의 단순화 전략은 적중하였다. 그의 전략은 중저가 시계의 착한 가격을 가능케 하여, 13%까지 떨어졌던 세계시장 점유율을 60% 수준까지 끌어올렸고, 스위스로 하여금 일본에게 빼앗겼던 시장을 되찾게 하였다. 그의 탁월한 성과는 '잘 버림의 용기'와 '단순화 결단'에 기인한 것이다.

단순화는 일을 디자인하는 데 있어서도 빼놓을 수 없는 접근이다. 일의 디자인이란 가장 핵심적인 요소들을 배치하고 결합하는 것을 말한다. 만약 그러한 과정에서 복잡한 절차나 단계를 단순화시켜 버리면, 효율이 오르고 책임감도 높아진다. 우리가 입는 옷의 디자인 자체도 단순함 속에서 미美와 편의성을 찾을 수 있듯이, 일을 단순화하는 것은 일이 진행되는 과정에서 투명성을 높여 주고, 결과에 대한 확신까지 갖게 한다. 복잡하고 장황하게 일을 펼치면, 좋아하는 사람도 없고 되는 일도 없다.

잘 버리는 사람이 진짜 프로다

진정한 프로들은 잘 버릴 줄 아는 사람들이다. 뛰어난 예술가들도 버릴 것은 버리고 걸작을 탄생시켰으며, 탁월한 전략가들은 버릴 것은 버리고 전투에서 승리했다. 가벼운 장비로 무장한 몽고군이 무거운 군장으로 온몸을 감싼 유럽군보다 전투에서 유리했다는 것은 다 아는 사실이다.

14세기 영국의 신학자 윌리엄 오컴William of Ockham, 1285~1349의 주장을 상징하는 〈오컴의 면도날Ockham's Razor〉은 복잡하고 광범위한 논쟁들 속에서 불필요한 가정들을 모두 버려야 한다는 것을 일깨움으로써, 지동설이 천동설을 물리치는데 기여를 했다.

'잘 버리는 것'은 정말 중요하다. 높은 산을 오를 때도 잘 버리는 사람이 더 빨리 정상에 오르며, 글라이더를 타고 하늘을 오르더라도 불필요한 물건들을 내던져 버린 사람이 더 높이 올라간다. 보고서도 쓸데없는 내용을 다 잘라내 버린 한 장짜리 요약본이 더 신뢰를 준다. 어떤 일을 할 때에는 무조건 좋은 결과만을 노리기에 앞서, 불필요한 것들을 먼저 던져 버리고 잘라내 버려야 한다. 잘 버려야만 잘 달릴 수 있고 잘 이룰 수 있는 것이다.

잘 버릴 줄 아는 사람은 경쟁력이 있다. 쓸데없는 집착이나 편견을 과감히 던져 버리고, 필요 없는 것들은 과감히 잘라내 버려야 한다. 가능하다면 복잡한 서류나 회의는 물론, 겉으로만 근사하게 보이는 행사나 쓸데없는 의전은 말할 것도 없다. 버리는 것도 경쟁력이다. 버릴 것은 버리고 가라!

진취적 프로는 혼자 뛰지 않는다

유럽 지역의 포도밭에 가면, 포도 넝쿨이 느릅나무를 감싸고 있는 것을 볼 수 있다. 그런데 만약 다른 넝쿨이 느릅나무를 감아 오르면, 포도 넝쿨이 다른 넝쿨을 말려 죽인다. 또한 포도 넝쿨이 느릅나무에 가까이 있으면 포도송이가 잘 자라고 맛도 한결 좋다. 일을 하는 데 있어서도 이와 같이 관련된 사람들끼리 엉켜 붙어서 움직이고 관계가 깊어지면 좋은 열매를 맺을 수 있다. 일례로 발명왕 에디슨은 엔지니어, 물리학자 등 다양한 전문가들과 엉켜 붙어서 6년간 무려 400개의 특허를 개발했다고 한다. 이처럼 일의 성과를 내는 데 있어서 관련자들과의 관계만큼 중요한 것은 없다. 왜냐하면 관계는 시너지를 낳기 때문이다.

관계와 시너지를 중시하라
Proactive, Coactive, Interactive

기업 컨설팅 서비스를 위해서 회사를 방문할 경우에 가정 먼저 하는 일은 마케팅, 연구개발, 생산 등 주요 부서 간의 관계가 매우 긴밀한지의 여부를 확인하는 것이다. 대체로 경영 실적이 양호한 기업의 경우에는 이들 부서 간의 사이가 좋고 갈등이 적은 반면, 그렇지 않은 기업의 경우에는 서로 공격하고 비난하는 경우까지 있다. 특히 정보통신 분야처럼 시장의 움직임이 빠르고 민감한 회사의 경우, 마케팅본부는 영업을 제대로 못한다고 공격을 받고, 기술연구소는 개발 추진 모델이 로드맵Road-map 상의 일정을 맞추지 못한다고 비난을 받으며, 생산 공장은 품질과 납기관리에 문제가 있다고 추궁당하는 일이 빈번하다. 그런데 이것은 필자가 근무했던 회사에서도 마찬가지였다.

조직 내에서 다른 부서와 사람 간에 좋은 관계를 맺는다는 것은 매우 중요하다. 서로 간에 유익한 관계를 형성하면 일체감, 협업, 긴밀한 상호작용을 통해서 좋은 유기적 화학 반응이 일어난다. 흔히 말하는 "시너지가 높아진다."라는 것이 바로 그것이다. 미국의 심리학자 마틴 셀리그먼 Martin Seligman, 1942- 은 말할 수 없이 기뻤던 순간이나 자긍심을 느꼈던 때를 돌아보면, 거의 타인과 함께 일하고 성취했을 때라고 말한다. 일을 함에 있어서 다른 사람들과의 관계는 이처럼 중요하다. 더욱이 그로부터 시너지까지 나온다면 그 이상 바랄 것이 없다. 시너지는 한 사람의 스타 플레이어보다는 "찬성, 앞으로!"라고 외치면서 같이 뛰는 사람들이 만드는 것이다.

시너지는 진취성Proactive, 협업Coactive, 상호작용Interactive의 결합물이다. 시너지는 일과 행동을 바르게, 제대로, 재빨리 완성할 때 최고의 상태에 이르게 된다.

그리고 시너지는 사람 수와 관계의 폭이 커질수록 더욱 커진다는 것을 알 수 있는데, 이는 '시너지 = 사람 수 × (사람 수-1) / 2'라는 시너지 공식이 잘 증명해준다. 예컨대 갑, 을, 병 세 사람 간의 관계가 맺어지면 의사소통채널은 오직 3개지만, 만약 3명이 늘어나서 6명이 되면 관계의 수, 즉 의사소통채널은 15개로 늘어난다. 만약 관계의 수가 더 많아져서 의사소통채널도 그만큼 증가한다면, 시너지도 이에 비례해 엄청나게 증가하게 되는 것이다. 시너지는 1인 혼자서 일할 경우에는 영^零즉 제로 zero, 2인의 경우 1, 3인의 경우 3, 5인의 경우 10, 그리고 60인의 경우에는 무려 1,770이 나온다.

물론 시너지의 효율성이라는 측면에서 보면 채널 수의 많고 적음이 반드시 큰 영향을 끼친다고는 판단할 수 없겠지만, 가급적 다양한 관계를 추구할수록 시너지의 효과가 증가한다는 것은 자명한 사실이다. 관계와 시너지를 추구하면 일과 행동이 완성되고 그 효과는 극대화된다.

협업과 팀웍을 중시하라

관계와 시너지를 높이기 위한 좋은 방법은 같이 뛰는 것이며, 그 대표적인 방법이 협업과 팀웍이다. 협업은 서로 다른 조직이나 부서의 사람들이 공동의 과업을 위해서 같이 뛰거나, 상당한 수준의 도움을 주는 것이다. 협업은 소통을 통해서 공조를 이루는 것이며, 통합에 의한 시너지가 중요한 큰 조직이나 글로벌 조직일수록 더욱 필요하다. 협업에 있어서 가장 중요한 것은 진정한 소통을 하느냐의 문제이다. 협업은 팀웍보다 훨씬 확장적이고 통합적이다.

팀웍은 동일 부서나 유사 부서 내에서 함께 역량을 발휘하는 것이다. 팀웍의 가장 기본적인 유형은 2인 1조의 '사수와 조수' 관계를 토대로 콤비를 이루는 것이다. '사수와 조수' 관계는 때로는 엄격한 상하 관계일 수 있지만, 서로의 강점을 잘 아는 밀착된 분위기 속에서 일의 성과를 높일 수 있다. 또한 그것은 하나의 작은 조직을 관리하는 훈련의 기회가 되며, 평생 끊어지지 않는 인맥의 고리가 될 수도 있다. 사회생활 초기에 능력 있는 선배의 조수로서 훈련을 받을 수 있다면 그것은 행운이다.

피터 드러커는 팀웍의 모델 유형을 야구형, 축구형, 복식테니스형 등 3가지로 구분했다. 야구형은 같은 목표 아래 구성원들이 뭉치지만, 각자의 역할이 다르고 그 역할을 바꿀 수 없다. 축구형은 같은 목표를 위해서 뛰지만, 각자의 역할이 바뀔 수 있고 서로 긴밀하게 도울 수 있다. 또한 다양한 팀플레이를 전개할 수 있으며, 최후방 수비수인 골키퍼조차 멀리 나와 공격할 수 있다. 복식테니스형은 구성원의 위치가 고정되어 있지 않고, 얼마든지 서로의 역할을 대신할 수 있다. 팀웍의 시너지가 극대화되려면 서로의 강점과 약점을 잘 파악하여야 한다. 따라서 팀웍을 도모하는 리더라면 이러한 점을 세심히 고려하여, 어떠한 유형을 활용할 것인지 잘 판단하는 것이 바람직하다.

누구나 자신이 잘나서 잘 나가고 있다고 생각할 수 있다. 하지만 일이 잘 되는 것은 조직의 뒷받침과 다른 사람들의 지원이 있었기 때문이다. "나는 능력이 있으므로 혼자 해도 충분하고, 무조건 성과만 잘 내면 된다"라고 생각하는 사람은 진짜 프로가 아니다. 특히 다른 사람의 공을 탐하거나, 자신의 공을 빼앗길까 두려워한 나머지 치사하고 졸렬하게 일하는 독불장군은 언젠가는 영원한 외톨이가 된다. 진정한 프로는 다른 사람들과 포도넝쿨처럼 엉켜 붙으면서 일한다. 서로를 끈끈히 휘감고 도우면서 일의 질質도 높인다. 그렇게 히먼 일의 성과도 기하급수적으로 좋아지고, 공功을 함께 나눌 수도 있다. 함께 나누면 관계와 시너지는 극대화 된다. 이기는 프로가 되려면, 혼자 뛰지 말고 같이 뛰어라!

바닥부터 다진 자가 강하고 기품 있다

"이 아무개는 물 먹었다"

　필자는 한 때 이런 소리를 들은 적이 있다. 종합상사의 간부 시절 엄청난 불황의 여파로 승진에서 누락되었을 때 들었던 말이다. 막상 일을 당하고 보니, 당장 회사를 때려치우고 싶은 마음과 가슴속에 쓸어 담던 서운함을 털어내는 것이 쉽지 않았다. 그럴 때의 약※은 비슷한 경우를 겪은 후에도 잘 풀려 나간 선배들의 사례를 바라보면서 위안과 용기를 얻는 것이었다. 물론 다시금 반전의 기회를 잡고서 최우수 상사맨으로서 인정받는 행운을 누리기도 했지만, 지나고 보니 그것들은 하나의 작은 바람에 불과했다. 사실 직업인의 행로에서 오가는 아쉬움이나 즐거움이란 짧은 순간의 영욕에 불과한 것이며, 중요한 것은 설사 바닥의 돌부리에 걸려 넘어질지라도 무엇인가 딛고 일어서는 것이다. 그리고 그것은 일하는 근육을 강하게 만들어 준다. 한번 물 먹어 본 사람들 중에서 스타나 인재가 나오는 법이다.

고난과 역경은 디딤돌에 불과하다

　필자의 주변에는 어려운 여건 속에서도 한발 한발 걸어 오르다가, 어느덧 정상의 위치에 이른 사람들이 있다. 그런데 그들의 경력을 추적해 보면 대체로 사회생활 초기에는 그다지 두각을 드러내지 못했거나, 흔히 말하는 한직에 오래 머무른 경우가 많았다. 물론 승진에서 연거푸 탈락한 후 사표를 던진 이들도 꽤 있었다. 하지만 그들은 언젠가 다가올 자신의 때를 도모하면서 보이지 않는 노력을 계속한 사람들이다. 그들 중 어떤 사람은 주경야독으로 열공 모드를 유지하며, 대화를 할 때에도 쨍쨍한 목소리를 낸다. 그들의 스펙은 전혀 화려하지 않은 경우도 많다. 하지만 그들은 무수한 어려움을 겪어 본 사람답게 일에 대한 접근이 남다르고, 심지어는 고생을 즐기기도 한다. 그들은 역전의 용장답게 경외감마저 불러일으킨다.

　성공한 경영자나 사업가들 중에는 일찍이 밑바닥에서 일을 했거나, 17전 18기 정도의 반복적인 실패를 겪지 않은 사람이 거의 없다. 또한 유명 배우나 연주가들 중에도 무명의 서러움을 안고 오디션에 참가한 후 수십 번씩 탈락한 경험을 하지 않은 사람은 드물다. 그토록 쓰라린 경험을 극복했기에 그들은 스타라는 오늘의 위치에 서 있는 것이다.
　세계적인 모델 지젤 번천Gisele Bunchen, 1980- 의 고백은 위의 모든 것을 단적으로 잘 설명해주고 있다.

　"저는 고등학교를 중퇴했어요. 모델 일을 하느라 학교에 다닐 수 없었거든요. 감사하게도 온 몸으로 부딪힌 바닥에서의 경험을 통해 세상을 배울 수 있었어요. 살아남기 위해 4개 국어를 익혔고, 20년 동안 한 번도 지각한 적이 없었고, 내가 싫으면 남도 싫을 것이라고 믿으며 그들이 싫은 일은 절대로 안 하려고 늘 최선을 다했지요."

실패의 관점을 바꿔라

사람들은 흔히들 "실패는 성공의 어머니"라고 말을 한다. 그러나 엄밀히 말하면 "성공이 실패의 어머니"라는 말이 더 타당하다. 그 이유는 성공 이후의 교만이나 무분별함은 오히려 실패의 나락으로 인도할 수 있기 때문이다. 이러한 현상은 한때 신화의 주인공으로 각광받던 기업가들의 사례에서 왕왕 발견되곤 한다. 필자는 그러한 사람들을 가까이서 지켜 볼 기회가 많았는데, 그들 중 어떤 사람의 교만은 하늘을 찌를 듯했다.

누구든지 일이 잘 될수록 더욱 자신감을 갖는 것은 바람직하다. 하지만 그러한 경우에 오히려 지나친 자만에 빠지거나, 경계심을 늦추는 것은 정말 바람직하지 못하다. 아무리 정상의 바람이 시원해도, 그 자리에 멍청하게 서 있으면 굴러 떨어질 수도 있는 것이다. 진정한 프로라면 "성공이 실패의 어머니"라는 것을 항상 염두에 두어야 한다.

좋은 실패를 두려워 말라

실패에는 좋은 실패와 나쁜 실패가 있다. 좋은 실패는 창조와 혁신, 성장과 진화의 원동력이 되지만 나쁜 실패는 실수와 오류의 반복을 가져온다. 또한 좋은 실패는 반드시 겪어야 하지만 나쁜 실패는 반복해서는 안 된다. 좋은 실패는 실패할수록 이길 수 있게 만들어 주며, 그것을 극복한 후에는 반드시 보다 발전된 단계로 나아갈 수 있게 해 준다. 그리고 좋은 실패는 절대로 실패 자체로 끝나지 않는다. 에디슨은 전구를 발명할 때까지 1,000번의 실패를 겪었다지만, 그가 겪은 실패는 모두 좋은 실패인 것이다. 일례로 한 샐러리맨이 조직 생활에서 물 먹어 보는 것도 결코 나쁜 실패는 아니다. 좋은 실패는 반드시 성공의 어머니가 된다.

바닥부터 다진 자가 강하고 기품 있다

직업인들 중에는 만날수록 강인함과 훌륭한 품격의 향香이 느껴지는 사람이 있다. 그런 사람과 대화를 나눠 보면 바닥으로부터 쌓인 내공이 만만치 않음을 알 수 있다. 대체로 그런 사람은 기본이 탄탄하고 전문성도 뛰어나다. 산전수전, 쓴 맛 단 맛을 모두 겪어본 역전의 용장에서만 볼 수 있는 모습이기도 하다.

중국 인터넷 전자상거래 회사 알리바바의 마윈 회장은 "고래잡이로 돈을 버는 사람은 없어도, 새우잡이의 꿈을 10년 동안 지키면 돈을 번다"라고 말했다. 오랫동안 바닥에서 다진 사람이 결국 성공한다는 말이다. 당신이 비록 하고 싶지 않은 일을 하고 있거나, 반복되는 실패를 겪고 있더라도 그것을 쇳덩이를 더욱 강하게 달구는 연단鍊鍛의 과정일련의 수련과정으로 인식한다면 당신은 이미 성공한 사람이다.

직업인의 세계에는 영욕榮辱이 있다. 자기 분야에서 우뚝 선 사람들은 바닥에서 갖은 영욕을 겪은 사람들이다. 바닥을 경험하지 않은 사람은 절대로 강하거나 역전의 용장이 될 수 없으며, 그런 사람 앞에서는 조금의 위엄도 느껴지지 않는다. 바닥에는 올라갈 일만 남아 있으며, 바닥에서의 어려움은 도약의 발판이 된다. 이런 견지에서 보면 직업인의 초년 고생이나 실패는 참으로 값진 약藥이라고 할 수 있다. 미국의 올림픽 체조경기 금메달리스트 피터 비드마르Peter Vidmar, 1961-는 이렇게 말했다.

"내가 뛴 시합과 관련해서, 가장 좋아하는 기억의 일부는 패배, 부상, 좌절, 실수했던 일들이다. 나는 일찍 성공했을 때보다 그런 힘든 시기에 나에 대해서 더 많이 알게 되었고 더 많이 성숙해졌다."

당신이 진정한 프로라면, 누구라도 하기 싫은 일을 하거나 쓰라린 경험을 하더라도 그것들을 기꺼이 받아들이고 감내해야 한다. 문제에 굴하면 전문가가 아니며 오기가 없으면 프로가 아니다. 오직 바닥에서 다져진 사람만이 강하고 기품이 있다는 사실을 기억하라!

리더십은 비전을 현실로 바꾸는 능력이다.

– 워렌 베니스(1925–2014)

제3장
'조직 가치'의 수호자가 되라

직업인으로서 '조직 생활을 잘 해야 한다'는 것은 '조직 가치'를 지키면서, 조직과 개인 모두를 성장시켜야 한다는 것을 의미한다. 조직 생활을 잘 하는 사람은 남다른 카리스마와 유연성을 갖고 있으며, 누구보다도 다양성의 가치를 존중한다. 유능한 리더라면 '일은 일, 사람은 사람'이라는 이분법적 생각에서 탈피하여 구성원들의 마음에 불을 지필 수 있어야 한다. 또한 구성원들은 무언의 계율을 지키며, 진정한 소통과 화합으로 공동의 선善을 이룰 수 있어야 한다.

마음에 불을 지펴라

필자가 한 중견기업의 최고경영자로 재직하던 때 겪었던 어려움은 누적된 조직 내 불신과 새로 영입된 사장, 즉 필자에 대한 견제였다. 총 1,500여 명의 임직원들이 열심히 일하며, 연간 수십억 원의 순이익을 내던 회사는 본업 밖의 금융거래로 인해 큰 손실을 안고 있었고, 직원들의 사기는 크게 저하되어 있었다.

그러한 상황에서 외부로부터 새로운 사장이 영입되었으니, 기대감과 경계심이 뒤섞여 있었던 것은 당연했다. 다행히 비즈니스 모델은 양호하여, 내부 합리화와 신규 사업을 전개하면 좋은 기업으로 성장시킬 수 있다는 확신을 얻었다. 하지만 시급한 문제는 조직 내 분위기를 쇄신하고, 임직원들의 역량을 결집시키는 것이었다. 한 마디로 힘ヵ, 맥脈, 기氣를 모두 한 곳으로 모아야만 했다.

필자는 그러한 상황을 타개코자, 임직원들과 여러 차례의 워크숍을 실시하면서 새로운 전략과 방향을 제시하였다. 그러나 그들은 생각보다 요지부동이었다. 그 이유는 한동안 쌓인 임직원 간의 불신과 신임 사장에 대한 냉소적 분위기 때문이었다. 특히 아랫사람들은 회사의 비전이 없다고 불평하면서, 사장을 포함한 윗사람의 권위를 침해할 뿐만 아니라, 상하 간의 책임을 전가하는 분위기가 확산되고 있었다. 한 마디로 조직 상하 간에 비전, 권위, 책임에 대한 명확한 인식과 그에 따른 행동이 미약했던 것이다. 필자로서는 어떻게 해서든지 그것들을 분명히 하고, 돌파구를 찾아야만 했다.

사실 어느 경영자든 구성원들이 마음대로 움직여 주지 않을 경우, 화가 나지 않을 사람은 없을 것이다. 하지만 그럴수록 더욱 냉정히 중심을 잡고, 분위기를 쇄신해야 하는 것이 경영자의 도리이자, 자존심을 지키는 일이다. 그것은 의기소침한 임직원들의 미래를 새롭게 열어 가는 것이기도 했다.

"그래, 좋다! 해 보자!" 이렇게 다짐하던 필자의 마음속에는 누구든지 보란 듯이 회사의 경영 상태를 꼭 반전시키고야 말겠다는 강한 열망이 불타올랐다. 그리고 마침내 칼을 뽑았다.

필자는 우선 임직원들의 마음을 공략하기로 결심했다. 그들의 마음을 얻지 못한다면 새롭게 구상하는 일들을 쉽사리 펼쳐 나가기가 어렵기 때문이었다. 드디어 첫 작업으로 임직원들을 소집하였다. 워크숍을 개최한 자리에서 필자는 결연하게 다음과 같이 선언을 하였다.

"만약 사장인 내가 비전을 제시하지 못하거나, 스스로 권위를 실추하는 행동을 하거나, 책임을 지지 않을 경우에는 그 즉시 말해주길 바랍니다. 나는 그 순간 미련 없이 사장직을 내려놓을 것입니다. 그러나 만약 여러분들이 사장에게 비전을 제시하지 못한다고 공격하거나, 권위에 도전하거나, 책임을 전가하는 행위를 할 경우, 그것이 발견되는 즉시 회사를 떠날 것을 서약하십시오! 또한 이런 문제로부터 자유로운 사람이 있다면 지금 즉시 일어나 말해주시길 바랍니다…"

이것은 사실 좋게 말해 선언이지, 아마도 그들의 입장에서는 일갈[喝]이나 다름없었을 것이다. 마치 거리의 여인을 향하여 돌을 던지던 사람들에게, 그들 중에서 죄 없는 사람이 있으면 나와 보라고 말하는 것과 똑같은 것이었다. 아니면 암살당한 시저의 시신을 단위에 올려놓고, 우왕좌왕하는 군중들에게 애국적 웅변을 토했던 안토니우스를 무의식중에 연상한 것이었는지도 모른다.

그런데 놀라운 일이 벌어졌다. 임직원들은 수군거리며 서로 쳐다보기만 할뿐 누구하나 반론을 제기하지 않았던 것이다. 가만히 생각해 보니, 그 자리에 참석한 임직원들 모두는 필자가 말한 내용으로부터 자유롭지 못하다는 점을 분명히 인식하고 있었던 것 같았다. 게다가 필자의 어조에는 어떻게 해서든지 그 동안 가라앉은 분위기를 쇄신하고, 앞으로 좋은 회사를 만들어보자는 결연한 요구가 실려 있었기에 어느 누구도 감히 반론을 제기할 수 없었던 것이다. 마침내 임직원들의 마음에 불이 붙기 시작했다.

해 주려면, 확실하게 해 주라

그 이후 조직의 분위기는 확연히 안정되기 시작했다. 조직 내의 부정적 분위기는 사라지고 긍정적 바이러스가 확산되기 시작한 것이다. 그러나 본격적인 변화를 위해서는 마음의 불을 더욱 세게 지펴야 했다. 그렇게 하려면 핵심 리더들의 솔선이 필요했기에, 그들과 함께 여러 차례 소통의 장場을 마련하고, 선도적 역할을 당부하였다. 물론 특공대원처럼 전국의 현장을 방문하여 격려하기도 하였다. 또한 연예인대상식을 연상케 하는 획기적인 포상제도의 시행을 공표하고, 대상 수상자의 평생고용 보장, 합리적 성과급, 그리고 여성 직원 우대 등을 실시하였다. 그것은 임직원들 누구에게나 전례가 없던 것들이었으며, 그러한 파격적이고 특별한 일련의 조치들은 새로운 기운을 불어 넣었다.

결국 이러한 모든 과정은 회사 내 술렁거림을 사라지게 하였고, 실적도 크게 개선되어 연간 수십억 원의 순이익을 달성케 하였다. 이어서 동결되었던 임금도 인상시켰다. 그러한 과정에서 부정적 분위기를 주도하던 사람들은 인위적인 구조 조정의 소용돌이 없이 조용히 회사를 떠났다.

이기는 조직의 행동 문화는 다르다. 이기는 조직은 힘力, 맥脈, 기氣가 한 곳으로 모이고, 하나가 되는 조직이다. 이기는 조직의 리더는 마음의 불을 강하게 지피는 사람이다. 미국의 교육학자 윌리엄스 워드Williams Ward, 1921-1994는 "평범한 교사는 지시한다. 좋은 교사는 설명한다. 뛰어난 교사는 모범이 된다. 그러나 위대한 교사는 마음에 불을 지핀다"라고 말했다.

마음의 불은 위기에 빠진 조직에서 공동의 목표를 향한 의지를 굳게 하고, 위기 상황도 반전시킨다. 이기는 조직의 리더는 어떠한 상황에서도 리더로서의 자격을 상실하는 일이 없고, 구성원들 또한 무책임한 시비로 시간을 낭비하는 일이 없다. 이기는 조직, 이기는 리더가 되려면 구성원들의 마음에 불을 강하게 지피고, 하나로 만들어야 한다. 그리고 해줄 수 있다면, 확실히 해 주어야 한다.

바이킹 전사처럼 변신하라

"여보게, 자네는 왜 그렇게 사람 관리를 못하나? 이것은 규정상 보여주면 안 되지만, 자네를 생각해서 특별히 보여주는 것이니 얼른 보고 나서 돌려주게!"

종합상사의 바쁘기 그지없던 한 부서의 팀장 시절, 어느 날 상사의 호출을 받은 필자는 느닷없이 이런 말을 들어야 했다. 이어서 얼떨결에 흰 서류 봉투 하나를 받아들고는 조용한 회의실에 들어가서 봉투 속에 있는 서류를 꺼내 보았다. 그 서류를 다 읽은 순간, 필자는 머리끝부터 발끝까지 짜릿한 전율을 느꼈다. 그리고 충격, 배신감, 자괴감이 번갈아 가며 머릿속을 뒤흔들었다. 아니, 도대체 이럴 수가 있을까?

일과 사람, 겉과 속을 모두 읽어라

필자는 정말 당황했다. 봉투 안에 들어 있던 서류의 내용은 여러 부하 직원들 중 두 사람이 작성한 필자에 대한 평가서였다. 당시 회사에서는 처음으로 다면평가제도를 도입하였는데, '360도 평가^{360 degree instrument}'

라고 불리는 그 제도는 상사, 동료, 부하는 물론 거래선의 평가까지 실시

하고, 그 내용을 인사 고과에 반영하는 것이었다. 그런데 두 사람 중 한

명은 필자가 평소에 능력과 자질이 탁월하다고 평가하였고, 상층부에도

항상 그렇게 추천했던 사람이었으며, 다른 한 명은 창의력과 추진력이

뛰어났지만 아집이 강하고 균형감도 부족하다고 생각해서 별로 신뢰하

지 않았고 불이익까지 준 적이 있는 사람이었다.

그 서류에 기술된 내용은 이러했다. 두 사람 중 평소 신뢰하고 높이 평

가한 한 명은 필자에 대하여, "이 팀장은 업무능력이 있고 경험이 많지

만, 조직을 이끄는 리더십이 미약하다."라고 부정적으로 기술하였다. 반

면 평소 신뢰하지 않고 낮게 평가했던 다른 한 명은 "이 팀장은 국제 감

각과 통솔력이 우수하고, 일에 대해서는 깐깐하지만, 정情이 많은 로맨티

시스트이다."라고 긍정적으로 기술했던 것이다. 한 마디로 필자가 A로

평가한 사람은 자신의 보스를 D로 평가했고, D로 평가한 사람은 A로 평

가한 것이다. 그런데 아무리 생각해 보아도 그렇게까지 상반되게 기술된

이유를 이해하기 어려웠다.

추측하건대, 필자에 대해서 부정적으로 기술한 사람은 아무리 일을 잘

한다고 칭찬을 들어도 즐겁지 않았던 것 같다. 그는 해외 근무를 원했으

나, 능력 있는 자신을 신나게 부려먹기만 하고 속히 전배를 시켜주지 않

는다고 생각하며, 불만에 싸여 있었다. 한편, 다른 한 사람은 비록 인정

을 받고 있지는 못하지만, 그렇다고 해서 등 뒤에서 상사의 흠결을 논할

정도로 도리가 없지는 않았다. 사실 그야말로 정情 많은 로맨티시스트였다. 어쨌든 필자는 이유 불문하고 일과 사람 그리고 겉과 속을 모두 읽지 못하고 누군가에게 빌미를 준 것임에 틀림이 없었다.

그 이후 필자는 한 동안 "아! 나는 왜 이렇게 사람을 읽을 줄 모를까?"라는 자괴감에 빠졌었다. 자존심도 무척 상했다. 그런 마음으로 싱숭생숭하게 지내던 어느 날, 무심코 집 한구석의 책장에 꽂혀있는 한 권의 역사서를 꺼내들었다 사실 마음이 어수선할 때마다 나오는 필자의 습관이기도 하다. 책을 이리 저리 훑어보다 보니 바이킹 전사戰士에 관한 이야기가 나왔는데, 그것은 한 마디로 바이킹 전사들의 특징을 묘사한 내용이었다.

"바이킹은 꾀가 많고, 정복과 통치를 위해서는 자신들의 전통을 과감히 버린다. 그들은 베풀기와 탐욕을 겸한다. 두목은 좋은 평판을 얻기 위하여 많이 베풀고, 부하는 아부에 능하다. 모두 어릴 때부터 웅변가들이며, 법으로 엄격히 다스리지 않으면 통제가 잘 안 된다."

희한한 일이었다. 바이킹 전사에 관한 내용을 접한 순간 필자의 머릿속에 문득 이런 생각이 떠올랐기 때문이다.

"그렇다! 지금까지처럼 일 중심으로 부하들을 대하지 말고 조금씩 여유를 주자. 하지만 저들의 속을 어떻게 알겠는가? 만약 여의치 않으면 그 때는 차라리 룰rule대로 하자! 천 명의 그저 그런 마음을 얻기보다는 단 한 명의 진실한 마음을 얻으리라!"

그런데 이렇게 굳게 다짐하였건만, 한 부서의 리더로서 일뿐만 아니라, 사람에게도 많은 관심을 기울인다는 것이 여간 힘든 게 아니었다. 막상 뭔가 다르게 변신한다는 것이 필자에게는 매우 어색하게 다가왔고, 게다가 일 중심과 사람 중심의 경계를 넘나들면서, "혹시 일이 잘못되지는 않을까?" 하는 불안감이 엄습할 때도 있었다.

그럼에도 불구하고 흔히 말하듯, 민심을 바로 알고 그들의 마음을 얻기 위해서는 어떻게 해서든지 새로운 면모를 보여야 했고, 그를 위한 노력의 일환으로 틈틈이 리더십과 조직 관리에 관한 서적이나 자료를 들여다보기도 했다. 하지만 사람을 읽는 방법의 핵심은 전문서적이나 이론에 의존하기보다는 매순간 그들에게 더 많은 시간과 관심을 할애하면서, 서로에 대한 이해를 높이는 데 있었음을 인식하게 되었다.

'일은 일, 사람은 사람'에서 벗어나라

누구나 유능한 리더가 되고자 한다면 '일은 일, 사람은 사람'이라는 이분법적 생각에서 벗어나야 한다. 그리고 사람의 깊은 속내를 읽을 수 있어야 한다. 일을 하는 주체가 바로 사람이기 때문이다. 흔히 말하는 '능력보다 인성'이라는 표현에 담긴 의미도 일과 사람 중 하나를 선택하라는 것이 아니라, 사람을 잘 보고 읽으라는 뜻이다. 특히 리더로서 거느리는 사람이 많아지면, 누가 정말 충신이고 역신인지도 구별하기 어렵기 때문에 더욱 사람을 잘 보고 읽어야 한다. 아무리 급박한 일과 실적에 쫓기더라도, 한 번쯤은 숨을 고르면서 부하들을 지켜볼 수 있어야 한다. 조직은 리더의 힘으로만 움직이는 것이 아니며, 모든 일은 그들을 인정하고 배려함으로써 가능하기 때문이다.

중국의 고전 한비자의 비내편^{備內篇}에는 이런 문구가 있다.

"예로부터 임금으로서 병들어 죽은 사람은 절반도 안 된다. 임금이 재앙을 당하는 것은 사람을 너무 믿기 때문이다"

사실 필자가 겪은 일은 자신의 부덕으로 인해 발생하였기에, 그것을 재앙이라고까지 말할 수야 없다. 내가 부하들을 믿었기 때문에 그들도 당연히 따르리라는 생삭에 갇힌 나머지, 그들의 마음을 읽지 않고 무조건 일 중심으로 대한 것은 분명 필자의 잘못이었으며, 만일 그들의 생각에 좀 더 관심을 기울였다면 그처럼 뒤통수를 세게 맞지도 않았을 것이다.

너무 일 중심으로 움직이다가 사람을 놓쳐서는 안 된다. 재차 강조하지만 어차피 일은 사람이 하는 것이기 때문이다. 진정한 리더가 되려면 '일은 일, 사람은 사람이다'라는 아집과 편향적 사고에서 과감히 벗어나야 한다. 일과 사람을 조화시킬 수 있는 역량이야말로 리더로서의 가장 우선적인 조건이다.

다가갈 수 있는 틈을 열어줘라

앞에서 언급한 경우처럼, 한번 사람 문제로 뒤통수를 맞은 뒤의 충격은 컸다. 그 후로부터 필자는 어떤 일에 부딪힐 때마다 사람 문제에 대한 관심이 우선적으로 머릿속에 자리 잡곤 했다. 그래서 내린 결론이 한참 떠오르기 시작하던 미국 '실리콘 밸리'의 IT 기업 등 선진기업들이 추구하는 리더십 유형에 대해서 알아보는 것이었다.

때마침 캘리포니아 스탠포드대학의 '협상전략과정Negotiation & Influence Strategy Program' 참가라는 좋은 기회가 주어졌던 참이었다. 필자는 프로그램 도중 짬을 내서 휴렛패커드, 인텔 등 유수 기업과 벤처기업 몇 곳의 인사 담당들을 방문하였다. 그들은 "바람직한 리더십 유형은 무엇인가?"라는 질문에 대하여 한결같이, "리더십은 카리스마와 유연성의 양 날개를 쓰는 것이다."라고 간단명료히 대답해주었다.

리더십에 관해서는 설說도 해석도 많다. 그리고 모두들 그 소리가 그 소리 같다. 그런데 필자가 놀랐던 것은 분야, 업종, 기업규모를 떠나서 사람 관리에 대한 관점은 거의 비슷했다는 점이었다. 누구든지 리더는 "비전을 제시하고 행동할 수 있게 해야 한다" 또는 "리더는 엄격함과 부드러움을 겸비해야 한다"라고 말한다. 그런데 이러한 표현들은 그다지 시원한 답이 되지는 못하는 것 같다. 결국 모든 것을 축약해서 말하자면, 리더의 요건은 카리스마와 유연성이다. 카리스마는 혼연일체를 이루는 능력이고, 유연성은 다양성의 가치를 인정하는 자세이다. 요즈음 강조되고 있는 수평적 리더십이나 위임Empowerment도 모두 이러한 범주 속에 있는 것이다. 그것은 경영자의 위치에 서면, 더욱 분명히 경험할 수 있다. 좀 더 세심히 살펴보도록 하자.

카리스마Charisma

피그말리온Pygmalion은 그리스 신화에 나오는 사이프러스의 왕이다. 고결한 독신자인 그는 상아로 만든 여인의 조각에 갈라테이아Galatea라는 이름을 붙이고 사랑을 쏟았는데, 그 조각은 감동하여 아름다운 여성으로 변하고, 두 사람은 하나가 되어 잘 살았다는 이야기다. 사실 인간지사의 하나인 조직 생활도 신화적인 우화와 크게 다를 바가 없다. 조직에서도 리더와 구성원 간에 신뢰와 애정이 있으면 모두가 하나가 될 수 있으며, 그를 위해서 필요한 것이 카리스마이다. 카리스마란 피그말리온과 갈라테이아처럼 혼연일체를 이루는 능력이다.

카리스마는 원래 관심과 존경을 받거나, 거리감을 불러일으킬 정도의 압도적인 권위, 외모, 그리고 인격을 가진 경우에 쓰는 말이다. 아무리 권위가 넘치는 리더일지라도 구성원들을 혼연일체로 만들지 못하면 카리스마가 없는 것이다. 그러므로 리더로서 정말 카리스마가 뛰어나다는 소리를 들으려면, 모두를 하나로 만들 수 있어야 한다. 카리스마의 원래 뜻이 '신의 축복'이듯, 리더로서 그러한 축복을 나누려면 구성원들에게 위엄을 부리든, 매력을 발산하든, 그들의 행동 하나하나에 분명한 영향을 끼치면서 하나로 만들 수 있어야 하는 것이다. 이러한 견지에서 보면, '진정한' 카리스마의 소유자가 진정한 리더이다.

유연성 Flexibility

미국 기업에는 여러 유형의 최고경영자CEO들이 있다. 그들 중에는 세칭 '또라이' 보스들도 있는데, 그 대표적인 인물이 선빔Sunbeam의 최고경영자였던 알 던랩Al Dunlap이다.

그는 잘 다투는 성격에다가 임직원들 앞에서 장시간 혼자 떠들어 대고, 예의도 잘 지키지 않는 사람으로 알려졌다. 던랩은 '전기톱'이라는 별명을 갖고 있었는데, 임직원들은 아예 그를 피하고 다가가지 않으려 했으며, 그들의 관심사는 오직 사장으로부터 자신을 보호하는 것일 정도였다. 결국 이러한 분위기와 함께 선빔은 2002년에 파산을 신청했고, 던랩이라는 사람의 위상도 사라져 갔다. 그 누구라도 이쯤 되는 사람 앞에서는 어찌할 바를 모르게 되고, 그의 근처에는 얼씬 조차 하지 않았을 것이다. 더욱이 소통SNS이 온 세상을 뒤엎고 있는 지금 같은 시대에 그런 식으로 조직을 이끌었다가는 언론 기사에도 도배질을 당할 것이다.

위 예화가 시사하듯, 리더는 다가갈 수 있는 틈을 열어주어야 한다. 그것은 나의 생각만이 전부라는 아집보다는 다양한 의견의 가치를 인정하는 겸허함이 있어야 가능하다. 또한 자신의 완벽함만을 믿기보다는 일을 과감히 위임함으로써 가능하다. 위임한다는 것은 다양성의 가치를 활용하고, 그 효과를 극대화하는 것이다. 위임을 주면, 인정받고 있다는 자신감과 기氣를 살릴 수 있고, 멀어졌던 사람도 가까이 다가오게 된다. 따라서 리더는 누구에게나 다가갈 틈과 여유를 주면서 조직과 구성원들을 이끌어야 한다.

카리스마와 유연성은 양손에 들어야 힐, 검과 방패와도 같다. 그만큼 떼려야 뗄 수 없는 리더의 강한 무기와도 같은 것이다. 카리스마는 철옹성 같이 다가갈 수 없는 위엄이나 권위가 아니다. 카리스마는 뛰어난 인물의 독재나 독단도 물론 아니다. 카리스마는 소통이 가능한 상태를 허락하고, 그것이 이루어지도록 만드는 역량이다.

'카리스마 있는 리더'라는 평가를 받고 싶다면, 결코 '가까이 하기에는 너무 먼 당신'이 되어서는 안 된다. 리더가 부하보다 중요하다는 생각도 과감히 버려야 한다. '리더의 부하에 대한 중요도'는 '부하의 리더에 대한 중요도'보다 훨씬 낮다. 그러므로 때로는 인간적인 허점을 드러내거나 고독한 멍에를 지더라도, 틈과 여유를 보여주는 것이 차라리 나을 수 있다. 진정한 카리스마의 주인공이 되려면, 언제라도 다가갈 수 있는 틈을 열어 주어야 한다. 진정한 리더로서의 면모는 그러한 여유 가운데에서 드러나는 것이다.

충성 받을 권리를 존중하라

과거 필자가 모시던 상사 중 이런 분이 계셨다. 그는 윗사람을 항상 잘 보좌했고, 거래선들과의 업무 처리나 인간관계에서도 무리가 없었다. 하지만 그는 아랫사람을 무척 쪼아대고, 때로는 못살게 굴 정도로 스트레스를 주곤 했다. 게다가 그는 "다른 부서의 김 아무개는 일을 잘 하는데, 당신은 왜 그 정도밖에 안 되나?"라고 비교하면서 몰아세우기도 했다. 그는 한마디로 같이 일하는 것이 불편한 상사였고, 매일 대하는 그의 얼굴은 보기조차 싫을 정도였다. 그렇다고 해서 목줄을 쥐고 있는 상사이니, 대들거나 다툴 수도 없었다. 누구나 이러한 경우에 처한다면, 아무리 목구멍이 포도청이라도 하루하루가 고역의 연속일 것이다. 물론 정녕코 싫다면, 중이 절을 떠날 수도 있겠지만…….

조직 생활의 성패, 팔자소관?

조직 생활에서 윗사람을 잘 만나는 것은 팔자소관일까? 하기야 "하는 일마다 어렵게 느껴지는데, 모시는 상사까지 불편하기 그지없다."라는 생각에 사로잡히면, 일도 싫고 사람도 싫어질 뿐만 아니라, 하루하루가 지옥에서의 삶처럼 여겨질 것이다. 그럴 경우 "떠날 것인가, 아니면 사생결단을 한번 할 것인가Flight or Fight?"라는 고심 끝에 마음을 가다듬어 보기도 하지만, 정말 또 다른 세상을 경험하리만큼 거북한 일이 지속된다면, 차라리 그간 몸담았던 조직과 영원한 작별을 고하려 할 것이다.

조직 생활에서 아랫사람을 잘 다스리는 것 이상으로 중요한 것은 윗사람을 잘 받드는 것이다. 물론 지금은 어느 조직에서나 상하 간에 수직적 관계뿐만 아니라 수평적 리더십이 강조되고 있는 만큼, 윗사람과의 관계에서도 뭔가 대등한 입장을 취한다는 것이 큰 문제가 되지 않을 것이라고 생각할 수도 있지만, 그것은 정말 큰 착각이다. 왜냐하면 아무리 개성과 창의가 강조되는 분야나 조직에서도 윗사람을 보스로 생각하지 않거나, 그와 껄끄러운 관계에 놓이는 경우치고, 그 조직이나 당사자들이 잘되는 경우는 거의 없기 때문이다. 그럼에도 불구하고 누군가가 이러한 점에 대해서 반론을 제기한다면, 어떠한 이야기를 펼쳐야 할까?

만약 당신이 그러한 경우에 처한다면, 마지막으로 이런 분을 모셔 보라고 말하고 싶다. 전임자와는 달리 누가 보아도 세련된 매너의 소유자 같았던 그는 경쟁심과 질투심이 많아서, 동료는 물론이고 아랫사람까지 견제하는 성향을 갖고 있었다. 그는 심지어 자신의 부하가 좋은 실적을 내고 포상이라도 받으면, 그 꼴을 못 보는 사람이었다. 어쨌든 그와의 생활은 화병이나 우울증 이상의 괴로움을 초래할 정도이었고, 인간의 군상

群像은 참으로 다양하다는 생각마저 들게 하였다.

그러던 어느 날, "이제는 더 이상 비굴하게 그와의 나날을 보내느니, 차라리 입에 칼을 물고 죽으련다."라고 다짐하면서 보따리를 싸기 시작하던 중 발견한 그의 모습은 전혀 새로웠다. 가만히 살펴보니, 질시의 화신처럼 괴팍한 면모를 지녔던 그는 오히려 유약한 성품의 소유자였고, 때로는 작은 일에도 감격할 정도로 행태의 기복이 심했다. 시간이 지날수록 그러한 느낌은 그에 대한 관심으로 바뀌었고, 나중에는 차라리 그를 잘 관리해야 하겠다는 생각까지 들었다. 물론 그것은 일종의 오기 때문이기도 했지만, 어차피 그와 같은 조직에 몸담은 이상, 이리저리 따지고 속상해 해봤자 득이 될 것이라고는 전혀 없었다는 것을 터득하게 되었기 때문이다. 그것은 아랫사람은 당연히 약자이므로 어쩔 수 없다는 비굴함 때문에서가 아니라, 악법도 법이듯 상사는 상사라는 엄연한 사실 때문이기도 했다.

악법도 법, 상사는 상사이다

"보스의 말은 항상 옳다The boss is always right!" 이것은 상사에 대한 충성을 강조하는 희화적 선서이다. 보스의 말이라면 과연 항상 따라야 할까? 조직 내 이해관계가 과거보다 훨씬 복잡해진 요즈음에는 "상사의 말은 항상 옳다" 라든지, "상사의 뜻이라면 반드시 따라야 한다."라는 생각은 시대착오적 발상으로 치부될 수도 있다. 더구나 많은 경우 상사들에게 써번트 리더십servant leadership까지 강조되고 있으니 말이다. 하지만, 조지 오웰George Orwell, 1903-1950의 동물농장에서나 실리콘밸리의 스타트 업에서나 상사에 대한 무언의 룰과 질서는 엄연히 존재하며, 주인이나 상사를 무시하는 조직은 결국 망가지게 되어 있다.

그러면 정말 무능하고 부도덕한 상사에게는 어떻게 접근을 해야 하나? 열심히 설득을 해야 하나, 아니면 차라리 비방을 해야 하나? 그런 사람에게는 자산의 주장에 정중히 강도를 올리거나, 잘 정리된 서류를 들이대는 것은 스스로를 해치는 자살골career suicide이 될 수도 있다. 그것은 딩신이 꽤 오랫동안 상사를 공격히려고 치밀하게 준비를 해왔음을 드러낼 뿐, 그의 호응을 얻지 못할 수도 있기 때문이다.

반면 상사의 가슴은 무엇보다도 먼저 존경을 원한다는 사실에 유의하면서 충성의 감정을 표출하는데 신경을 쓴다면, 그의 마음과 태도를 변화시키는 데에는 훨씬 나을 수 있다. 왜냐하면 완벽한 서류나 까칠한 설득을 무기로 하는 진실공방은 가슴의 요구를 넘을 수 없기 때문이다. 만약 누군가 "당신이 해야 할 일은 강자의 잘못마저도 즐겁게 받아들이는 고통을 기꺼이 감수하는 것이다"라고 말하면 지나친 것일까?

상사 관리, 유능함의 징표일까?

상사를 잘 보좌하거나 따르지 못한다는 것은 결국 자신의 무능함을 드러내는 것이 될 수 있다. 물론 사자 앞이라고 해서 온갖 눈치를 다 보면서 비굴하게 움직이는 당나귀나 토끼처럼 처신할 필요까지는 없겠지만, 현실 세계의 움직임은 완연히 다르다는 것만큼은 인식해야 한다. 전국시대 일본을 제패한 오다 노부나가織田信長의 예화를 들어보자.

노부나가는 미요시 가문을 제압하고 그 가문의 쓰보우치坪內라는 이름을 가진 요리사를 포로로 잡았다. 이때 노부나가는 쓰보우치에게 "요리를 잘 하면 죄를 사하고 요리사로 고용하겠다"라고 약속했다. 그런데 노부나가는 쓰보우치가 만든 요리를 먹은 후 "음식이 싱겁다"라고 말하며 쓰보우치를 처형하려 하였다. 이에 쓰보우치는 한 번만 더 기회를 달라고 애원하였고, 노부나가는 그 청을 들어주어 두 번째 요리의 맛을 보게 되었다. 결국 노부나가는 "매우 맛있다"라고 말하며 쓰보우치를 고용하였다.

그런데 쓰보우치는 "애초에 두 번째 요리를 내왔으면 좋았잖아!"라는 주변의 지적에 대해서 "처음 요리는 교토의 고급요리였고, 나중 것은 맛이 강한 시골요리였을 뿐입니다. 결국 노부나가님도 시골사람이란 말이겠지요"라고 대답하였다. 그것은 참으로 오만방자한 말이었지만, 후에 이야기를 전해 들은 노부나가는 이렇게 말했다 한다.

| 오다 노부나가의 초상

"나의 요리사로 고용된 이상, 나의 취향에 맞는 요리를 할 수 있도록 먼저 노력하는 것이 가신家臣된 자의 본분이다. 그것을 게을리 했다는 것은 단순히 무능했기 때문이다."

이러한 노부나가의 말은 상사를 잘 모시지 못하는 것은 결국 무능함의 발로임을 시사하고 있다.

상사 관리, 리더로서의 나를 만든다

한편 다른 관점에서 바라보면, 조직 생활에서 마음에 안 드는 상사를 보좌한다는 것은 행운이라 할 수도 있다. 그것은 리더로서 필요한 자질을 익힐 수 있는 기회이자, 이전보다 더 가까워질 수 있는 계기가 될 수 있기 때문이다. 더욱이 상사도 과거에는 나와 똑같은 경험을 했기에 지금의 위치에 있다는 것을 인식한다면, 그에게도 충성 받을 권리가 있음을 분명히 인정할 수 있다. 만약에 공연한 혈기血氣로 인해 일도 싫고 사람도 싫은 듯이 행동한다면 그것처럼 어리석은 짓도 없으며, 그래보았자 나중에 남는 것은 나쁜 평가와 악연의 연속일 뿐이다. 하지만 상사도 인간이기 때문에 언젠가 나를 좋아하게 될 수도 있다고 생각하면, 차라리 마음이 편해지고 일의 성과도 지금 당장보다는 나아진다.

조직 생활에서 윗사람을 존중하지 않는 사람은 리더감이 아니다. 그런 사람은 일도 더듬이 하면서, 윗사람이 어떻다는 등의 불평을 늘어놓지만, 그것은 리더로서의 그릇이 작다는 것을 스스로 드러내는 것이다.

설사 죽기보다 싫을 정도의 상황에 처하더라도, 공연히 불만을 분출하거나 격앙되기보다는 차라리 "부족한 점을 이끌어 달라"고 말할 수 있는 것이 합리적 사고이다. 그것은 "어떻게 하면 그에게 잘 보일 수 있을까?"라는 좁은 생각에서가 아니라, 그로 하여금 서로의 관계에 이상이 없음을 느끼게 하고, 자신이 하는 일을 적극 지원하게 만들 수 있기 때문이다. 리더의 자격은 "상사는 상사"라는 생각이 분명한 사람에게 주어지는 것이다.

조직 생활에서의 칼자루는 윗사람이 잡고 있다. 하지만 그 칼자루는 충성 받을 수 있는 권리를 존중하고, 존중 받는 사람들 사이에서는 아무 필요가 없다. 그들 사이에 필요한 것은 충성과 존중 그리고 인정과 배려이며, 이것들은 진실한 마음을 담보로 할 때 효력이 발휘된다.

조직 생활에 있어서 상사에 대한 존중은 곧 미래의 나를 위한 준비의 행위이며, 리더로의 길을 가는 과정의 일부이다. 잘 모시는 사람이 결국은 좋은 리더를 만들고, 스스로도 좋은 리더가 될 수 있는 것이다. 진정한 프로라면, 윗사람의 충성 받을 권리를 존중하는 것은 훗날 멋진 리더가 되기 위한 요건이자 당연한 행위라는 점을 인식하면서, 조직 생활을 잘 영위해 나가야 한다. 성공을 원한다면, 천사든 악마든 잘 모시려고 노력하라!

조화와 화합은 탱고처럼

필자는 왈츠보다 탱고를 좋아한다. 탱고는 서민적이고, 그 속에 경쾌하면서도 뭉클한 선율과 남녀 무용수들의 완벽한 조화가 있기 때문이다. 탱고는 정말 춤 중의 춤이다.

필자가 원조 탱고를 처음 본 것은 아르헨티나 수도 부에노스아이레스 보까Boca에 있는 비에호 알마센El Viejo Almacén이라는 소극장에서였다. 1988년 가을, 아르헨티나의 최대 철강기업인 시데르카Siderca社를 방문하였을 때의 일이다. 우쭐대는 성향이 강한 그들은 문화적 유산을 보여주겠노라고 자신하며 필자를 그 곳으로 안내하였다.

100년 이상의 역사를 가졌다는 극장에 들어서니, 어렴풋한 조명과 악사들의 애조 띈 연주에 맞춰, 검은 머리를 쓸어 넘긴 남자무용수와 늘씬한 여자무용수의 관능적인 탱고가 펼쳐졌다. 관객들은 이미 흐르는 선율과 춤에 흠뻑 취해 있었으며, 필자 역시 넋을 잃은 채 탱고에 빠져들고 말았다.

탱고 공연을 보면서 감탄을 금치 못한 이유는 남녀 무용수의 완벽한 조화와 감동적이고 뭉클한 선율 때문이었다. 그 중에서도 남녀 무용수의 완벽한 조화는 놀라울 정도였다. 탱고 속에는 정말 소리 없는 묘미가 있었다.

필자는 조직 내 상하 간의 움직임도 탱고의 남녀 무용수처럼 완벽한 조화를 이룰 수 있어야 한다고 생각한다. 만일 조직의 모든 상하 관계가 탱고에서처럼 조화롭다면, 그 당사자들 모두는 훌륭한 조직 생활을 하고 있다고 감히 단언할 수 있다.

춤을 추듯 조화하라

탱고에서 남녀 무용수의 모습은 정말 조화롭다. 그 모습을 그려보면, 여자무용수는 남자무용수를 수동적으로 따라 가다가Weak, 이내 적극적으로 움직이거나 이끌기도 한다Strong. 하지만 그러한 와중에 서로 호흡이

'오래된 잡화상'이란 뜻을 가진 비에호 알마센은
남미 최고의 탱고바(Tango Bar)로 명성이 자자하다.

잘 안 맞으면, 갈등이 있는 것처럼 보인다Fighting. 그러면 여성은 만회하려고 오버액션을 하기도 하고Showing-off, 마침내 남녀는 넘실거리면서 멋진 조화를 이룬다Graceful. 물론 그들 사이에는 말 대신 동작만이 존재하지만, 그들의 동작 하나하나는 완벽한 조화를 이룬다. 조직 생활에서도 이렇게 춤을 추듯 조화를 이룬다면, 그 누구도 넘보지 못할 최강의 조직이 될 것은 자명하다.

소리 없이 화합하라

조직 생활의 성공 비결은 탱고에서처럼 상하 간에 소리 없는 화합을 이루는 것이다. 상사와 부하, 리더와 팔로어는 시시각각 변화하는 상황에 재빨리 대응하면서, 서로 눈치 있게 행동해야 한다. 상사는 지휘와 통제를 잘 해야 하고, 부하는 철저히 상사의 지침에 따라 행동해야 한다. 한 마디로 말해 잘 이끌고, 잘 따라야 한다. 하지만 필요할 때에는 부하도 강하게 자신의 주장을 펼쳐야 하며, 그러다가 어쩔 수 없는 갈등이 생기더라도 다가갈 수 있어야 한다. 싫어하는 상사일수록 더 다가가야 한다. 물론 상사는 이 모든 경우를 다 포용할 줄 알아야 한다.

조직 운영에 있어서 특히 중요한 것은 상하 간에 '보이지 않는 계율'을 지키는 것이다. 이것은 리더라면 마땅히 아랫사람을 졸개가 아니라 역할을 분담하는 파트너로 대하는 것이며, 아랫사람은 남들이 의아해 할 정도로 리더에게 헌신하는 것을 의미한다.

스포츠에서도 엄격한 규율과 쓴 소리를 하는 선배와 그것을 소리 없이 삼키는 후배의 움직임이 명콤비를 낳고, 마침내 게임을 승리로 이끈다.

잘 되는 조직의 주역들은 갈등 속에서도 조화를 찾는다. 성공적인 조직 생활의 비결은 마치 넘실거리며 함께 춤을 추듯, 상하 간의 조화와 화합을 모색하며 보이지 않는 무언無言의 계율을 지키는 것이다. 마치 탱고에서처럼…

참새보다 독수리들과 어울려라

"아, 일은 정말 힘든데, 알아주는 인간은 하나도 없네." "위에서 힘을 조금만 실어주면, 일이 잘 풀릴 텐데" "앞길이 창창한데, 누구한테 줄을 서야 일 잘 한다는 소리를 듣고 승진에 도움이 될까?"

조직 생활을 하다가 보면, 누구나 이러한 생각에 사로잡히거나 큰 고심을 하기도 한다. 그러한 경우에 대체로 시도하는 것은 기회가 닿는 대로 힘 있는 사람에게 접근하거나, 잘 나가는 동료의 의견을 구하는 것이다. 하지만 강자의 주변에는 보이지 않는 장막이 있으며, 잘 나가는 동료는 은근히 우쭐거릴 뿐, 술잔을 나누거나 밥을 사도 전혀 도움이 되지 않는다. 그러니 일을 떠난 인생살이에 관한 문제나, 결별을 선언한 여성과의 속 타는 사정을 털어 놓는 것은 꿈도 못 꾼다. 이럴 경우에 누군가 자신을 날개 펼친 독수리처럼 속 시원하게 비상시켜줄 사람이 있으면 얼마나 좋을까?

능력 있고 인성 좋은 사람은 따로 있다

누구든지 위와 같은 상황에 처하게 되면, 조직 내에서의 자신의 위상이나 인맥의 구도라든지 '사내 정치'에 대해서 한번쯤은 생각해보게 된다. '사내 정치'는 조직 내에서 주요 인물의 권위나 행동이 나에게 유리한 영향을 끼치도록 수완을 발휘하는 것이다. 사내 정치의 목적은 주로 일의 기득권이나 인사 상의 혜택을 얻는데 있으며, 패거리 문화를 조장하거나, 공정성을 떨어뜨리기도 한다. 하지만 사내 정치가 엄연히 존재하고, 그것이 조직과 개인 모두에게 득(得)이 된다면, 관심을 가질 필요성은 있다. 물론 도를 넘는 정치꾼이 되라는 말은 아니다.

'사내 정치'라는 말이 다소의 거부감을 주는 것은 사실이다. 그런데 한편으로 보면 그것은 필요악이라기보다는 필요선이다. 왜냐하면 조직 생활도 결국은 '어떤 사람들과 어떻게 일하는가'에 따라서 능력과 성과를 인정받으며, 그 속에서 성장할 수 있기 때문이다. 조직 생활에서는 '사내 정치'를 하건, '사내 마피아'에 속하건 간에 진정으로 도움이 될 만한 사람들의 주변을 파고 들어야 한다. 그리고 참새보다는 독수리 같은 사람과 어울려야 한다. 능력 있고 인성 좋은 사람은 따로 있다.

참새와 독수리를 구별하라

조직 생활에서 어떤 사람과 함께 일하고 어울리느냐의 문제는 자신의 성장에 큰 영향을 미친다. 만약 자신보다 훌륭한 상사를 만나지 못하거나, 능력도 인성도 별로이면서 여기저기 기웃거리기만 하는 동료와 어울린다면, 그것은 어리석은 닭들 사이에서 오락가락 하는 병아리의 모습과 다를 바가 없다. 또한 성과도 시원치 않아서 속을 썩이다가, 언젠가 뒤통수를 때리는 부하를 곁에 둔다면 이것 역시 속 터지고 못할 일이다.

그러므로 누구나 "그는 과연 모실만한 분이다" "그는 볼수록 배울 것이 많은 친구다" "아무개는 진짜 내 사람이다"라는 생각을 갖게 할 만한 사람들을 모시고, 어울리고, 거느려야 한다. 그들이 정말 훌륭한 사람들이라면, 비록 모시기에 까다로울 시라도, 함께 일하는 것이 당장 도움이 되지 않더라도 그 모든 것을 감내해야 한다.

그렇다면 독수리 같은 사람은 도대체 어떤 사람인가? 사실 세상살이에서 가장 어려운 문제가 바로 사람을 알아보는 것이다. 오죽하면 당唐나라의 시인 백거이白居易, 772-846는 "사람을 어떻게 알 수가 있겠는가, 아침에는 진짜 같더니 저녁에 보면 가짜더라…"고 탄식을 했겠는가?

독수리 같은 사람은 자신의 철학과 사명감이 있는 사람, 높은 지위에서 사람을 잘 쓰는 사람, 작은 문제일지라도 크게 돌보는 사람, 잘 나갈 때 교만하지 않는 사람, 좌절의 순간에도 꺾이지 않는 사람, 인간미와 정情이 있는 사람이다. 반면에 참새 같은 사람은 자신의 철학과 사명감이 없는 사람, 혼자서만 잘 난 사람, 매사에 시시콜콜 따지기만 하는 사람, 무엇이든지 끌어안고 취하기만 하는 사람, 지나치게 아부하는 사람, 도의적으로 타락한 사람이다.

독수리 같은 사람과 참새 같은 사람들 사이에서는 중심을 잘 잡아야 한다. 만약 썩은 동아줄처럼 무능한 라인에 줄을 서거나, 칠뜨기 같은 동료와 어울린다거나, 멍청한 사람을 밑에 둔다면 그것은 내 앞길에 전혀 도움이 되지 않는다. 또한 당장 눈앞에 보이는 실리만을 쫓아서 이 사람 저 사람 사이를 마냥 오간다면, 언젠가 남는 것은 배신감과 허탈감 밖에 없게 된다. 그러므로 모시고, 어울리고, 거느릴 사람을 찾을 때에는 헛된 명리보다는 그들의 능력과 됨됨이를 염두에 두어야 한다. 물론 그렇다고 해서 사람을 너무 가린다는 소리를 들어서도 안 된다.

노는 가락이 달라야 한다

대체 독수리 같은 사람들과는 어떻게 행동해야 할까? 조직 생활에서 대하는 사람이 상사이건, 동료이건, 부하이건 간에 그가 독수리 같은 사람이라면, 일단 노는 가락이 다르게 행동해야 한다. 노는 가락이 다르면, 아는 것도 얻는 것도 많아진다. 물론, 참새 같은 사람보다는 독수리 같은 사람이 조금 사납더라도 훨씬 화끈할 것이다. 화끈한 사람치고, 속이 꼬이거나 뒤틀린 사람은 없다. 노는 가락이 다르게 행동하는 방법은 다음과 같다.

첫째, 일의 성과뿐만 아니라 충성도를 높여야 한다. 조직은 때때로 갈등과 탐욕으로 가득 찬 경쟁 집단이며 상사들, 특히 최고경영자는 성과와 충성도를 높이기 위해서 서로간의 경쟁을 유발하기도 한다. 어쨌든 이것은 그들만의 특권이자 고유권한이기 때문에 뭐라 탓할 수는 없는 것이며 그래서도 안 된다. 충성심 없는 부하를 전장戰場에 데리고 다니는 장수는 없으며, 아무리 일을 잘 한다 해도 충성심이 없으면, 능력을 제대로 인정받을 수 없다.

둘째, 자신에 대한 핵심 지지층을 만들어야 한다. 조직 생활에서 성공하려면 능력 있고 운運도 따라야 하겠지만, 누군가가 이끌어주고 지지해준다면 더 빠르게 성장할 수 있다. 이끌어준다는 것은 자격이나 권리, 또는 점수를 잘 주는 것이며, 지지해주는 것은 찬성을 표시하거나 따른다는 뜻이다. 특히 상사들에게는 뻔히 자신의 존재를 각인시켜야 올바른 평가를 받고, 발탁의 기회도 생긴다. 또한 아랫사람들 중에서도 나를 지지하고 따르는 사람이 늘어나면 위상도 격상된다.

셋째, 조직 안팎에서 정치력을 발휘해야 한다. 최근에는 대부분의 조직에서 신규사업, 인수합병, 구조조정 등이 불가피해졌고 조직의 판도가 많이 달라졌다. 그러므로 새로운 계열사, 사업부, 팀$^{T/F}$ 등 과거와는 성격이 다른 조직에서 원하는 성과를 얻으려면, 기존 조직과 화합하고 마찰을 극복할 수 있는 수완이 필요하다. 만약 누군가가 '임원급' 대리라던가 '전무급' 부장이라는 소리를 들을 정도가 된다면, 그의 수완을 인정해야 한다.

진정한 프로는 노는 물과 노는 가락이 달라야 한다. 미국 스탠포드대학의 제프리 페퍼$^{Geoffrey\ Pfepper,\ 1946-}$ 교수는 그의 저서 〈권력, 왜 누구는 가지고 누구는 가지지 못하는가?〉에서 정치력의 부족을 일종의 무능력 상태라고 말했다. 하지만 정치력이라는 것도 그 분위기와 상대가 문제이다. 아무리 학연, 지연을 들먹거리면서 인맥전쟁에 가담한다고 해도, 일생에 도움이 되지 않을 사람 곁에는 오가지도 말아야 한다.

반대로 능력 있고 인성이 좋은 사람이라면 어떻게 해서든지 그와 더불어 일할 수 있는 수완을 발휘해야 한다. 만약 그러한 과정에서 자신의 기여로 그들이 잘 된다면, 그처럼 보람 있는 일도 드물다. 조직 생활의 성공 여부는 피차간에 누구를 만나느냐, 어떻게 처신 하느냐에 따라 좌우된다. 그러므로 어떻게 해서든지 참새보다는 독수리 같은 사람들과 어울려야 한다. 더불어 그에 걸맞게 처신하는 법도 잊어서는 안 된다.

진짜 소통은 따로 있다

"야, 이 아무개! 도대체 너 나이가 몇 살이니? 왜 그렇게 젊어 보여?"

회계 담당 김OO 대리는 필자가 선언한 사장에 대한 '야자타임' 실시에 대해서 마지못해 응하는 시늉을 하더니, 그런 말을 터뜨렸다. 그리고 그가 쏟아낸 말은 아무리 그래도 하늘같은 사장에게 한 말치고는 조금 심하지 않았나 하는 생각마저 들게 했다. 하지만 함께 자리를 했던 사람들은 그의 말을 듣고는 마치 통쾌한 복수를 한 듯 박장대소를 금치 못하면서 서로 얘기를 주고받았고, 이어 평소에 하지 않던 이야기를 건네기까지 하였다.

필자는 간혹 임직원들과의 가벼운 저녁회식 자리에서 흔히 말하는 '야자타임'을 가동시켜 보곤 했는데, 나이와 직위를 완전히 무시한 채 짧은 몇 초 동안 마음대로 말할 수 있는 그 행사의 효과는 매우 컸다. 하지만 그것이 진정한 소통의 전부였을까?

진정한 소통, 세상을 뒤집는다

지난 수년간 온 세상을 뒤 덮은 화두는 단연 소통疏通이다. 그 이유는 첫째, 기업, 조직, 개인들 간의 이해관계가 과거보다 훨씬 복잡해지고 갈등과 대립이 크게 증가했기 때문이며, 둘째, 글로벌 시대의 개방성이 증가함에 따라, 기업 내 정보와 기술을 공유하고 의사를 통합해야 할 필요성이 매우 커졌기 때문이다.

주변을 돌아보면, 어떤 조직에서나 소통에 관한 이야기는 끊이지 않으며, 소통의 문화를 수용하지 못하는 조직이나 개인은 무능한 것으로 치부되기도 한다. 바야흐로 소통문화가 온 세상을 뒤덮고 있는 것이다. 그런데 문제는 소통의 의미가 전혀 올바르게 인식되지 못하고 있다는 점에 있다. 흔히들 소통을 일회성 조직 개발이나 단합대회, 또는 한 잔의 술로 끝나는 의기투합 정도로 생각하지만 진정한 소통은 그런 것이 아니다.

필자가 강조하고 싶은 진정한 소통은 원칙, 다양성, 감정 이입의 결합물이다. 어떤 조직에서든 일은 제대로 하지 않으면서, 반짝이는 아이디어는커녕 말만 많거나, 정서적으로도 못마땅하게 여겨지는 사람들이 꼭 있다. 이럴 경우, 그의 멱살을 잡고 혼쭐을 내주거나 싸우고 싶어지기도 하는 것은 인지상정이다. 하지만 그도 조직에서 하루 이틀 보고 살 사람이 아니니, 마음에 안 든다고 해서 당장 자르거나, 대들거나 등을 돌릴 수는 없는 노릇이다.

그러면 어떻게 해야 하나? 만약 계급장을 떼고 끝장 토론을 하거나, 밤 깊도록 그와 술잔을 나눈다면 속 시원하게 해결이 될까? 물론 이런 저런 방법 모두를 시도해보는 것도 나쁘지는 않다. 그러나 다수의 사람이 모인 조직이란 곳에서는 보다 전향적인 소통의 체계를 구축하지 않으면 모든 것은 단발성 교류로 끝나게 된다. 세상을 뒤집을 정도의 소통은 따로 있다.

일, 창의, 가슴의 요구를 일치시켜라
-지통^{知通}, 창통^{創通}, 심통^{心通} -

소통에는 지통^{知通}, 창통^{創通}, 심통^{心通}이 있다. 이제부터 필자는 이 세 가지의 소통을 삼통^{三通}이라 지칭하겠다. 삼통^{三通}의 의미를 살펴보면 다음과 같다.

지통^{知通}은 게임의 룰^{Rule}을 존중하는 가운데, 할 일을 제대로 하면서 지식과 정보를 교환하는 것을 의미한다. 창통^{創通}은 불가피한 갈등이 유발되더라도 창의적 의견을 주고받는 것을 의미한다. 심통^{心通}은 이견과 갈등으로 인한 응어리를 풀고 마음이 통하는 것을 의미한다.

소통이란 대부분의 사람들이 생각하는 것처럼 오직 마음이 통하는 것, 즉 심통^{心通}이 아니다. 물론 그것은 중요하지만 그것만으로는 완전한 소통이라고 할 수 없다. 진정한 소통이란 지통^{知通}, 창통^{創通}, 심통^{心通} 즉 삼통^{三通} 모두가 잘 어울려 결합된, 한마디로 고도로 농축된 화합물 같은 것이다. 만약 모든 구성원 간에 일과 정보, 창의와 아이디어, 정서와 감정 모두의 합일점을 찾을 수만 있다면, 그 조직은 더 이상 바랄 것이 없는 완벽한 조직이 될 것이다.

다음에서 진정한 소통의 방법을 살펴보도록 하자.

지통^{知通}을 올바르게 하려면, 기본적으로 맡은 일을 제대로 하되, 지식과 정보를 충분히 교환해야 한다. 예컨대 지시와 보고, 품의와 승인, 그리고 각종 회의와 프레젠테이션 등을 효율적으로 해야 한다. 또한 이러한 것들을 시행함에 있어서 반드시 룰^{rule}을 준수해야 한다.

이를테면 회의가 마치 춤추듯 겉돌거나, 보고가 장황하거나, 제안서의 요점이 불명확해서는 안 된다. 간결한 회의의 원칙이나 명확한 요점만을 정리한 '한쪽 제안서^{One page proposal}'를 도입하는 것은 권할 만하다.

주의할 점은 특정인이 지식과 정보의 교환을 장악하거나, 유리한 내용을 독식해서는 안 된다는 것이다.

창통^{創通}을 효과 있게 하려면, 다양한 아이디어의 제시와 활발한 토론을 통해서 창의를 확산시켜야 한다. 여기저기에서 창발^{創發}하는 소리가 들리도록 서로 치고 받고, 찌르고 찔려야 한다. 창조라는 단어에서 '창^創'이라는 글자의 의미도 혼돈의 가장자리를 찌르는 것이다. 때문에 창통^{創通}에는 갈등과 대립이 따를 수밖에 없다.

창통^{創通}이 확산되고 그 열매를 맺으려면 '소통의 플랫폼^{platform}'을 구축하여 혁신의 불길을 지피려는 시도를 끊임없이 해야 한다. 한 마디로 명석을 쫙 깔아 줘야 한다. 1921년에 설립된 미국의 쓰리엠^{3M}社가 단 한 해도 성장을 거르지 않은 백년기업이 된 이유는, 축적된 기술과 정보를 공유하고 진화시킬 수 있는 '소통의 플랫폼'을 구축하여 지속적으로 새로운 제품을 만들어 냈기 때문이다.

심통心通을 만족스럽게 하려면, 지통知通과 창통創通 과정에서 생긴 갈등과 대립을 풀고, 상처와 불만을 치유해야 한다. 그 방법은 다양한 해빙의 기회를 활용해서, 실컷 대화하고 가슴 속의 응어리를 푸는 것이다.

상하 간, 동료 간에 허세와 가식의 껍데기를 훌훌 던져 버리면, 결속이 강해지고 사기도 높아진다. 심통心通에서 잊지 말아야 할 것은 분위기와 여세를 이어가는 것이다. 우리한국인들은 후끈 달아올랐다가도 금방 식어 버리는 경향이 있기 때문에 더 잘해보자고 할 때, 더 잘하지 않으면 안 된다.

이상과 같이 진정한 소통을 이루려면, 할 일을 똑바로 하는 것, 창의와 다양성을 추구하는 것, 그리고 가슴의 요구를 일치시키는 행위가 전부 합쳐지고 확산되어야 한다.

존중, 엉터리 소통이 아니다

마지막으로 소통에 관련해 근본적으로 간과해서는 안 될 점이 있다. 그것은 존중과 단순한 소통을 구별하는 것이다. 흔히 존중이라고 하면 구성원들을 '무조건' 존중하는 것이라고 생각하기가 쉽다. 하지만 존중은 소통이라는 미명 하에 단순히 마음만 통하면 된다는 식의 행동을 하는 것과는 근본적으로 다르다. 존중은 엉터리 소통이 아니다. 존중이라는 것은 합의된 목표와 성과에 대한 책임이 분명할 때에 논할 가치가 있는 것이며, 그 이유는 인간이라면 누구나 능력과 자질에 차이가 있기 때문이다.

인간은 프란시스 베이컨^{Francis Bacon, 1909-1992}이 말한, 이기주의적 거미형, 개인주의적 개미형, 이타주의적 꿀벌형 중 그 어느 유형에 속하더라도 결함마저 있게 마련이며, 참다운^{진정한} 소통도 그래서 필요한 것이다. 진정한 소통은 결코 "좋은 것이 좋은 것이다"라는 발상에서 나오는 것이 아니며, 룰의 존중 하에 할 일을 제대로 하고, 창의적 아이디어를 공유하며, 가슴으로 통해야 완성되는 것이다.

모든 위대한 사업은 믿음으로부터 시작된 것이다.

– 오거스트 폰 시겔(1767–1845)

CAPTIVATING MARKETER

제4장
마음을 얻는 마케터가 되라

지금은 마케터의 시대이다. 이기는 마케터는 불편한 시장 깊은 곳으로 파고드는 것을 당연하게 여기며, 고객의 마음을 얻기 위해서 모든 노력을 경주한다. 이기는 마케터가 되려면 로맨티시스트가 되어야 한다. 왜냐하면 스스로가 낭만의 의미를 알아야 낭만을 선사할 수 있기 때문이다. 그것은 깨끗하고 자유로운 영혼과 고객에 대한 존중이 있어야 가능하다. 마케터의 삶은 그러한 낭만을 추구하는 멋진 삶이다.

불편한 시장 깊이 파고 들어라

    필자는 오래 전 중동의 페르시아만 안쪽에 있는 반다르 호메이니항에 있는 이란의 세관을 방문한 적이 있다. 당시 방문의 목적은 이란 측 구매사와의 현안에 대한 해석을 얻어내고, 새로운 비즈니스 발판을 만들기 위한 것이었다. 그 현안이란 기 판매한 철강제품의 실제중량이 계약서에 명기된 중량과 다른 것에 대한 시비를 가리는 것이었다. 물론 상관례는 실제중량 대신 규격상의 기준치에 의해서 산출되는 이론적 중량을 적용하는 것이었다. 다행히도 이란의 세관은 상관례를 적용한 우리 측의 주장이 타당함을 확인해 주었다.

    어쨌든 당시의 방문 목적은 달성되었고, 그 이후의 비즈니스도 잘 되었으나 무덥고 습기 찬 항구지역으로의 이동과 장시간 기다림 끝에 이루어진 면담을 마칠 때까지의 고초는 컸다. 당시 이라크와의 전쟁 상흔인 탱크의 잔해와 끝없이 뻗어있는 송유관을 바라보며 이동하던 일을 떠올리면 "참으로 불편한 곳 깊숙이도 다녔었구나!"라는 생각이 든다.

능력 있는 마케터는 필드부터 누빈다

일본을 대표하는 대형 유통기업 이토요카도[伊藤洋華堂]는 2015년 초, 중국 서부 내륙 쓰촨성 청두시에 3,000만 달러[약 335억 원]를 투자하여 내륙시장 공략을 본격화한다고 발표하였다. 이토요카도 마케터들의 활동은 참으로 헌신적이며 현실적이었다. 그들은 고객들의 가정을 탐방하거나 심지어는 쓰레기봉투까지 뒤지면서 수요 패턴을 파악했다. 특히 유동 인구의 특성까지 감안해서 지역별로 매장 구조를 달리하였는데, 이러한 전략은 그대로 적중하여 높은 영업이익률로 연결되었다.

이토요카도의 사례에서 보듯, 마케터의 활동반경은 시장의 깊숙한 곳에서부터 전개되어야 한다. 그리고 이것은 정보의 실효성 측면에서 볼 때도 매우 중요하다. 데스크 앞에 앉아서 얻는 정보는 단순한 정보지만, 현장에 직접 뛰어 들어서 얻는 정보는 상세하고 진위 파악이 가능한 정보이다. 또한 서류상으로만 존재하던 상황들이 시장의 저변에서는 어떻게 펼쳐지는지 직접 눈으로 확인할 수 있으며, 거대한 흐름까지도 생동감 있게 이해할 수 있다.

아웃사이드-인Outside-In 하라

"아웃사이드-인Outside-In 하라!"
이것은 미국 펜실베니아대 와튼스쿨 조지 데이George S. Day, 1954- 교수의 저서인 〈아웃사이드-인 전략Strategy from the Outside-In, 2010〉에서 가져온 표현

이다. 필자는 와튼스쿨 연수 중 그의 강의를 들었던 적이 있었는데, '마
켓-드리븐market-driven'이라는 통찰이 담긴 그의 강의 내용에 충분히 공감
했던 기억이 난다.

'마켓-드리븐'은 '시장이 이끄는'이라는 의미로서 이는 곧 '아웃사이
드-인' 전략과 사실상 같은 것이다. 이를 간략히 설명하자면 모든 사고
와 행동을 '밖에서 안으로' 즉 "시장의 입장에서 마케팅을 전개하는 것"
을 말한다. 예컨대 아마존Amazon의 슬로건 "고객에서부터 시작하고, 거기
서부터 거꾸로 일하라Start with the customer and work backwards"는 '아웃사이드-
인' 전략의 의미를 그대로 내포하고 있다.

마케터의 활동에 있어서, '아웃사이드-
인' 전략은 매우 유효하다. 필자의 경험
으로도 신흥시장에서 비즈니스를 개척
할 때에는 우리 측의 제품만을 판매하려
고 시도하기보다는, 그들의 요구에 맞는
제품을 제3국에서 찾아서 판매하는 것이
더 좋은 결과를 낳았다. 그리고 이것은
제3국의 새로운 공급자들도 절실히 원하
던 일이었다.

일례로, 동구권 개방 초기에 체코의 C사
에서 엄청나게 좋은 제품을 발견하고서

아웃사이드-인 전략(Strategy from the
Outside-In, 2010)

는 다소의 가공을 거친 후 그것을 인도네시아 시장에다가 판매하여 아
주 좋은 성과를 낸 적이 있다. 이와 같이 새로운 비즈니스를 개발하기 위

해서는 다소 불편하더라도 아예 시장 깊은 곳으로 침투해서, 그들이 정말로 필요로 하는 것이 무엇인지를 확실히 파악한 뒤에 입지를 확보해야한다. 재차 강조하지만 '아웃사이드-인' 전략은 매우 긴요하며, 그것은역발상의 최고봉이다.

'마켓-드리븐' 활동을 전개하라

대부분 마케터의 모든 활동은 시장에서 이루어진다. 그리고 모든 전략은 거의 시장에서 고객들을 만나는 가운데 발견되고 실행된다. '마켓-드리븐' 사고와 행동의 틀을 요약하면 다음과 같다.

〈'마켓-드리븐' 사고와 행동의 틀 5가지〉

1. 시장^{외부}에서 비즈니스 창출 기회를 찾을 것.
2. 시장^{외부}의 기회 포착 시 적시에 정확히 대응할 것.
3. 내부의 기능과 역량을 유기적으로 결합할 것.
4. 시장은 동태적으로 움직인다는 점을 고려할 것.
5. 고객 가치^{고객의 축복}의 극대화를 목표로 삼을 것.

'마켓-드리븐' 접근은 해외시장 진출과 현지화에도 매우 중요하다. 최근 수천 개의 조립식가구 제품 라인을 갖고서 한국에 진출한 이케아^{IKEA}의 전략은 그러한 관점에서 주목할 만하다. 국내기업의 대표적 '마켓-드리븐' 사례로는 이랜드를 꼽을 수 있다.

이랜드는 지난 18년 동안 복잡하고 불편한 중국시장 깊숙한 곳에서 활동하며 무려 5,000여개의 직영 매장을 구축하였고, 최근에는 연평균 60%의 성장률을 기록하기도 했다. 참고로 일본의 제조업이 약해진 이유는 IT화와 글로벌화의 추세 속에서 본국 중심, 자사 중심의 전략에 집착함으로써, '마켓-드리븐'의 중요성을 간과했기 때문이다. '마켓-드리븐' 행동은 하루에 열 명의 고객을 만나고, 하루에 열 바퀴씩 고객의 점포를 돌아다니는 것으로부터 시작된다.

세상은 바야흐로 마케터의 시대이다. 마케터란 원래 시장에서 매매하는 사람을 지칭했지만 초경쟁 글로벌 시대인 지금은 거의 모든 분야의 사람들이 마케터처럼 일한다고 해도 과언이 아니다. 마케터처럼 일한다는 것은 그 본분대로 시장에 민감하게 행동하는 것, 곧 '시장이 이끄는' 대로 모든 활동을 전개하는 것을 의미한다.

시장의 영단어 'Market'의 어원은 라틴어 'merce'이며 이것의 의미는 '약탈한 물건'이다. 즉 약탈자들의 경쟁과 강한 역학이 작용하는 곳이 바로 시장이다. 그러므로 마케터는 자신의 위치에서만 편하게 비즈니스를 통제할 것이 아니라, 치열하고 불편한 시장 깊은 곳으로 파고 들어서 입지를 확보해야 한다. 마케터라면 누구나 불편한 시장 깊은 곳으로 파고 드는 것을 당연하게 여겨야 한다.

첫 성공을 기억하고, 자신을 팔아라

첫 성공은 중요하다. 그리고 그 기억은 오래 간다. 필자 역시 마케터로서 첫 성공한 사례가 있다. 국내에서의 첫 성공은 삼성그룹 공채 입사 후 제일모직 대구공장에서 합숙교육 중 실시한 트랜지스터라디오 세일즈에서 좋은 성과를 거둔 것이었다. 그리고 해외에서의 첫 성공은 난생 처음 떠난 해외출장 중, 알리바바의 본향인 사우디아라비아의 바자 곳곳을 뒤지면서 철강 제품을 팔아 수주에 성공했던 일이다. 이러한 첫 성공의 경험은 모두 시장의 저변에서 얻은 것이었다.

첫 성공, 평생의 자신감이 된다

난생 처음이었던 라디오 세일즈는 쉽지 않았다. 하지만 그것은 유쾌한 도전이었다. 당시 교육생들은 4인 1조로 라디오를 10대씩 나눠 받은 후, 일체의 소지품을 빼앗긴 채 시내 곳곳에 내버려졌다. 그리고 라디오를 팔아서 번 돈으로 교통편을 마련해서 되돌아와야 했다. 헌데 막상 라디오를 팔려고 하니, 처음에는 앞이 캄캄하고 전혀 방법이 떠오르지 않았다. 이에 우리는 아파트 내의 젊은 주부들과, 세탁소 주인들을 공략 대상으로 삼아 집요하게 세일즈를 시도하였고 결국 라디오 10대 중 7대를 파는데 성공하였다. 정해진 시간 내에 교육장으로 되돌아와 보니, 우리 조의 실적은 전체 중에서 상위권에 속하였다. 비록 교육생 복장에 어설픈 사회 초년병이었지만 그것은 세일즈맨으로서의 소중한 첫 경험이자, 첫 성공이었다.

사우디아라비아 바자 골목에서의 첫 세일즈 또한 만만치 않았다. 당시 종합상사들 간의 실적 경쟁은 매우 치열했고, 그것은 멀리 떨어진 사막의 나라에서도 매한 마찬가지였다. 기억대로라면, 현지 시간 오전부터 바자bazaar를 샅샅이 뒤지듯 하던 바이어들과의 상담은 뒤통수를 치는 경쟁사들의 추격 속에서 네 번째 기도 시간을 지난 늦은 저녁까지 이어졌다. 이슬람 국가에서는 하루 다섯 번 기도를 한다. 어쨌든 총 73만 달러 가량의 첫 수주에 성공했을 때의 짜릿한 성취감이란 이루 말할 수 없을 만큼 컸다. 당시 난생 처음 만난 바이어들에게 마치 백년지기百年知己를 만난 것처럼 "인쉬 알라Insh Allah!"라고 맞장구를 치면서 너스레를 떨던 일을 생각하면 지금도 쓴 웃음이 나온다. 아라비아의 어수선한 바자bazaar에서 겪은 첫 성공은 훗날 전 세계를 누비는 마케터로서의 활동에서도 흔들리지 않는 자신감을 이어 주었던 것이다.

첫 성공을 기억하라! 첫 성공은 크게는 새로운 제품의 출시, 새로운 시장의 개척, 새로운 투자 등을 통해서 맛볼 수도 있고, 작계는 조그만 규모의 세일즈를 통해서 맛볼 수도 있다. 첫 세일즈의 성공 경험은 특별하며, 오랫동안 기억에 남는다. 마케터로서의 긴 여정은 첫 성공으로부터 시작된다. 그리고 첫 성공에 대한 기억은 언제 어디서든지 상담을 할 때마다 머릿속에서 꿈틀거린다.

자신을 확실히 팔아야 프로다

마케터로 활동하면서 반드시 해야 할 일은 자신을 파는 것이다. 자신을 판다는 것은 전문성, 당당함, 신뢰성을 파는 것이다. 인류 최고의 천재였던 레오나르도 다빈치L. da Vinci, 1452-1519는 자신을 파는 데에 있어서 귀감이 될 만한 인물이다. 과학자이자 예술가였던 그는 밀라노의 한 권세가에게 새로운 군사기술에 관한 아이디어를 소개하면서 "저는 그림도 잘 그립니다."라고 화가로서의 자신에 대해서도 당당히 강조하였다.

그는 자신의 정체와 능력을 알리기 위해서 자신이 예술가라는 사실 또한 부각시키는 것을 잊지 않았던 것이다. 그는 기술의 동향과 고객의 욕구를 꿰뚫고 있던 강한 비즈니스 마인드의 소유자였을 뿐만 아니라, 자신을 확실하게 팔 줄 아는 노련한 마케터였다. 자신을 당당히 팔고, 알리는 것은 먼 길을 향해서 큰 발자국을 디디는 것과 같다.

마케터는 제품이나 서비스를 팔기 전에, 자신을 먼저 팔아야 한다. 마케터가 자신이 취급하는 제품이나 서비스에 대해서 잘 알리려 하는 것은 당연한 의무이다. 그와 더불어 해당 거래나 프로젝트의 주체인 자신이 누구인가에 대해서도 이해시키는 것은 더욱 당연한 일이다. 아무리 멋진 제안을 해도, 그것을 추진하는 주체의 전문성과 신뢰도를 느끼게 하지 못하면 절반 이하의 성공도 기대할 수 없다. 지금은 어떤 제품과 서비스를 파는 것도 중요하지만, 누가 파는가도 중요시되는 시대이다. 자신을 파는 것은 마케터의 생명이자 본분이다. 이기는 마케터가 되려면, 첫 성공의 경험을 되살리고 자신을 확실히 팔아야 한다. 자신을 확실히 팔 수 있는 사람이 진정한 프로다.

미지의 경험과 스토리를 거래하라

스토리텔링을 통한 마케팅 기법은 여러 분야에서 다양하게 적용되고 있다. 헌데 여기서 중요한 것은 말초적인 즐거움이나 일시적인 만족이 아니라, 무한한 감동을 느끼게 만드는 것이다. 그것은 지난날의 추억을 불러일으키는 감상적인 스토리이든, 복수극의 통쾌함을 연상케 하는 해프닝에 관한 이야기이든 간에 아무런 상관이 없다.

스토리는 어디까지나 스토리일 뿐이다. 하지만 그 속에 짙은 감동과 진정성을 느끼게 하는 내용이 담겨 있다면, 누구라도 크게 공감할 수밖에 없을 것이다. 인간은 미지의 경험을 즐거워하며, 이용까지 하는 특수한 동물이기 때문이다.

깜짝쇼와 복수극이라도 좋다!

만화책의 비밀
미국 펜실베니아대 와튼스쿨 연수 후 수료식 때의 일이다. 총 43명의 각국에서 온 참가자들은 2개월여의 동고동락 후 멋진 정장 차림으로 수료식에 참가하여, 한 사람씩 차례로 수료증을 받게 되었다. 그런데 프로그램의 담당자는 수료증을 받은 후 자신의 자리로 되돌아오는 사람들에게 널찍하고 두꺼운 책을 한 권씩 나눠 주었다. 물론 필자도 다른 사람들과 마찬가지로 한 권을 받아 들었는데, 자리에 앉아서 펼쳐 보니 그것은 연수 기간 중의 에피소드와 참가자들의 행태를 그린 만화책이었다. 필자는 그 내용을 보면서 즐거움을 감추지 못했는데, 다른 사람들 역시 함박웃음을 지으며 서로 눈길을 교환하고 있었다.

그 만화책의 내용은 정말 생생하고 흥미 있었다. 가만히 기억을 돌이켜 보니, 그것은 누군가가 강의실 맨 뒤 자리에 앉아서 스케치 메모를 한 후 그린 것이었다. 지금도 기억나는 내용 중의 일부는 네덜란드 국적을 가진 루마니아 출신 참가자의 조국에 대한 냉소가 담긴 몸짓, 덴마크 출신 참가자의 동화 같은 얼굴, 인도 출신 참가자 3명이 단결을 과시하는 모습 등이다. 어쨌든 그 만화책은 유쾌하게 허를 찔렀다. 한마디로 그 책은 경험과 스토리가 있는 와튼스쿨 프로그램의 진가를 인정받고, 고가의 비용을 정당화할만한 가치가 충분함을 느끼게 해주었다. 결국 프로그램의 주최 측은 참가자들의 경험과 스토리를 깜짝쇼처럼 연출함으로써, 프로그램의 마케팅을 성공적으로 마친 것이다.

넥타이 도난 사건

몇 해 전 미국 출장 중 어느 대형 쇼핑몰 내에 있는 니만 마커스^{Neimann} Marcus라는 매장에서 어느 고객에게 줄 선물로서 고가의 넥타이 한 개를 샀다. 그런데 거금을 지불한 후 매장을 나와서 걷던 중, 쇼핑백이 허전하게 느껴지기에 살펴보니 그 속에 있던 넥타이가 온데 간데 사려져 버린 것이 아닌가? 부주의한 주인 탓에 그만 넥타이가 손을 탄 것이다. 막상 절도를 당하고 나니 매우 황당한 기분에 사로잡혔을 뿐 아니라, 평소에는 감히 사지 않던 비싼 넥타이의 멋진 컬러가 눈에 아른거렸다.

"아니, 어떻게 쇼핑몰에서 백주에 절도가 발생할 수 있을까? 그렇다면 누가 이 쇼핑몰에 다시 올 것인가?" 이런 생각에 필자는 화가 나서 도저히 참을 수가 없었다. 곰곰이 생각해 보니, 절도사건에 대해서는 보안관리회사에 우선직 책임이 있지만, 한편으로는 그들과 계약 관계에 있는 매장에도 간접적 책임이 있다는 생각이 들었다. 필자는 이내 매장으로 되돌아가 넥타이를 판매한 세일즈맨에게 "조금 전 귀 매장에서 산 고가의 넥타이를 도둑맞았으니, 해결책을 제시하시오!"라고 항의하듯 말했다.

예기치 않은 동양인 고객의 말에 당황한 그 세일즈맨은 필자를 위 아래로 훑어본 뒤, "미안하지만 아무것도 도와 줄 수 없소!"라고 어이없다는 듯이 대꾸하였다. 이에 필자는 물러서지 않고 그의 매니저를 찾아서 "매장에게도 절도 사고에 대한 책임이 있다"고 주장하였으나, 그 또한 어이없다는 표정을 지은 뒤 어디론가 사라졌다. 그런데 잠시 후 뜻밖의 일이 벌어졌다. 그 매니저는 다시 나타나서, "미스터 리, 넥타이 절도 사고에 대해서 유감스럽게 생각합니다. 도난당한 넥타이와 똑같은 넥타이를 그냥 다시 드리겠습니다."라고 정중히 말하는 것이 아닌가?

필자는 내심 놀라고 기뻤다. 그 이유는 첫째, 도난 사고에 대한 억지에 가까운 주장이 먹혀 들어간 점, 둘째, 완전히 공짜로 비싼 넥타이를 다시 얻은 점, 셋째, 매장 매니저의 진정성 있는 태도 때문이었다. 사실인즉,

그는 그의 보스와 도난 사건에 대한 이야기에 대해서 의논을 한 뒤 다시 나타난 것이었다. 그는 고객의 마음을 얻고 있었다. 결국 넥타이 도난 사고는 유쾌한 추억으로 변하여 필자에게는 중요한 고객으로 대우받은 경험과 도난 사고에 대한 복수극 같은 스토리를 제공한 격이 되어 버렸다. 고객이 겪는 경험과 스토리는 바로 이러한 것이다.

진정한 경험과 스토리를 제공하라

고객이 백화점에서 향수를 구입할 때, 멋지게 포장한 후 리본으로 묶어 주면 마치 훌륭한 선물을 받은 듯한 느낌을 갖는 것은 지극히 당연하다. 그것은 틀에 박힌 패러다임적 서비스가 아닌, 감성적이고 내러티브적narrative인 서비스가 훨씬 즐겁고 푸근하기 때문이다.

마케터는 어떠한 제품이나 서비스를 거래하더라도 멋진 경험과 스토리를 그와 함께 제공하고 그것을 오랫동안 잊지 않게 만들어야 한다. 더욱이 모든 비즈니스에서 비용과 효율에 민감한 요즈음에는 진정성이 담긴 경험과 스토리를 제공하는 것이 실질적 이득을 높여 준다.

마케터의 업業은 제품과 서비스를 파는 것이 아니라, 경험과 스토리를 거래하는 것이다. 이기는 마케터가 되려면, 이전과 다름없는 진부한 활동에 급급하기 보다는 생동감 있는 경험과 스토리를 제공하는데 더 신경을 써야 할 것이다. 마케터의 업은 새로운 경험과 세계를 열어 주는 것이다. 레오나르도 다 빈치는 이렇게 말했다.

"모든 경험은 하나의 아침, 그것을 통해 미지의 세계는 밝아 온다."

진실과 답은 현장에 있다

이스탄불의 한 호텔 룸에서 바라보던 보스포러스 Bosphorus 해海의 경관은 눈부실 정도로 아름다웠다. 하지만 귀국을 해야 할지, 말아야 할지 고심하고 있던 필자의 속은 썩어 들어가고 있었다. 그 이유는 약 2주간의 출장에도 불구하고, 터키의 C사로부터 눈앞에 걸려 있는 문제에 대하여 아무런 협조도 얻어 내지 못했기 때문이었다. 더욱 괴로운 것은 귀국 후 바로 다음 날 러시아 극동 지역으로의 출장이 예정되어 있었고, 그 준비 또한 밤샘을 요구할 상황이었기 때문이었다.

당시의 문제는 C사로부터 구매한 미화 320만 달러 상당의 철강 제품을 중국으로 실어내는 것을 3개월 정도 늦추는 것이었다. 그 이유는 중국 시장의 상황이 급격히 악화되어, 미리 구매한 C사 제품을 판매할 수가 없었기 때문이었다. 하지만 C사의 사장은 아무리 통사정을 해도 당초의 계약 조건을 지키라고 압박만 가할 뿐, 일체의 협조를 거부하고 있었다. 1993년 5월 말에 만난 그는 참으로 얄미운 터키상인이었다.

얄미운 터키 상인

사실인즉, 필자는 C사를 방문하기 전에 중국의 거래처들을 방문하면서 문제의 제품을 판매하려고 애를 쓰고 있었다. 그런데 중국의 시황이 급락하여 판매가 어려워지는 바람에, C사에게 시간을 좀 더 달라고 요청을 했던 것이다. 처음에 그들은 내 요청에 대해 발 빠른 투르크인답게, "걱정 말라, 그간의 관계를 생각해서라도 최대한 협조하겠다"고 즉시 회신을 주었다.

필자는 일단 안도의 숨을 쉬었다. 하지만 문제는 바로 그 안도의 순간에 있었다. 필자는 아주 달콤하고 협조적 언사가 섞인 그들의 속사포 같은 회신이 오히려 의심스러웠다. 그리하여 터키 내의 정보망을 통해서 은밀히 상황을 체크해본 결과, C사는 문제의 물건들을 재빨리 실어낸 후, 애초의 계약 조건에 따라 거래 은행에서 대금을 수취하려 하고 있었다. 한마디로 C사는 내게 속임수를 쓰고 있었던 것이다. 결국 필자는 이스탄불로 날아갈 수밖에 없었다.

그러나 C사 사장과의 거듭된 미팅은 무위로 끝나버리고 말았다. 원래 속임수를 쓰려다가 들킨 장사꾼은 오히려 능청을 떨거나 더 크게 떼를 쓴다. 그 다음에는 어떠한 방법을 제시해도 듣지 않는다. 시간이 촉박했던 필자는 아무런 대책도 세우지 못했고, 마지막 돌파구가 있다면 그것은 C사의 허점을 찾아내서 역공을 펴는 것이었다. 그러려면 C사에게 무언가 다른 일을 하게 만들면서, 기회를 노려야 했다.

필자는 고심 끝에 원래의 계약서를 수정하여, 물건을 절반씩 나누어 실어 줄 것을 요청하였다. 그것은 나중에라도 많은 물량을 한꺼번에 판매하는 것이 쉽지 않고, 구매자들로부터 좋은 조건을 얻기도 어려울 것이라는 판단에서였다. 마침내 C사 사장은 "우리 터키는 한국전쟁에 참전한 우방국이 아니었느냐"고 말하며 떼를 쓰는 필자의 요구를 큰 선심을 쓰듯 받아 주었다.

자중지란自中之亂이 웬 말인가?

그러한 와중에 C사는 바쁘게 돌아가고 있었다. 하지만 갑작스러운 운송과 하역 조건의 변경은 그들에게 혼란을 주기 시작했다. 그리고 물건은 변경된 계약에 명기된 조건과 기일에 따라 전량 선박에 실리지 못했다. 가장 큰 이유는 C사 공장 내의 비효율성과 멀리 떨어진 항구까지의 운송이 지연되었기 때문이었다. 천우신조라 할까? 드디어 C사가 그간 보이지 않던 허점을 보이기 시작했다. 그와 같은 상황의 작은 변화는 막연하지만 무언가 유리한 느낌을 주었다. 그리고 상황은 서서히 반전되기 시작했다.

사실 필자는 C사 사장에게 "선적을 늦춰 달라"고 부탁할 때부터 그에게 "제품이 아직 팔리지 않았다"는 말을 하지 않았다. 그리고 시간을 벌면서 문제를 해결하려고 했었다. 그러나 미세한 상황의 변화가 작전의 방향을 바꾸어 놓았다. 그리하여 필자는 C사 사장에게 "물건 선적 지연으로 인해 중국바이어로부터 취소 위기에 직면해 있으며, 어쩌면 당사는 그들에게 막대한 손해 배상 요구를 받을 수도 있습니다. 당연히 이러한 상황에 대한 책임은 귀사에 있으며, 이에 대한 해결책을 제시해 주지 않으면 우리 또한 가만히 있을 수 없습니다"라고 엄포를 놓았다. 물론 그것은 하나의 연막전술이었다.

필자는 공세를 이어갔다. 그리하여 선박회사와 C사의 거래은행에게는, "C사가 약속된 기일 이내에 계약을 제대로 이행하지 못했음에도 불구하고 관련된 서류를 제공하거나, 대금을 결제해 줄 경우에는 그에 대한 법적 책임을 물음과 동시에 막대한 손해배상을 청구할 것이다"라고 통보해 버렸다.

국제거래에서 원래 판매자는 물건을 선박에 실은 후, 선박회사로부터 선하증권B/L이라는 유가증권을 받아서, 자신판매자의 거래은행에 제출하고 대금을 받는다. 그리고 판매자의 은행은 이미 판매자에게 지급된 금액을 구매자의 은행으로부터 환급 받게 되어 있다. 그것은 참으로 아슬아슬한 상황이었다. 그러나 필자는 "비록 기일이 약간 늦어지기는 했지만, 그것도 엄연한 불이행입니다. 무엇보다도 중국의 구매자들이 엄중 항의를 하며 가만있지 않습니다."라고 말하며 공세를 늦추지 않았다.

C사 사장의 얼굴에는 당황한 빛이 역력했다. 드디어 C사, 선박회사, 은행 간에도 수군거리는 소리가 들려오기 시작했다. 그들은 서로 경쟁하듯 필자에게 연락을 해오면서, 약간의 문제가 있었을 뿐이라고 변명을 늘어놓았다. 하지만 원래 같이 뛰는 도둑들 중에는 무언가 땅에 떨어뜨리는 자가 섞여 있듯이, 그들 사이의 말은 서로 일치하지 않았다. 그들은 서로 자중지란自中之亂을 일으키고 있었던 것이다. C사 사장은 마침내 기氣

가 꺾여 버렸다.

배수의 진陣은 초강수로!

피가 마를 듯한 급박한 상황이었지만 물러설 곳이 없었던 필자로서는 배수의 진陣을 치고 최악의 상황에 대비한 대책을 강구하여야만 했다. 그 대책이란 C사와 선박회사가 공모共謀하여 불법적인 서류를 근거로 대금이 지불되어 버릴 경우를 대비해 미리 은행에 지불동결조치를 하는 것이었다. 물론 법률자문도 이미 끝마친 상태였다. 만약 그러한 조치가 이루어진다면 이미 선박에 실린 물건들은 허공에 떠버리게 되고, C사는 '닭 쫓던 개'와 같은 상황에 처하게 될 수밖에 없었다. 하지만 그것은 짧은 시한 이내에 관련 증거들을 확보하고, 관할 법원의 판결을 얻어야만 가능한 것이었다. 필자는 타협과 전투, 즉 양면작전을 펴기로 결심하고 C사 사장과의 대화를 재개하였다.

대화는 그리 순탄치 않았다. 그 이유는 양쪽 모두에게 문제의 덩치와 예상되는 손실의 폭이 컸기 때문이었다. 수차례의 밀당 끝에 C사의 사장은 드디어 마음을 움직이기 시작했다. 그는 상황의 심각성을 인식하고 즉시 현장으로 달려온 필자의 행동과 치밀한 대응에 매우 놀라워했으며, 특히 필자가 대금 지급 동결 조치를 취하겠다고 엄포를 놓자, 태도가 확연히 달라졌다. 그는 어느 편이든 너무 심한 상처를 입는 것은 피차간에 결코 득이 될 수 없다는 점에 대해서 공감하게 되었다. 결국 필자는 당초 의도했던 바대로 문제가 되는 제품들의 판매가 가능한 수준으로 계약 조건을 변경하는데 합의하였다.

한마디로 그것은 피 말리는 현장에서 펼쳐진 끈질긴 기氣 싸움과 정보전의 결과였다. 이제와 돌이켜 보면 참으로 거침없는 행보였다. 절박함 가운데서도 현장에서 전개한 활동들은 뜻하지 않은 해결의 실마리를 가져다주었으며, C사 및 구매처들과의 비즈니스를 단절 없이 지켜 나가는 데에도 기여를 했다. 무엇보다 제일 큰 의미가 있었던 것은 C사 사장과 그간 맺혔던 응어리를 풀고, 서로의 어려움을 이해하게 된 것이었다.

현장은 고객과 파트너가 만나는 곳이기도 하지만, 무엇보다도 모든 정보와 인프라가 모여 있는 곳이다. 그러므로 현장에 진실이 있고 답이 있다. 현장에 뛰어들어야만 사람의 마음을 움직이고 문제를 해결할 수 있다. 고객이나 파트너에게 내가 얼마나 이 비즈니스에 열정을 갖고 있는지를 보여주는 곳도 현장이요, 지금 벌어지고 있는 일이 얼마나 심각한지를 생생하게 전달하고 이해시키는 곳도 현장이다. 그리고 일은 그로부터 새롭게 이루어진다.

로맨티시스트가 되라

　미국 매사추세츠州의 콩코드Concord는 '자연론On Nature'으로 유명한 사상가 랄프 왈도 에머슨Ralph Waldo Emerson, 1803-1882의 발자취가 뚜렷이 남아 있는 곳이다. 그곳은 명작 '주홍 글씨Scarlet Letter'의 작가 나다니엘 호오돈Nathaniel Hawthorne, 1804-186과 호수 옆 작은 통나무집에서의 초자연적 생활을 그린 '월든Walden'의 작가 헨리 데이빗 쏘로Henry D. Threasou1817-1862의 발자취가 남아있는 곳이기도 하다.

　필자는 19세기 미국 낭만주의의 요람이었던 그곳의 정취와 그곳에서 활동하던 로맨티시스트romanticist들의 역정歷程을 살펴 볼 겸, 이곳을 두 차례 방문했던 적이 있다. 원래는 미국에서 일하던 시절, 이 지역 현인들의 발자취를 이해하고자 그곳을 방문할 기회를 모색했었지만, 당시에는 사정이 허락지 않았다. 그럼에도 불구하고 먼 시간을 넘어서 그곳을 방문하게 된 또 다른 이유는 마케터로서 평생을 일하고 살면서, 다양한 시장과 인간상을 접하는 가운데에서도 채워지지 않던 허전함을 메우려는 데에 있었다.

로맨스의 주인공이 되라

로맨스^{Romance}란 무엇인가? 그것은 원래 '로마적인 것'을 뜻하기도 하지만, 한편으로는 감정적, 정서적, 공상적 기질 또는 사랑과 연애를 가리키기도 한다. 필자가 생각하는 로맨스는 인간과 세상만사, 만물 모두가 지극히 좋다는 정서의 극단이다. 그러한 측면에서 에머슨과 같은 사상가나 예술가들을 로맨티시스트라고 부르고 싶다. 에머슨은 인간이라는 소우주가 자연이라는 대우주에 들어가는 순간, 인간과 자연은 하나가 된다고 말한다. 그것은 바로 인간과 자연이 로맨스 상태에 이르는 것이라고 말할 수 있다. 다분히 초월적인 이 생각은 그 대상이 신^神이든, 연인이든, 고객이든 마찬가지일 것이다.

마케터로서 고객의 마음을 얻으려면 그러한 로맨스의 주인공, 즉 로맨티시스트가 되어야 한다. 로맨티시스트가 된다는 것은 단순히 고객의 감성을 터치하는 정도가 아니라, 소울메이트^{Soulmate}가 되는 것을 의미한다. 이 의미는 곧 고객과 자신이 교통하여 하나가 되는 것을 말한다.

마케터는 고객으로 하여금 최고의 감동과 축복을 느끼게 해주어야 한다. 그것은 깨끗하고 자유로운 영혼과 고객에 대한 존중이 있을 때 가능하며, 인간적 매력도 그러한 경우에 드러나게 된다.

환상은 낭만을 부른다

일본 출장 때의 일이다. 식사 때가 되어 필자는 동경의 한 작은 식당에 초밥을 먹으러 갔다. 그런데 요리사가 건네준 초밥 한 점을 입에 넣은 필자는 황홀감을 느낄 정도로 그 맛에 취해버렸다. 필자는 그 맛의 호기심을 따라서 요리사의 초밥 만드는 작업을 눈 여겨 보았다.

유심히 보니, 그 요리사의 손은 칼을 붙잡은 채 요리조리 움직이고 있었고, 그의 칼은 어느 사이에 생선의 살코기, 껍데기 그리고 가시들 사이를 마치 어둠 속의 검객처럼 넘나 들었다. 그리고는 어느덧 초밥 몇 점이 또다시 접시 위에 올라와 있었다. 필자는 그 초밥의 맛에 그만 입을 떡 벌리고 말았다. 초밥들은 아주 깔끔한 맛과 형언키 어려운 만족감을 주었다. 그 때의 느낌은 정말 환상적이었다.

또 한 가지 생각나는 환상적 체험이 있다. 필자가 구소련 해체 후 얼마 뒤, 우크라이나Ukraine를 방문했을 때의 일이다. 우크라이나는 한때 유럽에서 가장 큰 나라였으나, 복잡한 역사와 체르노빌 원전사고, 불안한 정정政情으로 인해 세계인의 관심에서 떠나지 않는 나라이다.

이 나라의 수도 키에프Kiev에는 기가 막히게 정교한 물건들을 전시한 마이크로미니어쳐 박물관Museum of Microminiature이 있다. 그 곳에는 티끌만큼 미세한 크기의 금속으로 만든 예술품들이 전시되어 있었는데, 그것들은 모두 현미경을 통해서만 식별이 가능하였다.

놀랍게도 그곳의 전시물들 중에는 농노 출신의 유랑시인 타라스 세브첸코Taras Shevchenko, 1814~1861의 시가 적힌 세계에서 가장 작은 책, 머리칼의 40분의 1폭의 현絃을 가진 전통악기, 금 말굽을 디딘 작은 벼룩 모양의 조형물 등 인간이 동원할 수 있는 최고의 기술로도 상상하기 어려울

| 바늘구멍 속의 피라미드

정도로 미세하고 정교한 물건들이 포함되어 있었다. 필자에게는 그것들이 마치 과학과 기술 그리고 상상력이 완벽히 결합된 인간 능력의 한계를 초월한 것들로 여겨졌으며, 그 때의 느낌 역시 환상적이었다.

　필자는 고객이 원하는 감동은 바로 이처럼 환상적 차원의 것이어야 한다고 생각한다. 환상幻想은 현실에 존재하지 않는 것들이 마치 존재하는 것처럼 느끼는 상념, 또는 종잡을 수 없이 일어나는 생각을 의미한다. 환상은 말로 표현할 수 없는 기이한 느낌을 불러일으키며, 대체로 최고로 행복한 경지에서 합리적 근거 없이 자연스레 발생한다.

　환상의 경지에 이르게 되면 아무 것도 따질 것 없이 감동을 받거나, 아무 이유 없이 좋아하게 된다. 환상은 낭만을 부른다. 마케터로서 고객에게 이러한 낭만을 불러일으킬 수만 있다면, 그것은 고객에게 영원한 감동으로 남을 것이다.

고객의 감동을 보증하라

"고객의 감동을 보증한다"는 것은 정말 어려운 일이며, 이것은 현실적으로 지금껏 존재하지도 않았다. 필자가 미국의 백화점에서 의류 제품을 구매할 때에도 통상적인 품질보증Quality Guarantee을 넘어선 만족보증Satisfaction Guarantee 조건이라는 것이 있기는 했지만, 감동보증은 아직껏 보지를 못했다. 그렇다면 고객의 감동을 보증할 수 있는 방법은 정말로 없는 걸까?

필자는 있다고 생각한다. 그 방법은 바로 고객으로 하여금 황홀경에 빠질 정도의 체험을 시켜주는 것이다. 혼이 빠지도록 잘 만들고, 넋이 나갈 정도로 서비스를 하고, 가슴이 뭉클할 정도로 진정성을 보여주는 것이다. 예컨대 실바노 라딴지Silvanno Lattanzi라는 브랜드는 독특한 색감을 창조하기 위해서 수제 구두를 6개월 간 땅에 묻는다고 하는데, 그것은 고객의 감동을 보증하려는 아주 특별한 행동이다.

고객의 감동을 보증하는 다른 방법 중의 하나는 고객의 고객에게까지 관심을 주는 것이다. 마케터로서 고객에게 관심을 주고 진실한 서비스를 선사하는 것은 당연한 일이다. 하지만 한 차원 넘어 고객의 고객에게까지 진실한 관심을 심어준다면, 고객에게 있어서 그 감동의 여운은 쉽게 잊히지 않을 것이다. 그것은 마치 사랑하는 딸에게 줄 선물을 사는 엄마에게, 그녀의 딸이 진정으로 원하는 것이 무엇인지를 알고서 선물을 사게 하는 것과 같다. 만약 딸이 엄마의 선물을 받아 들고서 무한한 기쁨을 느낀다면, 엄마는 내 자식까지 기쁘게 만들어 주었다고 감동을 받을 것이다. 그러한 이치는 기업 간의 거래에서도 마찬가지이다. 만약 어떤 거래에서 고객사의 고객사까지 기쁨을 느낄 수 있게 만든다면 해당 고객사는 기뻐하며 더욱 거래를 원하게 될 것이다.

고객들은 늘 최고의 관심, 최고의 서비스뿐만 아니라 최고의 감동을 원한다. 그러나 고객들이 느끼는 감동의 순간은 극히 제한적이며 매우 짧다. 그러므로 마케터는 짧은 순간 이내에라도 어떻게 해서든지 고객에게 선명한 감동을 주어야 한다. 일례로 온라인 쇼핑몰에 들어오는 고객들은 자신이 상상하던 제품을 찾지 못하거나 혹여 발견한다 해도 그에 따른 부가서비스가 엉망이라면 다시는 그 사이트를 방문하지 않을 것이며, 단 한 번의 클릭으로 사이트를 떠나 버릴 것이다.

감동은 항상 짧은 순간에 일어난다. 훌륭한 마케터가 되려면 반드시 기억하라! 고객이라면 누구나 중세의 호젓한 궁전 안에서 멋진 그림 한 점을 보고 얻는 감동 이상의 벅찬 감동을 원한다는 사실을…

을乙의 삶을 축복으로 여겨라

미국 현지법인에서 근무 중이던 어느 날, 여러 거래선들 중의 하나인 G사의 구매담당 수석부사장 M씨로부터 은밀히 만나자는 연락이 왔다. 막강하던 거래선의 호출을 받은 필자는 M씨의 말을 듣고서 크게 놀라지 않을 수 없었다. 그는 극심한 불황의 여파로 비즈니스가 크게 어려워지자 책임을 지고 회사를 그만 두게 되었는데, 가능하면 함께 일할 수 있게 해줄 수 있느냐고 말하는 것이었다. 업계에서 수십 년간 활동한 기세등등한 백전노장이자, 하늘같은 갑甲이었던 그로부터 뜻밖의 이야기를 듣고서, 필자는 마치 둔기로 머리를 맞은 듯한 느낌에 사로 잡혔다.

비즈니스의 세계는 돌고 돈다

그의 이야기는 대강 이러했다. 필자가 그의 파트너들 중에서 언제나 가장 깊이 고개를 숙였고, 가장 먼저 자신의 요구사항을 들어 주었기에 평소에 특별히 생각했었으며, 언젠가 기회가 생기면 같이 한번 일해 보고 싶었다는 것이었다. 그는 필자가 당시 일하던 분야에서 가장 뛰어난 세일즈맨 몇 사람 가운데 하나라고까지 말하면서, 평소에 영원한 을Z처럼 행동하던 필자에게 존재감을 깨우쳐 주고 싶었다고 덧붙였다.

유감스럽게도 M씨의 제안은 제반 여건 상 받아들여지지 않았지만, 필자는 그의 용기에 대해 감탄하지 않을 수 없었다. 그리고 미안함과 착잡함이 엇갈리는 가운데 "세상은 참으로 돌고 도는구나!"라는 생각에 사로잡혔다.

어찌 보면 당시의 상황은 그럴 만도 했다. 필자가 일하던 철강, 석유화학 업계의 상황은 1990년대 말, IMF 사태와 2008년의 금융위기를 능가할 정도였으니 말이다. 신문과 방송은 연일 잘 나가던 기업들의 파산 신청과 대량 감원에 관한 뉴스들로 채워졌고, 도처에서 많은 계약들이 취소되었다.

신용을 최고의 덕목으로 삼는 미국 시장에서 상도의는 거의 사라져 버렸고, 필자도 큰 규모의 계약들을 취소당하여 고통을 겪고 있었다. 하지만 아무리 세상이 어수선해졌어도, 그토록 위엄 있던 M씨로부터 그러한 말을 듣게 되리라고는 상상도 못했었다.

을Z의 삶, 이렇게 산다

낮아지고 먼저 주라

마케터는 을로서 사는 운명을 감수해야 한다. 그것은 낮아지고 먼저 주는 데에서부터 출발한다. 특히 판매나 구매를 담당하는 사람들에게 이런 행동은 당연지사이다. 낮아지고 먼저 주는 것의 기본은 언제나 가장 깊이 머리를 숙이고, 가장 먼저 달려가는 것이다. 또한 문전 박대나 장시간의 기다림에도 익숙해지는 것이다.

먼저 주는 행위의 좋은 예는 상대방이 궁금해 하는 정보를 만날 때마다 한 가지씩 제공하는 것이다. 고객은 그것을 아주 좋아하는데, 그 이유는 그 속에서 자신의 의사 결정에 대한 근거와 정당성을 찾을 수 있기 때문이다.

낮아지고 먼저 주는 것처럼 득得이 되는 것도 없다. 중국의 고전 한비자韓非子를 보면 "물이 말라버린 연못 속의 뱀 이야기"가 있다. 물이 말라버려 위기에 처한 큰 뱀이 작은 뱀을 등에 업고 나가니 주변에서 작은 뱀을 신성한 뱀으로 착각하고 두려워하여 모두 잡히지 않았다는 우화이다. 그 이야기를 뒤집어 해석하면, 큰 뱀일지라도 작은 뱀을 등에 업을 정도로 낮아지면 눈앞에 닥친 난관을 극복하고, 모두에게 득이 돌아온다는 의미를 담고 있다.

단수 높게 매달려라

누구나 갑甲으로 행세하는 것이 편할 것으로 생각한다. 그러나 필자의 경험에 비추어볼 때, 갑으로서의 당당함이 을로서의 편안함을 앞서지는 못했던 것 같다. 예컨대 을로서 어떤 거래를 성사시키기 위해서 갑에게 장시간 매달리면 지치기도 하지만, 시간이 지나면 괴로움을 다 잊을 수가 있고 마음도 편해진다. 그 이유는 거래가 성사되던 안 되던 간에 나는 을로서 최선을 다했고, 어차피 선택은 갑의 몫이라고 생각하면 간단하기 때문이다. 어찌 보면 매달린다는 것은 갑으로 하여금 마음의 빚을 느끼게 만드는 고단수 전략이 될 수도 있다. 그것은 비굴함과는 거리가 멀다.

세밀히 배려하라

을은 상대방의 입장을 세밀히 배려해야 한다. 특히 상대방이 평소에 잘 도와주지 않는 개떡 같은 성질의 소유자일지라도 꼭 그렇게 해야 하고, 혹시 입장이 바뀌더라도 태도가 달라져서는 안 된다.

을은 중요한 거래선과는 항상 긴밀한 관계를 유지하면서도 한편으로는 그의 일거수일투족에 대해서 촉각을 세우고 있어야 한다. 만약 그가 무엇인가를 요청한다면, 즉각적으로 전화나 메일을 주고 세밀하게 이해를 시켜주어야 한다. 더욱이 요즘과 같은 SNS 시대에서의 무성한 칭찬과 불만의 파급성을 고려한다면 동작의 속도가 빨라야 한다.

을이 특히 세밀하게 신경을 써야 할 부분이 있는데, 그것은 바로 파트너를 방문하거나 그가 내방했을 때 최선의 대우를 하는 것이다. 예컨대 해외에서 중요한 고객이 방문을 하면 우선 그를 멋진 식당으로 안내해 접대한 뒤, 주요 일정과 시장에 대해서 브리핑을 하고, 그가 체류를 마칠 때까지 최선을 다해서 모셔야 한다. 만약 그가 평생토록 기억할 정도의 유쾌한 에피소드를 안고 떠난다면 그와의 끈끈한 인연은 오랫동안 이어질 것이며, 원하든 말든 그 대가는 언젠가 반드시 돌아온다. 그리고 그것은 회사를 위해서도 유익한 일이다.

언제라도 필요한 존재가 되라

을은 언제라도 상대방이 필요로 하는 존재가 되어야 한다. 그것은 상대로 하여금 항상 나를 자신의 중요한 인맥 중의 하나로 인식하게 만드는 것이다. 만약 "당신을 믿고 이 일을 추진하겠습니다" 라거나 "당신만이 이 일을 해줄 수 있습니다"라는 말이 나온다면, 당신은 이미 그에게 필요한 존재가 되었다고 볼 수 있다.

을로서 필요한 존재가 되는 방법 중의 하나는 일과 무관한 상대방의 개인적인 고충에도 귀를 기울이는 것이다. 유의할 점은 은연중 비즈니스 상의 이득을 노리는 것처럼 비쳐지거나, 정도가 지나치지 않게 하는 것이다. 특히 해외 유수의 기업에서는 그러한 행위를 비즈니스에 대한 '간접적 영향indirect influence'으로 간주하여 금하고 있다는 점에 유의해야 한다. 누구든지 필요할수록 가까워지고, 가까워질수록 더욱 필요로 하는 존재가 되는 것은 분명하므로 도울 수 있으면 기꺼이 도와야 한다.

을^Z의 삶은 축복이다, 왜?

사업하는 사람치고 소위 갑질 한번 안 해 보고 싶은 사람은 없을 것이다. 그러나 비즈니스 세계에서는 언제나 갑으로만 살아갈 수 없다. 인도에서는 아직도 파는 사람이 갑이라고 한다. 하지만 파는 사람이건 사는 사람이건 을의 삶이 길게 보면 더 이롭다. 을의 삶을 당연지사로 여기면 거래선이나 파트너에게 수모를 당하는 것도 좋은 약이 된다. 달리 보면 을의 삶은 축복이며 그 이유는 분명하다. 아래에 이유 3가지를 정리해 보았다.

1. 을의 입장에서 갑의 요구를 충족시키려면 모든 일을 완벽하게 해야 하므로 만사에 모르는 일이 없을 정도가 되고, 일에 접근하는 시야가 넓

어진다. 또한 일을 바르게, 제대로, 재빨리 한다는 소문과 함께 주변에서 많은 사람들이 의존하고 능력을 인정하게 된다.

2. 을의 입장에서 지속적으로 일을 하다가 보면, 어렵거나 불리한 상황에서도 오직 참아야하기 때문에 웬만한 어려움에도 흔들리지 않을 정도로 근성이 강해진다. 조직 생활에서도 모든 것을 참고 일을 하다 보면, 내공이 깊어지고 누구라도 가볍게 여기지 못한다. 홍어도 본래의 모습이 사라질 정도로 깊이 삭은 것이 상품_{上品}으로 인정받듯 말이다.

3. 세상은 돌고 돌며 영원한 갑은 존재하지 않는다. 평소에 가볍게 여기던 작은 기업의 담당자가 어느 날 거래처의 중요한 자리에 영입되거나, 조직에서 미미한 존재였던 사람이 어느 날 실세로 부상하는 것은 다반사이다. 무엇보다 인간은 모두 똑 같은 신神의 피조물로서, 어느 누구도 다른 사람을 영원토록 지배하거나 누를 수 없다.

이기는 프로, 이기는 마케터가 되려면 을의 삶을 축복으로 여겨야 한다. 미국의 철학자 윌리엄 제임스William James, 1842-1910는 이렇게 말하지 않았던가? "우리 시대의 가장 위대한 발견은 한 인간이 태도를 바꿈으로써 인생을 바꿀 수 있다는 사실이다."

그의 말처럼 갑에 대한 환상을 떨쳐 버리면 모든 일의 양상이 크게 달라질 수 있다. 을의 삶을 축복으로 여기면, 마음에 안 드는 고객도 절대로 놓칠 수 없는 파트너가 된다. 또한 세계시장 곳곳을 누비는 비즈니스 전사의 길에서도 천재일우의 기회를 잡을 수 있다. 그러므로 때로는 인생무상이 느껴질 정도로 힘없고 고달픈 상황에 처하더라도, 그것은 누구나 겪는 일이라고 생각하고 감내해야 한다. 진정한 프로, 이기는 마케터가 되려면 을의 존재감을 분명히 하고, 그 삶을 축복으로 여겨야 한다.

신뢰는 죽은 거래도 살린다

그 누구든 경영자나 직업인으로서 한번쯤은 꼭 겪는 일이 있다. 그것은 가까운 거래선이 관계를 단절하거나, 동업자나 부하가 배신하는 것이다. 물론 그것들은 결과적으로 스스로의 책임이라고 말할 수밖에 없지만, 가슴이 쓰라린 것만은 피할 수 없는 사실이다. 필자에게도 그러한 쓰라린 경험이 있었다. 필자는 직업인으로서 오랜 기간 일해 오면서, 최소한 거래선이나 파트너들에게 신뢰를 저버리는 행동은 하지 않으려고 무척이나 노력했었다. 특히 문화나 비즈니스 관행이 전혀 다른 글로벌 무대에서는 신뢰가 곧 '성패의 열쇠'이자 생명임을 굳게 믿고 사업에 임하였다. 직업인은 언제 어디서나 신뢰로써 먹고 살아야 한다.

오직 신뢰 그리고 또 신뢰이다

1990년대 중반은 치솟던 중국 시장의 거품이 꺼지는 시기였다. 드디어 중국 내 거의 모든 거래선들로부터 계약 취소의 압박이 시작되었다.

동구권에서 최초로 소싱한 제품들을 공급하는 계약들이었는데, 매 건당 수백만 달러 규모의 계약들이 취소 위기에 몰리니 마치 악몽을 꾸는 것 같았다. 그러한 상황에서 결국은 대폭적 조건 변경으로 계약들을 유지할 수밖에 없었고, 피 말리는 타협들이 이어졌다. 사실 무역전쟁에서 그러한 일들은 간혹 발생하지만, 막상 일이 벌어지면 엄청난 스트레스를 감당하기 어렵다. 물론 법률적 근거를 토대로 소송을 벌일 수도 있지만, 그것처럼 실익이 없는 일도 없다.

그런데 이런 와중에도 홍콩 소재 Z사의 K사장은 의아할 만큼 유일하게 침묵을 지키고 있었다. 그가 고도의 술수를 쓰는 것이 아닌가 의심할 정도였으니 말이다. 필자는 그의 의중을 정확히 확인할 겸, 돌아가는 상황을 솔직히 알려주고서는 다른 거래선들과 똑같은 조건을 적용하겠다는 의사를 전달하였다. 초조하게 K사장의 회신을 기다렸는데 그의 반응은 나를 놀라게 하였다. 그는 자신을 기만하지 않았다는 사실을 뜻밖의 일로 받아들이며 크게 감격하였고, 오히려 "당초의 계약 조건을 그대로 지키겠다"고까지 말하면서 최소한의 양보를 수용했던 것이다.

뿐만 아니라 그는 나중에 상황이 호전되자 더 큰 비즈니스 기회를 조성하였고, 그와의 유대 관계는 오랫동안 지속되었다. 그는 자신이 삼국지에 나오는 관우關羽를 신으로 모시는 산서상인山西商人의 후예라고 말한 적이 있었다. 중국인들에게 관우는 신뢰와 충절의 화신이다. 결국 그와의 신뢰가 죽은 거래를 살린 것이다. 마케터의 생명은 오직 신뢰 그리고 또 신뢰이다.

평판이 최선의 소개장이다

'앤디 리$^{Andy Lee}$' 그는 미국 휴스턴에서 철강 수입상으로 큰 성공을 거둔 분이다. 필자에게는 의형제 같은 선배이기도 하다. 그는 한 유럽계 회사에서 세일즈맨으로 일하다가, 그의 신뢰성을 눈여겨본 어느 업계 인사에 의해 자신도 모르게 터키의 가장 큰 철강회사인 B사의 미국 지사장으로 추천되었다.

'성실, 신뢰'가 트레이드마크였던 그가 가장 먼저 떠올릴 사람으로 누군가에게 기억되고 있었다는 사실은 새삼 놀랄 일이 아니었으며, "평판이 최선의 소개장이다"라는 격언을 실감케 하는 일이었다. 그는 극도의 불황으로 인해서 앞서 일하던 유럽계 회사가 문을 닫게 되었을 때, 총 24명의 세일즈맨 중에서 가장 마지막으로 회사를 떠난 사람이었으니, 그의 신뢰성은 능히 짐작이 가고도 남는다.

이후 그는 시장 여건의 변화로 B사의 미국 지사가 철수하게 되는 바람에 홀로서기를 시도하였다. 하지만 자금력이 모자랐던 그는 곧 한계에 봉착하게 되었고, 지인의 권유로 B사의 Y회장을 찾아가 도움을 청하기에 이르렀다. 면담에서 Y회장은 "무엇을 어떻게 도와주면 되겠느냐?"라고 물었고, 그는 "약 3백만 달러 상당의 물량을 외상으로 공급해 달라"고 요청하였다. 그런데 그가 말한 금액은 해프닝의 결과였다.

그는 애초 30만 달러를 요청할 생각이었으나, 그만 말실수로 300만 달러를 요청했던 것이다. 그는 무심코 저지른 말실수로 '사기꾼' 소리를 들을까봐 당황하고 있었는데, Y회장은 가만히 눈을 감은 채 듣고 있다가 잠시 후 "알았다!"고 짧게 대답하였다. 그는 자신의 귀를 의심하였으나, 그의 후일담에 의하면 그것은 분명한 현실이었다. 결국 그는 전혀 뜻밖에 300만 달러 상당의 물량을 외상으로 얻은 후, 그간의 경험을 유감없이 발휘하여 철강 수입상으로서 크게 성공하였던 것이다. 그는 그가 받은 은총에 대한 보답으로 자신이 출석하는 교회에 상당액을 기부함으로써, 그의 신뢰성을 더욱 분명히 하였다.

혹자는 이런 경험을 운으로 치부해 버릴 수도 있겠지만, 필자는 '앤디 리'의 신뢰와 평판이 300만 달러 이상의 가치를 지녔기에 가능했으리라 믿는다.

신뢰는 장기적 성공의 열쇠이다

신뢰는 성공을 부른다. 존슨앤존슨 회장을 지낸 짐 버크^{Jim Burke}는 "신뢰는 장기적 성공의 열쇠이다"라고 말했다. 위의 사례에서처럼, 신뢰는 성패를 좌우하며 종국에는 수많은 사람들에게 기억된다.

신뢰는 제품이나 서비스를 판매함에 있어서, 단 한 가지라도 부정확하거나 거짓된 정보를 주지 않는 것, 고객의 어떠한 요청에도 즉각적으로 상세히 대응하는 것, 지속적인 관심을 보이는 것 등과 같은 지극히 당연한 일에서부터 출발한다. 신뢰는 작은 일부터 차곡차곡 쌓여 가는 것이며, 그 가치는 황금보다 귀중하다.

진정한 프로는 신뢰를 생명처럼 여기며, 신神이 내리는 명령처럼 생각한다. 예로부터 언약을 맺을 때 동물의 등뼈를 가른 후 양쪽에서 마주보면서 걷는 의식을 한 이유도 신뢰는 목숨을 담보로 할 정도로 중요하다는 것을 서로 확인하려는데 있었다. 위대한 기업가나 거상들은 모두 그처럼 신뢰를 생명처럼 여긴 사람들이다. 암흑가의 마피아조차도 스팩 대신 신뢰를 검증하고 조직원을 뽑는다. 오늘날 배반이 난무하는 비즈니스 세계에서도 신뢰가 갖는 의미는 참으로 크다. 신뢰는 죽은 거래도 살린다. 오직 몸에 밴 신뢰만이 고객으로 하여금 나를 가장 먼저 떠올리게 할 것이며, 예기치 않은 성공을 가져다 줄 것이다. 진정한 프로라면 신뢰를 생명처럼 여겨야 한다.

고객의 성공이 나의 성공이다

미국 현지법인휴스턴 소재 근무 시절, 필자는 칠레 남부의 공업도시 콘셉시온Concepcion에 있는 C사와 거래를 한 적이 있었다. 2010년 칠레 대지진이 발생한 바로 그곳이다. 새로운 공급선을 개발하려고 중남미 전역을 뒤지다시피 한 후 발견한 그 회사의 사장은 카를로스 가이머Carlos Gaymer라는 사람이었는데, 미국시장 진출을 원하던 그는 필자와 매우 가까워졌다.

하지만 당시 중남미의 여러 회사들 중에서 처음으로 비즈니스 관계를 맺게 된 그 회사의 제품은 미국 석유협회의 까다로운 인증을 획득할 정도로 우수했음에도 불구하고, 거래조건이 서로 맞지 않았다. 필자는 어떻게 해서든지 타협을 하여 첫 거래를 성사시키려고 했으나, 상황은 여의치 않았다.

단순한 조건 이상의 것을 찾아라

그렇게 고민하고 있던 어느 날, 문득 미국 걸프시장 최고 유통상의 한 사람인 N사 A사장의 말이 떠올랐다.

"만약 당신의 고객이 돈을 벌지 못하면, 그는 절대로 당신을 찾아오지 않을 것이다."

필자는 N사와의 거래를 위해서 A사장과 몇 번의 독대를 가졌지만 그때마다 번번이 거래 조건이 맞지 않아 문전 박대를 당하곤 했다. 그는 숟가락 한 개만 들고 이민을 와서 성공한 폴란드계 유대상인 특유의 지독함을 드러내면서 내게 그와 같은 말을 했던 것이다. 당시 그의 말투는 한마디로 까칠하기 그지없었지만 곰곰이 생각해보니 이치에 전혀 어긋남이 없었다.

어떻게 해야 고객이 돈을 벌게 해줄 수 있을까? 통상적으로 비즈니스 거래에서는 원가에 제 비용을 합쳐서 조건을 결정하므로 양보의 여유가 거의 없는데 도대체 무엇을 어떻게 한다는 말인가? 하지만 그것은 단순한 거래 조건 만의 문제가 아니었다.

필자는 어떻게 해서든지 C사가 이익을 낼 수 있는 방법을 찾아야 했다. 당시 칠레는 정변 이후의 경제난으로 금융과 부동산 시장이 미성숙 단계에 있었는데, 필자는 그 점에 착안했다. 한국의 수출대금을 담보로 사용하는 무역 금융제도, 수출용 원자재에 대한 관세 환급, 여유 자금의 부동산 투자, 그리고 해외 거점의 금융 기능 활용 방법 등 여러 가지 조언을 하면서 관련 자료의 제공을 아끼지 않았다. 더불어 침체 중인 미국 시장에 대한 전망과 다른 나라 기업들의 동향을 정기적으로 알려 주었다. 물론 그러한 내용들 중 어느 것은 그들에게 즉각적인 도움을 주었고, 어느 것은 중장기적으로 도움이 되는 것이었지만 C사의 경영진은 상세하고도 진지한 조언과 협조에 고마워하면서, 어떻게 해서든지 필자를 도우려 하였다.

과거의 경험으로부터 처방을 하라

이러한 과정을 거치면서 그들과의 거래는 어느 사이 연간 800만 달러 규모까지 성사되었고, 몇 차례의 교환 방문과 더불어 유대 관계는 더욱 진전되었다. 당시 그들에게 조언한 일련의 내용들은 이후 농남아의 거래선 및 중동구^{中東歐}지역(중부 및 동부 유럽) 제철소의 경영진 등에게도 전달되었는데, 그로부터 이득을 본 파트너들로부터는 원하던 원하지 않던 자연스러운 반대급부가 뒤따랐다.

이것은 그들과의 견고한 파트너십을 확인할 수 있는 일이자, "고객의 성공이 곧 나의 성공이다"라는 사실을 절감케 하는 일이었다. 이는 과거의 경험으로부터 축적되어온 처방處方이 효력을 발휘한 것이기도 했다.

마케터에게 있어서 고객은 항상 어려운 대상이다. 그들은 어쩌다가 한 번 거래를 했거나, 우연히 정보를 주고받기 위해서 만남을 허락한 것인지도 모른다. 아니면 '언젠가는 필요할 수도 있겠지'라는 마음으로 관계를 맺으려 했을 수도 있겠다. 어쨌든 간에 오직 목표달성에만 급급해서 갖은 수단과 방법으로 고객을 공략하려는 것은 정말 어리석은 짓이다. 영화 '스타워즈'의 감독 조지 루카스^{George Lucas, 1944-}는 이렇게 말했다.

"남의 성공을 도우면 나의 성공은 저절로 따라온다."

마케터의 성공은 고객의 성공을 돕는 데에서부터 출발한다. 그 방법이 자신의 경험이나 탁견卓見에 의한 것이든, 까칠한 거상의 조언에서 얻은 것이든 상관없다. 고객의 성공 없이는 자신의 성공도 없다.

속전속결, 폭탄대신 총알로 돌파한다

"수세인트마리Sault Ste. Marie 항에서 수만 톤의 철강 제품을 실어야 할 선박의 이름과 입항 스케줄이 알려지지 않고 있다. 날씨가 추워지면 호수의 입구가 닫혀서 선박이 항구에 입항을 못하게 되고, 그럴 경우 실어내지 못한 물건은 겨울이 끝날 때까지 눈비에 썩게 되며, 수백만 달러의 판매 대금이 허공에 떠버린다. 하지만 물건을 겨울에도 작업이 가능한 호수 밖의 항구로 옮겨놓으면, 언제든 실어 낼 수 있으니 많은 비용은 들더라도 대형 참사는 막을 수 있을 텐데…"

이것은 이란의 외환 사정이 아주 좋았던 시절, 캐나다산 철강 제품을 이란에 판매한 계약을 이행하는 과정에서 극도의 난관에 처했던 필자의 긴 독백이었다.

최선이 아니면 차선, 차차선이다

겨울의 초입에 있는 오대호의 바람이 차가워지고 있는 가운데, 필자는 어떻게 해서든지 해결의 돌파구를 찾아야만 했다.

당시 문제의 해결 방법은 첫째, 어떻게 해서든지 더 늦기 전에 선박을 입항시켜서 물건을 싣고 나오는 것, 둘째, 다른 항구로 물건을 이동시킨 후 선박이 수배되는 대로 싣고 나오는 것이었다. 그런데 구매자로서 선박 수배의 의무가 있는 이란의 국영 기업 S사는 자신들의 잘못을 인정하기는커녕, 약속된 기일 이내에 계약이 이행되지 않는다고 오히려 공격을 해오고 있었다. 게다가 관할 미주법인은 사전에 정해진 책임 분담 원칙을 무시한 채, 물건의 이송 문제를 본사에 떠넘기려고 하면서 애를 먹이고 있었다. 아무튼 시간이 흘러가도 모든 당사자들이 책임과 의무를 저버리고 있는 가운데, 문제는 더욱 커져 가고 있었다.

설상가상으로 구매자인 이란의 국영 기업 S사는 일방적으로 계약의 불이행을 선언해버렸다. 그것은 야수적 비즈니스 세계에서의 포식자적 만용과 문제 앞에서 책임 회피에만 급급한 대조직 내의 병리적 현상이 어우러진 결과였다.

필자는 할 말을 잃었다. 그러한 상황에서, 만약 갈 곳을 잃은 물건들을 겨울이 지나도록 제 자리에 남겨 둔다면 그 가치는 크게 떨어질 것이고, 언젠가 다른 곳에 전매轉賣를 하더라도, 약 100만 달러가량의 총 손실을 감수해야 할 것은 불 보듯 뻔한 일이었다. 결국 필자는 총대를 메기로 결심했다. 물건을 짧은 시간 이내에 실어낼 수 있는 다른 항구로 옮겨 놓기로 결심한 것이다.

물론 그것은 예상외의 비용에 대한 부담을 떠안더라도, 엄청난 손실의 가능성을 막기 위한 본사 데스크 책임자로서의 결단에 의한 것이었으며,

완벽한 해결책이 없는 상태에서 취할 수밖에 없는 최선의 방책이었다.

결국 그 물건은 이란 측에 말도 안 되는 위약금을 물고서 실어냈지만, 총 손실의 폭만큼은 예상보다 줄일 수 있었다. 그것은 일보^{一步} 재 전진을 위한 불가피한 선택이자, 작전상 후퇴이기도 했다.

비즈니스 세계에서는 정말 말도 안 되는 일들이 수두룩하게 일어난다. 그리고 이것은 대부분 파트너 측의 무책임이나 조직 내의 병폐로 인해서 발생한다. 당시의 경험은 그 이후 어떤 위기에 부딪치더라도 똑같은 우^愚를 범하지 않게 만들었고, 중국에서 유사한 문제에 봉착했을 때에는 전광석화^{電光石火}처럼 빠르게 당사자들과 타협하면서, 큰 손실을 막을 수 있었다. 위기는 시도 때도 없이 오고 간다. 하지만 아무리 복잡하게 꼬여 있는 상황에서라도 최선의 대안을 갖고 대응하면 손실을 줄일 수 있다.

만에 하나 정녕 안 된다면 차선, 차차선의 길이라도 택해야 한다. 위기 시에는 폭탄대신 총알을 쓰더라도, 머뭇거림 없이 속전속결해야 한다.

빠른 자가 이기는 시대이다

마케터의 발길 속에는 항상 위기가 숨어 있다. 그러한 위기는 외부적 여건의 변화와 내부적 모순으로 인해 더욱 심각해질 수 있다. 그러므로 위기가 발생하면 어떻게 해서든지 특단의 해결책을 찾아서 재빠르게 행동으로 옮겨야 한다. 물론 혼자서 무조건 총대를 메게 되면, 나중에 더 큰 함정에 빠질 수가 있기 때문에 가능하면 최선과 차선의 해결책을 도출한 후, 조직으로부터 허락을 받아서 실행하는 것이 좋다. 위기 시에는 특히 사람들을 잘 끌어 들일 수 있어야 한다.

위기 상황에서는 전략의 변경, 자원과 비용의 계속적인 투입 여부에 대해서 더 많은 신경을 써야 한다. 시간이 흐를수록 손실은 커지고, 반전은 어려워진다. 그러므로 위기 시에는 속전속결만이 답이다. 미래학자 앨빈 토플러Alvin Toffler, 1928- 는 이렇게 말했다.

"지구촌은 강자와 약자 대신, 빠른 자와 느린 자로 구분될 것이다. 빠른 자는 승리하고 느린 자는 패배한다."

현대는 바야흐로 초경쟁 글로벌 시대, 속도전의 시대이다. 복잡한 비즈니스 전쟁에서 위기 상황을 극복하려면 속전속결에 능해야 한다. 속전속결에는 결단과 전문성 그리고 관련자들의 협력을 총동원해야 한다. 속전속결은 재 전진을 위한 불가피한 선택의 길이기도 하다.

신神의 손길은 곁에 있다

마케터로서 분주하게 일하던 시절, 필자에게는 평생토록 기억에서 떠나지 않을 일들이 몇 가지 있었다. 그러한 일들은 대부분 복잡한 형태의 거래나 특수한 상황 속에서 발생한 것들이지만, 정말 도저히 상상할 수 없는 일이 눈앞의 현실로 나타났을 때의 기분이란 이루 말할 수 없었다.

필자의 속을 무던히도 썩이던 페르시아 상인의 후예들은 비즈니스도 문제도 스케일 있게 벌였고, 괴로움도 즐거움도 스케일 있게 안겨 주었다. 그들은 호경기 시절의 웅성거림이 급작스레 가라앉게 되자, 엄청난 액수의 대금 결제 문제에 대해서 잔인하리만큼 냉담했다. 그러던 어느 날, 그들은 수개월의 침묵을 깨고 전혀 뜻밖의 답을 던져 주었다. 그것은 과도한 스트레스로 인해서 로마 병정의 투구처럼 딱딱해진 머리를 붙잡고 절치부심하던 필자에 대한 신神의 배려이었던 것 같다.

천신만고 끝에 성사된 대형 거래

종합상사 근무시절 담당했던 제3국 간 비즈니스는 매우 어렵고 변화무쌍 하였다. 당시 여러 거래들 중의 하나로서, 태국 T사의 철강 제품을 구매하여, 이란의 국영기업 S사에 판매하는 미화 2,100만 달러 규모의 거래가 있었다(1992). 경제 환경과 문화가 매우 다른 두 국가 간의 거래는 위험도가 높았고, 그들과의 계약 성사 후 이행까지에는 천신만고의 과정이 있었다. 수백 년 역사와 자존심을 가진 사이암Siam 왕국의 후예와 역사적으로 위용을 보였던 페르시아 제국의 후예들을 상대하는 것은 실로 만만치 않은 과정의 연속이었던 것이다.

그러던 중, 이란의 급격한 외환사정 악화로 인해 거래대금 중 미화 624만 달러가 장기 연체되고, 언제 지불될지 모르는 큰 위기 상황이 발생하였다. 그 동안 여러 차례의 출장과 지루한 협상을 통해서 어렵게 성사한 계약과 쏟은 노력이 모두 허사가 될 형국에 처한 것이다.

사실 그간의 고초는 이루 말할 수 없었다. 필자는 계약 성사 이후에도 태국 공급회사 측의 불성실한 의무 이행과 이란 구매회사 측의 위약금 요구 위협에 크게 시달렸다. 그러한 어려움을 겪은 후, 이번에는 대금 회수가 막막한 상황에 처하게 되니, 극단적인 허탈감과 좌절감을 떨쳐 버릴 수가 없었다.

거액의 대금 지불 동결

사태의 심각성에 직면하여, 이란 정부와 거래를 하는 유럽과 일본 상사들에게 탐문한 결과, 이란 중앙은행이 미화 500만 달러 이상 되는 거래 건들에 한해서는 지불을 동결하기로 결정하였음을 알게 되었다.

필자는 이란 구매회사 측에 문제 해결을 목적으로 현지 출장 면담을 수차례 요청하였으나, 그들로부터 아무런 회신도 받지 못하였다. 더구나 주변의 관련자들은 모두 어디론가 조용히 숨어 버렸으며, 더 이상 취할 수 있는 조치는 하나도 없었다.

사내에서는 일을 무리하게 벌이더니 결국 큰 문제를 초래했다는 비난이 쏟아져 내렸다. 책임감과 중압감에 시달리던 필자의 머릿속에 떠오르는 단어는 오직 하나 '사직서' 뿐이었다. "이렇게 회사를 그만두어야 하나…" 자괴감이 밀려왔다. 무엇보다 패장이 되어 쓸쓸히 전선을 떠나는 것 같은 초라한 모습을 상상하니 끔찍했다. 그렇게 괴로워만 하던 어느 날, 불현듯 단 한 가지 할 수 있는 일이 떠올랐다. 그것은 글을 쓰는 것이었다.

최후의 수단

그로부터 3개월 여 동안, 필자는 거의 며칠 간격으로 거래선인 이란 국영기업 S사의 최고책임자 M사장에게 대금지불의 당위성을 주장하는 간절한 메시지를 보냈다. 우리가 그들에게 기여, 협조, 양보했던 일들과 서로 간에 굳게 다졌던 우의에 대해서도 상기시켰다. 지불 동결로 인한 조직의 어려움과 필자를 포함한 관련자들의 안위에 대해서도 상세히 설명하였다. 그러나 야속하게도 3개월이라는 시간이 흐르는 동안 그들로부터는 단 한 줄의 회신조차 오지 않았다. 그렇게 푸른색 비닐 파일 커버 속에는 노란색 발신 텔렉스 카피만이 차곡차곡 쌓여가고 있었다.

이제 필자에게 남은 것은 허탈감과 분노뿐이었다. 비록 철저한 을乙의 입장에 있었지만, 이제 죽든 살든 무언가 또 다른 특단의 조치가 있어야 했다. 누군가 최후통첩은 짧고 굵게, 그리고 단호하게 하라고 했던가? 필자는 이번이 마지막 메시지라 결심하고 최후의 텔렉스를 날렸다.

"그래, 이 세상에서 가장 더러운 페르시아 놈들아! 돼지들도 이렇게 거래하지는 않는다! 너희의 신神은 비즈니스를 그 따위로 가르쳤더냐?" 최후의 협박 같은 내용의 메시지였지만 이것으로 더 이상 미련 없이 보따리를 쌀 생각을 굳혔다.

마지막 텔렉스의 위력

그런데 그로부터 약 1개월 후, 거래 은행인 일본 스미토모 은행 간부로부터 갑자기 전화가 걸려 왔다.

"이 부장님, 축하드립니다!"

"뭘 축하해요? 장난하는 겁니까?"

"이란 은행에서 미화 624만 달러가 입금되었습니다."

순간 필자는 귀를 의심하였다. 왜냐하면 그때까지 회사 내 여러 부서의 대 이란 미수금 건들 중에서 입금된 건이 단 한 건도 없었고, 이란 측으로부터는 단 한 줄의 회신도 온 적이 없었기 때문이었다. 그로부터 2주 후 스미토모 은행에서 또다시 전화가 걸려 왔다.

"이 부장님, 다시 한 번 축하드립니다!"
"아니, 또 무슨 일입니까?"
"미화 624만 달러에 대한 이자가 입금되었습니다."
"뭐라고요? 이번에는 이자까지요?"
"예, 사실은 이자의 이자까지죠."

필자는 또 한 번 귀를 의심하였다. 사실 필자는 밑져야 본전이라는 생각에서, 이전에 은행 경로를 통해 이자에다 이자의 이자까지를 합쳐서 별도로 청구해 놓았던 것이다.

이 무슨 귀신이 곡할 일인가? 수개월 동안 아무런 소식조차 없다가 갑자기 원금에 이자와 이자의 이자까지 전부 입금되다니… 정말 수수께끼 같은 일이 벌어진 것이다. 여하튼 보이지 않는 손길이 필자를 어루만져 준 것임에 틀림없었다. 필자는 언젠가 접한 적이 있는 괴테의 말을 떠올렸다.

"최선을 다하고자 하는 순간은 신神도 감동을 받는다. 결코 상상할 수 없는 일들이 나를 도와준다. 결심의 순간부터 수많은 사건이 일어나며, 온갖 종류의 예기치 않았던 사건, 만남, 물질적 원조가 나의 힘이 되어준다."

보이지 않는 힘

M사장이 왜 심경의 변화를 일으켰는지는 알 수 없었지만, 얼핏 떠오르는 것이 한 가지 있기는 하였다. 그것은 언젠가 이란의 고관 출신 중개상 K씨가 필자에게 한 말이었다. 그에 의하면 이란의 구매기관 S사의 최고책임자 M사장이 이런 말을 했었다 한다.

"S상사의 이 부장은 내가 만나보았던 여러 기업의 비즈니스맨들 가운데 가장 소통이 원활할 뿐만 아니라, 가장 비즈니스맨답게 일하는 사람이다."

물론 그의 말은 강자인 M사장의 우쭐거리는 태도를 전하는 것쯤으로 치부하고 대수롭지 않게 여겼었다. 아마도 M사장은 필자의 집요한 메시지 때문에 큰 부담감이나 모욕감을 느꼈을지도 모른다. 아니면 감동일수도 있겠다. 하지만 당시 이란 정부는 엄격하게 외환 통제를 하고 있었기 때문에 감동만으로 그런 일이 일어났다는 것은 상상하기 어려웠다.

아무튼 필자 스스로도 지금까지 인정할 수 있는 점은 오직 프로답게 신뢰와 진정성을 가지고 그들과 일을 도모했었다는 점이다. 그러나 무엇보다도 눈에 보이지 않던 그 어떤 힘이 작용했다는 사실은 단연코 부인할 수 없다. 필자는 가장의 고통을 안타까워하던 아내의 간절한 기도가 그 힘을 불러일으켰으리라고도 믿는다.

포기하지 말아야 하는 이유

2차 세계대전의 영웅이었던 영국의 윈스턴 처칠 Winston Churchill, 1874~1965

은 옥스퍼드대학 졸업식에서, "You, never give up!" 이라고 세 번 말한 후, 역사상 가장 짧은 연설을 마치고 강단에서 내려왔다.

여러 말이 필요 없다. 진정한 프로라면 전쟁에서든 비즈니스에서든 아무리 극단적 상황에 처하더라도 절대로 포기하지 말아야 한다. 프로의 진면목은 자기 분야의 뚜렷한 전문성뿐만 아니라, 어떠한 위기 상황에서도 회피하지 않는 강한 책임감과 포기하지 않는 집요한 근성으로 반증되는 것이다.

필자는 믿는다. 아무리 절박한 상황에서라도 간절히 최선을 다하면 '보이지 않는 힘'이 최후의 순간에 작용한다는 것을. 또한 아무리 끝장난 순간이라 해도 단 한 가지의 할 수 있는 일이 있다면 무조건 해야 한다는 사실을. 금방 세상이 끝날 것 같은 순간에도 할 수 있는 일은 반드시 남아 있다. 그것을 붙잡고 담대하고 집요하게 나아가면, 반드시 극적인 반전을 이룰 수 있다. 비난이 갈채로 바뀌는 것은 중요하지 않다. 극단적인 위기 상황에 처할수록 '보이지 않는 힘'이 작용한다는 사실을 반드시 기억하라. 그리고 오직 최선을 다하라. 모든 결정과 행동은 인간이 하지만, 나머지는 모두 하늘의 뜻에 따라 이루어진다. 신神의 손길은 최선을 다하고자 하는 순간으로부터 찾아온다.

완벽한 협상자는 두뇌 회전이 빠르되 참을성이 있어야 하고,
거짓말을 천연덕스럽게 하여야 하며,
신뢰하지 않으면서 신뢰를 얻어야 하고,
겸손하되 독단적이어야 하며,
상대방의 매력에 압도되지 않은 채 상대방을 매료시켜야 하며,
많은 돈과 아름다운 배우자를 가져야 한다.

– 18세기 영국 외교관 매뉴얼

제5장
흥정과 타협의 고수가 되라

초경쟁 시대의 글로벌 무대에서 전개되는 경쟁과 협력의 양상은 과거와는 매우 다르다. 따라서 다양한 문화권의 거래선들과 견고한 파트너십을 구축하려면 협상의 고수가 되어야 한다. 협상은 실리와 명분, 논리와 정서를 다루는 게임이자 예술이다. 그것은 상대방의 심리와 감정을 다루는 매우 조심스럽고 민감한 작업이다. 노련한 협상가는 대립과 교감의 양날을 쓰며, 경쟁하면서도 손을 잡는다. 그는 가슴으로 듣고 눈으로 말하며, 상대방으로 하여금 무거움을 느끼지 않게 한다. 파트너십이란 거상의 눈빛과 친구의 손길로써 견고해지는 것이다.

고수는 경쟁하면서 손을 잡는다

영화 '이유 없는 반항'은 흘러간 명화 중의 하나이다. 명배우 제임스 딘_{James Dean, 1931-1955}이 주연한 그 영화 속에는 적개심과 허세에 가득 찬 나머지 충동적으로 행동하는 두 젊은이가 '치킨게임'을 벌이는 장면이 나온다. 두 사람이 동시에 벼랑 끝까지 차를 몰고 달리다가, 낭떠러지 가장 가까이에서 멈추는 사람이 이기고, 추락의 공포로 인해 먼저 차에서 뛰어 내리는 사람이 지는 게임이다.

'치킨게임'의 룰_{rule}은 두 사람이 반대 방향에서 차를 몰고 질주하는 경우에도 똑같으며, 충돌의 두려움 때문에 먼저 차에서 뛰어 내리거나, 핸들을 먼저 꺾는 사람이 역시 지게 된다. 이 게임은 한마디로 "비겁한 겁쟁이_{chicken}가 되지 말라"고 협박하면서 극단적인 요구를 하는 것이다. 그런데 '치킨게임'은 비즈니스 세계에서도 하나의 전술로서 존재한다.

예컨대 파트너와의 협상이 잘 진행되지 않을 경우 극단적인 벼랑 끝 전술의 하나로써 이따금씩 사용되기도 하는데, 과연 이것이 진정한 파트너십을 위한 올바른 전술^{방법}인지에는 의구심이 든다. 그렇다면 진정한 파트너십을 구축하기 위해서는 어떻게 해야 하는가?

파트너십, 협상의 고수가 되라

국내외 무대에서 성공적인 마케터 역할을 수행하기 위해서는 훌륭한 파트너와 견고한 파트너십을 구축하는 것이 관건이다. 그래야만 안정된 비즈니스나 이권을 확보할 수 있기 때문이다. 안정적인 비즈니스나 이권은 어려운 협상 과정을 거치지 않고서는 쉽게 손에 쥐어지지 않으며, 만나는 상대 또한 호락호락하지 않은 경우가 대부분이다.

무엇보다 큰 문제는 그러한 상황에서 상대방이 마치 전쟁을 불사하듯 극단적인 자세로 나오는 것이다. '치킨게임 전술'과 같은 '벼랑끝 전술'은 그러한 목적으로 종종 사용되고 악용되기도 한다. 하지만 그것은 진정한 파트너십을 위해서라기보다는 극단적 상황에서의 생존을 위한 비합리적 전술이라고 보는 것이 타당할 것이다. 북한의 상습적인 핵 위협은 바로 그러한 것이다.

비즈니스 세계에서 진정한 파트너십을 구축하려면 다양하고도 합리적인 방법을 모색해야만 한다. 파트너십이란 결국 사람과 사람이 만나, 서로의 기대가 충족될 때 성립되는 관계이다. 문제는 파트너들의 성향이 다양하며, 설사 훌륭한 파트너를 만났다 하더라도 그와의 협상이 그리 여의치 않다는 데 있다. 사실인즉 원만한 협상의 진전이 없다면 어떠한 비즈니스 이권도 쉽사리 손에 넣을 수가 없다. 이는 곧 성공적 파트너십

'올바른 고수(高手)'의 개념을 제대로 인식시켜준 스탠포드대 〈Negotiation & Influence Strategy Program〉 디렉터인 Margaret A. Neale 교수와 함께. 그녀의 잔잔한 미소 뒤에는 철(鐵)의 여인다운 면모가 숨어있다.

을 구축하려면 협상의 고수高手가 되어야만 한다는 말이다.

　협상에는 반드시 기억해야 할 명제 두 가지가 있는데, '가치와 영향', '경쟁과 시너지'가 바로 그것이다. 이 두 가지 명제는 매우 함축적인 의미를 지니고 있다.

　첫째, 모든 직업인들은 비즈니스에서나 조직생활에서나 누군가와 관계를 형성하며, 그 관계 속에서 서로 영향을 끼치고 뭔가를 창출한다가치와 영향.

　둘째, 모든 사람은 자신의 이익을 위해서 투쟁하지만, 그것은 항상 용이하지 않으므로 종국에는 타협할 수밖에 없다. 즉 이해관계 당사자들은 실리와 명분을 저울질하되, 공존의 길을 택하게 마련인 것이다경쟁과 시너지.

　이러한 관점에 비추어볼 때, 협상의 고수란 "가치와 영향을 염두에 두고, 경쟁을 하면서도 시너지를 내는 사람"이라고 말할 수 있다. 진정한 파트너십은 이러한 명제들을 충실히 이행하는 협상의 고수들이 만드는 것이다.

경쟁과 시너지, 결과지향과 관계지향

경쟁하면서 시너지를 낸다는 것은 어떠한 의미인가?

협상전략에는 크게 보아 '경쟁적 협상'과 '시너지 협상'으로 나누어 볼 수 있다. 이 두 가지 전략의 바탕에는 각각 경쟁과 시너지의 개념이 깔려 있다.

'경쟁적 협상'은 단순히 이기고 지는 게임으로 접근하는 전략이며, 그 대표적 예는 판매자와 공급자 간의 가격협상이다. 이 경우에는 쌍방이 원하는 최고가격과 최저가격 사이에서 서로 유리한 가격에 팔거나 사려고 하며, 당사자들은 오직 나눌 몫은 정해져 있다는 생각에 사로 잡혀 경쟁만 할 뿐이다. 그러므로 '경쟁적 협상'은 결과지향적이며 단기지향적이다.

'시너지 협상'은 실리와 명분을 최대한 확보하려는 전략이다. 이 협상의 대표적 예는 전시戰時에 평화협정을 맺고 비무장지대를 설치하는 것이며, 이스라엘·이집트 간 평화협정1982년이 그에 해당한다. 그 협정의 내용은 6일 전쟁1967년 당시에 이스라엘이 이집트를 공격 후 정복한 시나이 반도를 반환하고 비무장지대를 설치키로 한 것이다.

이 협정으로 인해 이스라엘은 '안보'라는 실리를 얻었고, 이집트는 '영토 회복'이라는 실리를 얻었으며 결과적으로 양국은 평화라는 공동의 명분을 충족시킬 수 있었다. 시너지 협상은 당사자들의 실리와 명분을 모두 충족시키는 전략이며, 고정된 파이가 있다면 그 파이의 양과 질을 쌍방의 노력으로 개선시켜서 나누는 전략이다. 그러므로 '시너지 협상'은 관계지향적이며 장기지향적이다.

협상에서는 베트나^{BATNA}를 잘 활용하여야 한다. 배트나란 협상이 결렬의 위기에 놓여 있을 때 성사시킬 수 있는 최적의 대안^{BATNA, Best Alternative to Negotiated Agreement}을 의미한다. 베트나는 흔히 말하는 1안, 2안, 3안 등의 대안을 의미하며, 수치와 정성적^{定性的} 개념을 모두 포함한다. 상대방을 벼랑 끝으로 몰아가거나, 아예 둘러엎어 버리겠다고 하는 것은 극단적인 베트나이자 정성적 배트나의 하나이다.

일례로 최인호의 소설 〈상도^{商道}〉의 주인공 임상옥이 중국 상인들의 인삼 불매^{不買} 위협에 대항하면서, 갖고 있는 인삼을 싸게 파느니 차라리 불을 질러 버리겠다고 공언하며 중국 상인들을 위협한 것은 바로 극단적이며 정성적인 베트나 전술을 잘 보여주는 예라 하겠다. 배트나를 선택할 때에는 실리와 명분 모두를 면밀히 따져보아야 한다.

다양한 전략·전술을 구사하고, 간파하라

협상의 고수가 되려면 '경쟁적 전략'과 '시너지 전략'을 근간으로 삼아 다양한 전략이나 전술을 적시에 구사할 수 있어야 한다. 그럴 경우에 중요한 것은 오직 상대방을 제압하고 말겠다는 근시안적 접근에서 벗어나, 냉정하고 재빠른 자세로써 의사소통의 심층 구조를 선점하는 것이다.

노련한 협상가들은 상황에 따라 다양한 전략과 전술을 전개하며, 그 대표적인 예는 다음과 같다.

〈고수들의 주요 전략·전술〉

– 특정 사실을 기정사실화하며 불리한 선택으로 유도하는 것framing.
– 의도적으로 고압 자세를 보이는 것stress.
– 흥정이 끝난 후에도 새로운 조건을 끼워 넣는 것nibbling.
– 은근히 미끼를 던져 주는 것bait.
– 마치 아군인 척하는 것good-bad guy.
– 본전 생각이 들게 하거나 지치게 만드는 것sunk-cost 등.

그밖에 유형을 달리하는 '벼랑 끝 전술'들이라든지, 딴소리나 장광설을 늘어놓는 것과 같은 '치사한 전술dirty tactics'도 있지만, 그러한 것들은 신뢰와 품격을 잃지 않는 선에서 활용 여부를 잘 판단해야 한다. 그러한 전술들은 신뢰와 윤리를 저버리지 않는 범위 내에서, 협상 과정의 신선한 자극제가 될 수는 있다.

협상의 고수가 되기 위한 또 하나의 조건은 적절한 전략·전술 구사뿐만 아니라, 상대의 전략·전술 또한 간파할 수 있는 능력이 있어야 한다는 것이다. 협상 과정에서는 항상 유리한 고지에만 있을 수 없기 때문이다. 상황에 따라서는 내가 갑甲이 될 수도, 을乙이 될 수도 있다. 따라서 노련한 협상가가 되려면 '을의 전략약자의 전략'에 대해서도 필히 숙지하고 있어야 한다.

'을의 전략'은 상대방이 어떻게 나오느냐에 달려 있는데, 만약 상대방이 강하게 나올 경우에는 허 찌르기^{soft signal}, 기선 제압^{hard signal}, 한번 도와주면 다음에 꼭 보답하겠다는 접근^{rule of exchange} 등이 유효하다. 반면에 상대방이 약하게 나오거나, 자신의 입지가 강한 것을 모를 경우에는 차라리 알아서 해달라고 하거나^{blank check} 다른 상대를 찾겠다고 연막을 치는 것^{bluffing} 등의 전술을 구사해야 한다.

을의 입장에서 협상에 임하다 보면, 상대방이 자신의 권위를 이용하여 무리한 흥정을 요구하거나, 경쟁 상황을 악용하기도 하며 때로는 참기 어려울 정도로 감정을 크게 자극하기도 한다. 도저히 수용하기 어려움에도 불구하고 약속을 일방적으로 파기하는 경우도 있다. 그러한 경우에는 우선 상대방의 이야기를 냉정하게 듣고, 지나친 논리 전개를 자제하면서, 허를 찌르거나 기회를 노려야 한다. 때로는 협상을 잠정적으로 중단하고, 관계를 정비하는 등의 시도를 하는 것도 필요하다.

협상에서는 국면의 전개에 따라서 갑과 을이 뒤바뀌는 경우가 비일비재하다. 그러므로 노련한 협상가가 되려면 쌍방이 구사할 수 있는 전략들을 항상 염두에 두고, 시시각각 상황에 맞게 대처할 수 있어야 한다.

여성성을 키워라

미국 미주리주^州에 소재한 거래선 중에 캐롤 앤더슨^{Carol Anderson}이라는 중년의 여성이 있었다. 그녀는 만날 때마다 어린아이 같은 순수한 웃음을 지으며 잔잔한 분위기를 자아내곤 했다. 그녀의 훤칠한 키와 금발을 쓸어내리던 긴 손은 잔잔함에 시원함을 더했다.

그녀는 가벼운 제스처로 시선을 끌며 협상에 응했는데 그녀의 논리와 주장은 빈틈이 없을 정도였다. 우리는 서로 각자의 입장을 대변하며 부딪쳤지만 그녀는 좀처럼 물러설 기미를 보이지 않았다. 결국 우리는 우여곡절과 약간의 아쉬움을 안고 현안에 대한 합의에 도달했다.

서로 간에 완전한 승리는 못했지만, 피차 얻을 만큼은 얻어낸 결과였다. 서로 팽팽하게 맞서는 상황에서도 반복적인 협력의 시도가 얼마나 중요한지에 대해서도 공감했다. 그녀는 잘 훈련된 협상의 고수이자, 훌륭한 파트너 중의 한 사람이었다.

협상의 고수들 중에는 의외로 여성들이 많은데, 그것은 여성 특유의 감성과 섬세함 때문인 듯하다. 예컨대 독일의 총리 앙겔라 메르켈, 영국의 전 총리 마가렛 대처, 그리고 IMF 총재 크리스틴 라가르드 등은 유럽이나 자국의 경제를 둘러싼 이해관계를 조율하는 데 정말 고수들이다. 한국과의 통상 현안을 다루는 미국 무역대표부의 협상 주역으로 여성들이 연이어 등장했던 것도 주목할 만하다.

과학적으로도 에스트로겐Estrogen을 분비하는 여성은 테스토스테론Testosterone을 분비하는 남성보다 협상가 기질이 더 우수하며, 가정에서의 중요한 판단과 경제 운용의 아이디어도 여성의 머리에서 나오는 경우가 더 많다. 이러한 관점에서 보면, 여성 특유의 섬세함, 냉철함, 유연함은 협상의 고수가 되려는 사람들에게 충분히 참고가 될 만하다.

시소게임, 무거워지지 않게 하라

협상은 시소게임이다. 즉 나의 실리가 커지면 상대방은 힘겨워지고 얻는 것이 적어지며, 나의 실리가 적어지면 상대방은 힘이 나고 얻는 것이 많아진다. 여기서 주목할 점은 나의 실리가 지나치게 커지면, 상대방은 아주 힘겨워하며 아예 게임에서 벗어나려고 한다는 점이다. 협상을 할 때에는 나의 실리에 대하여 상대방이 느끼는 부담의 정도를 예리하게 감지할 수 있어야 하며, 그러한 부담의 정도를 적절히 조절하지 못한다면 그 협상은 깨질 우려가 크다.

협상에서 중요한 것은 힘과 무게감의 조절 그리고 만족감과 아쉬움의 파악이다. 협상의 고수는 상대방의 만족감과 아쉬움을 잘 감지하며, 한 방향으로만 무거워지지 않게 한다. 실리와 명분 사이의 균형을 잘 유지해야만 협상은 성공한다.

협상 과정에서 무수한 갈등과 분쟁을 겪는 것은 직업인의 숙명이다. 실리를 추구하자니 명분이 없고, 명분을 따르자니 실리가 없는 갈등 사항이 속출하기도 한다. 이러한 상황에서 중요한 것은 지금의 파트너십을 얼마나 더 견고하게 유지·발전시키느냐의 문제이다. 유명한 협상학자 로이 레위키R. Rewicki는 이렇게 말했다.

"사람들은 협상 전에 협상의 위험성, 갈등 요인, 공존 방법에 대해서 고려한다."

이 말은 곧 협상가들은 '실리와 명분의 균형'을 중시한다는 의미이다. 상대방에게 정도 이상의 부담을 안긴다면, 어떠한 파트너십도 깨지게 되어 있다. 올바른 파트너십은 다소의 경쟁을 하더라도 양보를 하면서 서로의 균형을 유지할 때 견고해진다. 경쟁하면서도 상대의 손을 잡을 줄 아는 자가 진정한 협상의 고수이다.

담대함으로 성공적 협상을 이끈다

　상사맨 시절 경험한 평생 잊지 못할 비즈니스는 카자흐스탄의 국영기업에서 구매한 철강제품을 시베리아 횡단철도를 이용하여 운송 후, 중국의 동북 3성_{요령성, 길림성, 흑룡강성} 지역에 판매하는 거래이었다.

　동구권 개방 초기에 개척한 연간 수천만 달러 규모의 그 거래는 아주 복잡한 구조를 띠고 있었고, 마치 대동강 물을 떠다가 제주도에 파는 것처럼, 품질·납기·운송·판매대금 회수 등 모든 면에서 위험과 난이도가 높았다. 그 거래는 위험이 크면 대가가 크다는 것을 확실히 보여준 대표적인 비즈니스 사례였으며, 필자의 입장에서 보면 상사의 기능을 극대화시킨 최고의 거래 중 하나였다.

기선^{機先}을 제압하라

　그것은 혹한의 시베리아의 철도 위에 쇳물보다 뜨거운 열정을 쏟으며 활동하던 시절의 일이었다. 당시 카자흐스탄 공급 기업의 경영과 제품

수준은 그다지 선진화되어 있지 않았다. 그러한 상황에서 필자는 위험성 높은 거래의 추진을 정당화할 수 있을 정도의 유리한 조건으로 제품을 구매할 수 있었다. 이에 중국의 거래선들은 그런 상황을 어느 정도 감지하고서, 아주 낮은 가격을 기대하고 있었다. 하지만 필자는 그들의 입장을 쉽사리 받아들일 수 없었다. 그 이유는 첫째, 당시 중국 시장의 여건상 그들은 관련 제품의 안정적 공급이 필요했었고, 둘째, 그동안 필자가 감수한 고생과 위험의 대가를 결코 싸게 치를 수 없었기 때문이었다.

그러한 상황에서 협상은 시작되었고, 필자는 일단 아주 높은 가격을 제시하였다. 소위 '기선제압 전략'이다. 아니나 다를까 그들은 예상 밖의 높은 조건에 당혹해하며 강한 저항감을 드러냈다. 지루하고 끈질긴 밀당이 계속되었지만 결국 필자의 꿋꿋함 앞에 그들의 주장은 수그러들었다.

마침내 협상은 미리 생각해 두었던 하한선보다 훨씬 높은 가격에서 마무리되었다. 높은 가격에서 협상을 시작한 후 조금씩 깎아내리려던 전략이 빛을 발한 순간이기도 했다. 그 거래는 결국 21%라는 전무후무한 이익률을 기록하면서 성사되었고, 그때의 성취감이란 이루 말할 수 없었다.

협상에서는 유리한 고지의 선점을 통해서 먼저 기선機先을 제압해야 한다. 사람은 보통 처음에 접한 정보나 경험에 우선적으로 끌려가는 경향이 있다. 따라서 중차대한 협상에 임할 경우에는 그러한 인간 본연의 특성을 잘 이용하면서 유리한 고지를 선점하는 것이 매우 중요하다.

행동경제학에서는 선제적 정보초기값를 제시함으로써 유리한 고지를 점하는 것을 '닻 내리기 효과Anchoring Effect'라고 한다. 닻을 내린 곳에 배가 머물 듯이 처음 입력된 정보가 정신적 닻으로 작용해 전체에 영향을 미치는 효과를 말하는 것이다.

담대하게 높은 목표를 설정하라

2년여 전 어느 날, 필자의 절친한 벗이 전화를 걸어왔다. 오랜만에 연락을 해 온 그는 척추디스크로 인해 병원에서 입원치료를 받으시던 가친께서 의료사고를 당해 병원 측과 보상 문제로 다투고 있다고 말하며 조언을 구하였다. 필자는 그에게 전문 변호사를 고용하되, 병원 측에는 처음부터 아주 높은 보상액을 요구하라고 말해 주었다. 그 이유는 그의 마음을 편하게 해주기 위해서라거나, 공연히 그를 부추기기 위해서가 아니라, 과거의 경험상 그것이 바람직한 접근이라고 생각했기 때문이었다.

미국의 어느 법률기관 조사에 의하면, 대형 병원의 의료사고 부작용에 대한 환자 소송의 경우, 100만 달러의 보상액을 요구하는 변호사는 75만 달러에 타결을 이루는 반면, 30만 달러의 보상액을 요구하는 변호사는 8만 달러에 타결을 이룬다고 한다. 그것은 목표를 크게 잡고 싸운 변호사가 훨씬 좋은 결과를 거둔다는 사실을 입증해 주는 것이다.

협상에 임하기에 앞서 최우선적으로 고려할 것은 목표설정인데, 이 때 목표는 높게 설정하는 것이 비즈니스 협상 전략에 있어서도 매우 유효하다. 상대방에게 처음으로 던져주는 숫자나 정보는 위력이 있다. 또한 그것은 세세한 국면과 판단에도 커다란 영향을 미친다.

심리학자·경제학자로서 노벨경제학상을 수상했던 대니얼 카너먼^{Daniel} Kahneman, 1934- 박사의 실험은 그러한 사실을 잘 증명해주고 있다.

카너먼 박사는 두 그룹의 학생들에게 5초의 시간을 주고서 한 그룹은 8×7×6×5×4×3×2×1이라는 문제를, 다른 한 그룹에게는 1×2×3×4×5×6×7×8이라는 문제를 풀게 하였다. 그 결과 큰 숫자로 시작한 그룹이 작은 숫자로 시작한 그룹보다 추정치가 더 높게 나왔다.

원래 이 실험은 초두효과^{Primacy effect}를 증명하기 위함이었는데, 초두효과란 정보처리과정에서 초기정보가 후기정보보다 훨씬 더 중요하게 작용하는 것을 말한다. 그런데 이 초두효과는 비즈니스 협상 전략과도 연관성이 크다. 즉 초기기준값을 설정하여 상대방의 선택을 유도하는 기법으로도 가능하기 때문이다. 여하튼 처음 나오는 숫자가 클수록 추정치가 커진다는 것은 입증되었다. 그러므로 목표설정이 높으면 그만큼 성과의 크기도 커질 수 있다. '진취적 프로'는 어느 협상에 임하든지 담대하며 높은 목표를 설정한다. Aim High!!

힘, 정보, 시간에 쫓기면 허당이다

미국 텍사스주州 현지법인에서 일을 할 때 필자는 간혹 뉴올리언스New Orleans로 출장을 다녀오곤 했다. 뉴올리언스는 미국 루이지애나주州에 있는 유서 깊은 항구 도시이며, 재즈Jazz가 탄생한 도시로도 유명하다.

재즈의 황제 루이 암스트롱Louise Armstrong, 1901-1917이 활동했던 도시였으며, 극작가 테네시 윌리엄스Tennessee Williams, 1911-1983의 희곡 '욕망이라는 이름의 전차'의 무대이기도 하다. 이 도시에 들어서면 프랑스인들이 건설한 고풍스러운 건물과 흑인, 인디언, 프랑스인, 스페인인의 기질이 혼재된 크레올Creole 문화의 독특한 정취를 흠뻑 느낄 수 있다. 그런데 이 멋진 도시 뉴올리언스가 한때는 역사상 최고의 빅딜대상이 된 적이 있었음을 아는가? 당시 빅딜 협상의 주역이 바로 프랑스의 나폴레옹Napoleon Bonaparte, 1769-1821이다.

나폴레옹, 최고의 빅딜을 놓친 영웅?

1803년, 나폴레옹은 미국을 상대로 뉴올리언스를 기점으로 한 루이지애나주州 전체의 매각 협상을 벌였는데, 그것은 미국의 입장에서는 역사상 최고의 빅딜Big Deal이자, 굿딜Good Deal이었다.

당시 루이지애나는 미국 영토의 절반을 차지할 정도로 거대한 땅이었다. 미국은 뉴올리언스항港을 둘러싼 프랑스와의 분쟁 국면을 잘 이용하여, 총 212만㎢나 되는 그 땅을 1㎢당 7센트에 불과한 1,500만 달러에 매입하는 데 성공했다. 물론 미국은 그 과정에서 적국이었던 영국과 동맹을 고려하며 프랑스와의 전쟁까지 불사하고 있었다.

그 당시 나폴레옹은 유럽 정복과 신대륙 진출 확대라는 두 마리 토끼를 잡기 위해 절치부심하고 있었다. 이런 상황에서 그는 프랑스의 영토였던 뉴올리언스항港 사용권과 루이지애나 일대의 미시시피강江 통행권을 제한하였는데, 그것은 미국의 경제를 크게 위협하고 서부개척의 의지에 찬물을 끼얹는 것이었다.

그런데 나폴레옹은 프랑스령 중미지역에서의 혼란 때문에 골머리를 앓고 있었고, 유럽에서는 눈앞에 닥친 강국들과의 전쟁 비용에 대한 압박감에 눌려 있었다. 더구나 그는 루이지애나에 대한 정보가 부족해서 그 땅의 미래 가치를 파악하지 못했다. 그는 양쪽에서 전쟁을 치르느니, 차라리 루이지애나를 매각하여 유럽에서의 전쟁 비용을 확보하는 것이 낫다고 판단했다. 결국 그는 주변의 강한 반대에도 불구하고, 루이지애나주州 전체를 매각하기로 결심한다. 나폴레옹은 막강한 위력이 있었음에도 결국은 돈, 시간, 정보의 부족 때문에 불가피한 선택을 했던 것이다.

오랜 시간이 흐른 지금 평가해 보면, 약자이었던 미국은 이 협상에서 초특급 대박을 터뜨렸고, 강자이었던 프랑스는 거대한 보물을 헐값에 놓친 격이 되었다. 어쨌든 유럽을 뒤흔든 최고의 전략가 나폴레옹의 루이지애나 매각에 대한 역사적 평가는 그에게 결코 이롭지 않다.

하지만 나폴레옹 몰락 이후에도 계속 영달을 누렸던 계략가 바르베 마르부아Francis, marquis de Barbe-Marbois, 1745-1837는 예상보다 높은 가격으로 협상을 성공시킨 것으로 평가받았다고 하니, 그것은 역사의 아이러니이기도 하다. 워털루Waterloo 전투에서의 패배라는 참담함과 루이지애나 매각 협상의 결과가 느끼게 하는 쓸쓸함을 생각하면, 나폴레옹이 가련하다는 생각이 든다.

협상은 힘, 정보, 시간의 각축전이다

17세기 프랑스의 궁정화가 조르주 드 라트루Goerge de La Tour, 1593-1652가 그린 '다이아몬드에이스를 든 사기꾼'이라는 작품이 있다. 세 사람이 포커 게임을 하는 모습을 그린 것인데, 그림 속에는 탐욕과 의심의 눈초리로 곁눈질을 하고 있는 귀부인, 어리숙한듯하나 살아있는 눈빛으로 자신의 카드를 응시하고 있는 귀공자, 끗발이 최고로 높은 다이아몬드 에이스를 허리춤 뒤에 숨긴 채 딴청을 부리고 있는 사기꾼이 등장한다. 귀부인의 하녀는 포도주병을 들고 서서 그다지 화려하지 않은 복장을 한 귀

| 조르주 드 라트루의 '다이아몬드 에이스를 든 사기꾼'

부인에게 은밀한 눈길을 보내고 있다.

만약 그림 속의 모습이 현실이라면, 세 사람 중 누가 게임의 승자가 될까?

위의 질문에 대한 답은 여러 가지가 있을 수 있지만, 실제 게임에서 누가 가장 유리한가의 문제는 쉽게 유추해볼 수 있다. 첫째, 세 사람 중에서 누가 가장 자금의 여유가 있는가. 둘째, 누가 다른 사람들의 카드에 대해서 가장 정확한 정보를 가졌는가. 셋째, 누가 가장 시간에 쫓기지 않는가? 등이다. 게임에서 이기려면, 이 세 가지 요소를 적절히 사용하되 다른 사람들이 자신의 의중을 전혀 모르도록 연막을 치거나 허풍까지 떨어야 한다. 결국 게임의 최종 승자는 자금력, 정보력, 시간적 여유를 가진 사람이 될 것이며, 그렇지 않으면 게임에서 지게 된다. 아무리 천하에 없는 고수라 해도 힘^돈, 정보, 시간의 여유가 없으면 별수 없다.

협상은 힘, 정보, 시간을 둘러싼 겨루기이다. 여기서 힘이란 권력, 금력, 전문성, 경쟁력 등 여러 가지가 있을 수 있다. 힘에 관해 유의할 점은 상대방이 협상의 전권을 갖고 있는 실세인가의 여부이다. 협상을 하나의 게임이라고 가정한다면 그 승패는 누가 가장 힘이 있는가, 누가 가장 정확한 정보를 가졌는가, 누가 가장 시간에 쫓기지 않는가? 등 이 세 가지 요소에 달려 있다고 해도 과언이 아니다. 협상에서 위 세 가지 요소 중 어느 하나라도 부족하다면 그만큼 자신 있게 플레이를 할 수 없고, 이길 수 있는 확률도 줄어든다. 이러한 이치는 국가 간의 막중한 협상에서도 마찬가지이다.

스스로의 함정에 빠지지 말라

협상가로서 힘, 정보, 시간의 균형을 유지하는 것 이상으로 유의해야 할 것이 있다. 그것은 스스로가 놓는 덫^{trap}에 빠지지 않는 것이다.

예컨대 위의 그림에서 귀부인이든 귀공자이든 돈이 아주 많을 것이라 여겼는데, 생각보다 돈이 없을 수도 있다. 또한 지난번 갬블에서 이겼으니, 이번에도 반드시 여유 있게 이길 것이라는 착각에 빠질 수도 있다. 반면 지난번에 잃은 돈을 반드시 만회하려는 목적으로 무리수를 둘 수도 있다.

협상을 하다 보면 자신도 모르게 이와 같은 확신의 함정, 일치의 함정, 비용의 함정에 빠져드는 경우가 있다. 스스로의 함정에 빠지는 것처럼 어리석고 손해나는 일도 없으니 반드시 유의할 일이다.

'확신의 함정Confirmation Trap'은 기존의 정보나 데이터를 그대로 신봉하는 것이다. 이를테면 "그는 원래 능력 있는 세일즈맨이니까 이번에도 좋은 실적을 낼 거야" "그 사람은 원래 부자이니 지금도 돈이 많을 거야"라고 이전과 다름없는 확신을 갖는 것이다. 하지만 세월과 환경이 그들의 진면모와 주머니 사정을 바꿔 놓았을 수도 있음을 상기하라.

'일치의 함정Consistency Trap'은 예컨대 경마에서 특정 말馬에 돈을 건 사람이 '내가 건 말이 반드시 경주에서 이길 것'이라고 믿는 것과 같은 것이다. 하지만 희망사항과 실현가능성은 항상 별개임을 상기하라.

'비용의 함정Sunk Cost Trap'은 이미 써버린 비용이나 에너지 때문에 본전 생각과 속상함에서 벗어나지 못하는 것이다. 이미 날아간 새를 보고 울어봐야 소용없다. 협상의 고수가 되려면 예리한 판단과 결정에 근거해 수手를 던지되, 사람과 환경은 언제라도 바뀔 수 있다는 점을 상기하라.

협상은 힘, 정보, 시간의 각축전이다. 그러므로 노련한 협상가가 되려면, 상대방의 기대 수준과 제약 조건을 알고 정확히 대응할 수 있어야 한다. 노련한 협상가는 이 세 가지 요소를 적절히 사용하면서도 부족이나 여유를 함부로 드러내지 않는다. 물론 스스로의 함정에 빠지지도 않는다. 빅딜과 굿딜의 주인공은 따로 없다. 힘, 정보, 시간을 지배하는 자는 위너가 될 것이고, 이에 쫓기는 자는 루저가 될 것이다.

내면의 욕구를 공략하라

　남미의 브라질은 큰 나라이다. 면적 규모만 놓고 보면 세계 5위에 해당된다. 상사맨 시절 필자는 브라질 기업과 첫 거래를 추진한 적이 있었는데 이 나라 비즈니스맨들은 필자를 많이 헷갈리게 하였다. 그들은 잘 떠들어 대지만, 그렇다고 해서 속내를 쉽게 드러내지는 않는다.

　정도의 차이는 있겠지만 브라질 사람들은 대부분 유럽인, 원주민, 노예의 피가 뒤섞인 혼혈인들로서 유럽 문화의 영향 때문인지 은연 중 드러나는 자부심과 넬송 호드리게스Nelson Rodrigues라는 연극인이 표현한 '똥개 콤플렉스Complexo de vira lata'가 기질 속에 혼재되어 있다.

　브라질 사람들은 축구, 삼바, 파티에 관한 이야기를 좋아하면서도, 본격적인 상담에 들어가면 대국인다운 진중함과 매너를 보인다. 그들은 협상 과정에서도 불분명하거나 고답적인 자세를 취할 때가 많으며, 그들의 속내를 모르면 일이 답답하게 느껴진다.

　브라질 C사의 수출담당 임원이었던 P씨와 구매 협상을 벌일 때의 일이다. 필자는 당시 두 가지 사실을 확인했는데, 하나는 그가 한국의 대표적인 기업과 거래 관계를 맺을 필요성^{Need}을 느끼고 있었다는 점, 또 하나는 그도 새로운 비즈니스에 대한 공로를 인정받아서 승진하거나 위상이 높아지기를 원하고^{Want} 있었다는 점이다. 사실 그로서는 우리와 거래 관계를 맺는 것이 하등 나쁠 것이 없었다. 그러나 그에게 있어 무엇보다 중요했던 것은 자신의 공명심과 개인적 욕구를 충족시키는 것이었다. 그는 무뚝뚝하고 권위적인 사람이었기에 회사에서 더 힘이 있는 실세가 되고자 하는 욕구가 있었던 것이다.

모든 비즈니스가 다 중요하지만 특히 비중 있는 비즈니스 협상 전에는 반드시 상대방의 성격과 관심사, 조직 내 위상, 업계 내의 인적 네트워크까지 면밀히 조사해 보아야 한다. 물론 눈치나 감^感으로 때려잡는 경우도 있지만, 상대방이 정말로 원하는 것이 무엇인지를 미리 알아내고, 그에 알맞게 대처하는 것은 아무리 강조해도 지나치지 않다.

필자가 파악한 P씨는 매우 권위적인 성격을 갖고 있었고, 그간의 경력에 비추어 볼 때 곧 승진을 해야만 했다. 즉 안팎으로 그의 지지자와 원군이 필요한 상황이었다. 어찌 보면 그에게는 인생역전의 기회였을지도 모른다. 필자는 그를 돕기로 했다. 하지만 내 회사 사람도 아닌 그를 어떻게 도울 수 있을까?

교환전술, 통 크게 양보하라

그렇게 고심하던 중 문득 한 가지 생각이 떠올랐다. 그에게 명분과 실리를 모두 안겨줄 수 있을 듯했다. 필자는 흔히 활용하는 '교환전술'을 쓰기로 했다. 교환전술이란 "이번에는 내가 양보할 테니, 다음에는 더 큰 기회를 달라!"고 읍소를 하는 것이다. '작은 파이'는 양보하고 '큰 파이'를 먹기 위한 전술이기도 하다.

결국 필자는 손해 보지 않는 범위 내에서 화끈하게 양보를 하고, 다음 기회를 도모키로 했다. 물론 그에게는 당장의 새로운 거래관계를 구축할 수 있는 명분과 실적을 모두 확보할 수 있게 해 주었다. 아울러 C사의 대표에게는 그의 능력에 대한 기품 있는 찬사를 전달하는 것을 잊지 않았다. 그것은 두 사람과 필자가 공동운명체라는 의식을 갖게 하면서, 추후에도 필자를 그들의 중요한 파트너로 여기게 하려는 전술이기도 했다. 어쨌든 그러한 행동들은 효력을 발휘하였고, 그와의 거래는 그의 승진 이후에도 오랫동안 지속되었다

협상에서 상대방을 돕는 것은 새로운 전환점이 될 수 있으며, 또 다른 원동력이 될 수도 있다. 더불어 특별한 욕구 문제가 결부되었을 때의 가치 상승력은 배가 된다. 당장은 큰 이득이 없더라도, 단단한 인맥을 구축하는 계기가 되며, 실제로 그가 잘 되면 대가가 돌아온다.

심리적 본능을 자극하라

영국 작가 윌리엄 서머셋 모음William Somerset Maugham, 1874-1965이 쓴 〈달과 6펜스The Moon and Six Pence〉라는 작품이 있다. 프랑스의 인상파 화가 폴 고갱의 타히티 섬에서의 생활에서 힌트를 얻어 소설화한 작품이다. 모음은 이 소설을 완성시키기 위해 장기간의 취재와 각고의 노력을 기울였다 한다. 그런데 세계문학 중에서도 하나의 수작으로 꼽히는 이 책이 출간 당

시에는 독자들의 외면을 받았었나 보다. 출판사는 그가 무명신인작가였던 탓에 전혀 홍보를 하지 않았고, 이에 실망한 모옴은 자기의 피땀 어린 노력이 물거품이 될 수 있다는 판단에 스스로 여기저기서 돈을 빌려 다음과 같은 자비광고를 싣는다.

"마음 착하고 훌륭한 여성을 찾습니다. 저는 스포츠와 음악을 좋아하고 성격이 온화한 젊은 백만장자입니다. 제가 바라는 여성은 최근에 출간된 서머셋 모옴의 소설 〈달과 6펜스〉의 주인공과 모든 점에서 닮은 여성입니다. 자신이 그 소설의 주인공과 닮았다고 생각하는 분이라면 지체하지 마시고 연락해 주십시오."

이 광고가 실린 후 며칠이 지나지 않아서 〈달과 6펜스〉는 날개 돋친 듯이 팔려 나갔다 한다. 그 이유는 무엇이었을까? 그것은 모옴이 여성이라면 누구나 성격 좋고 돈 많은 남자를 좋아한다는 점, 신데렐라 같은 소설의 주인공이 되고 싶어 한다는 점을 재치 있는 문구로써 자극했기 때문이다.

여성의 내면 깊은 곳에 숨어 있는 욕망에 불을 질러 버린 그의 '심리 공략'은 단연 압권이라 할만하다. 협상에서도 상대방의 심리적 본능을 자극하면 내면의 욕구가 자연히 분출하게 된다. 그리고 그것은 알아챌 수 있는 행동으로 나타난다. 인간의 심리는 다분히 가슴속 깊이 내재되어 있는 본능과 직결되어 있으며, 그것을 자극하면 원하는 것을 얻을 수 있는 것이다.

요구보다 욕구이다

인간의 숨은 욕구를 공략하는 것은 동서고금을 막론하고, 협상의 달인들이 놓치지 않는 비법이다. 역사적인 예화를 하나 들어 보자.

중국 전국시대^{B.C. 403~221} 위나라의 재상이었던 맹상군은 뛰어난 외교가이자 지략가였다. 노비의 아들로 태어난 그는 보잘것없이 왜소했으며 외모 또한 볼품이 없었다. 훗날 재상의 반열에 오른 맹상군은 수천 명의 재사들을 식객으로 거느릴 정도로 그 능력이 출중했다. 어느 날 왕은 왕비가 병으로 죽자, 그에게 여러 명의 후궁들 중에서 누구를 왕비로 삼아야 할지 의견을 말하라고 하였다.

왕비의 간택 문제는 군신 간의 문제뿐만 아니라, 정치적으로도 매우 민감한 사안이었다. 그 이유는 첫째, 본인의 의중을 절대 밝히지 않는 왕의 심기를 건드리지 말아야 하는 점. 둘째, 자칫하면 정쟁에 휘말려 화를 입을 수 있는 점 때문이었다. 권력을 둘러싼 경쟁과 암투가 끊이지 않은 왕실에서 이는 매우 민감한 국가대사였던 것이다. 그런데 맹상군의 지혜는 놀라웠다.

그는 궁리 끝에 후궁들 수만큼의 옥^玉 귀걸이를 왕에게 바치면서, 그 속에 최상품 하나를 포함시켰다. 왕은 그 귀걸이들을 후궁들에게 하사하였는데, 이때 맹상군은 첩자들을 풀어서 가장 멋진 귀걸이가 어느 후궁에게 하사되었는지를 알아낸 다음, 그 후궁을 왕비로 추천하였다.

결국 그의 판단과 행동은 왕의 의중을 정확히 꿰뚫었으며, 왕은 크게 기뻐하였다. 체면 때문에 자신의 입으로는 차마 말 못하던 왕의 내심을 정확히 간파한 맹상군은 지혜를 발휘함으로써 누군가의 입을 통해 문제의 답을 찾고, 충성도까지 시험하려던 왕에게 최선의 답을 선사한 것이다.

위의 예화에서 볼 수 있듯, 협상에서도 상대방이 겉으로 하는 요구와 내면의 욕구는 다를 수 있다. 여기서 중요한 것은 표면적인 요구보다 내면의 욕구이다. 노련한 협상가는 상대방 내면에 감추어진 욕구를 찾아내고 그것을 공략한다. 욕구만 잘 공략한다면 이미 승리의 8부 능선은 넘은 셈이다. 공략이 성공하려면 고도의 논리 전개보다는 심리적 본능을 자극하는 지혜가 필요하다. 성공적인 협상 결과를 이끌어내는 과정은 마치 비포장도로를 달리는 것과 같다. 그만큼 피곤하며 순탄치 않다는 말이다. 그러나 지레 걱정하지는 말라. 상대방 내면의 욕구를 잘 공략할 수만 있다면 비포장도로를 지나 고속도로^{성공가도}의 길로 들어설 수 있다.

거상의 눈빛과 친구의 손길, 알고 덤벼라

필자는 네덜란드 상인들을 좋아한다. 그들은 항상 공정하고 명쾌하며, 누구와도 열린 마음으로 협상하고 거래하기 때문이다. 16세기 후반부터 글로벌 무대의 강자가 된 그들은 이탈리아 상인이나 인도 상인들처럼 계약서에 모호한 용어를 집어넣고서 자신들에게 유리한 방향으로 해석하는 경우가 없다. 그들을 좋아하는 또 하나의 이유가 있다. 그들은 자신들과 입장이 다르거나, 누군가 자신들의 일에 방해가 되면 아주 당당하게 대응한다는 점이다. 1675년 프랑스의 자크 사바리^{Jac Savari}라는 상인이 쓴 〈완벽한 무역상〉이라는 책에서는 네덜란드 상인들은 자신들의 아시아 지역 비즈니스에 끼어든 프랑스 상인들을 잔혹하게 다루었다고 기술하고 있다.

거상의 풍모, 흥정과 타협의 고수들

세계 시장 곳곳에는 뛰어난 교섭력을 가진 거상이나 협상의 고수들이 많다. 그들과 협상을 진행하다 보면, 곡절도 많고 결과도 천차만별이다. 그들은 눈빛과 손길이 다르다. 하지만 그들의 흥정·타협 스타일을 잘 알고 덤비면 굿딜을 쟁취할 수 있다. 필자의 경험에 의하면, 뛰어난 상술과 교섭력을 발휘하는 협상의 고수들은 역시 유대상인, 중국상인, 인도상인, 아랍상인이다. 잘 언급되지 않는 아르메니아상인은 유대상인, 인도상인, 아랍상인의 특성을 두루 갖고 있는 것 같다. 대체로 거상들의 풍모를 읽어보면 대부분 모두가 흥정과 타협의 고수들인 것을 느낄 수 있다.

구미의 기업인들 중에서도 전쟁과 비즈니스로 단련된 민족의 후예들은 그 핏줄 탓인지 흥정과 타협에 아주 능숙하다. 그들은 환경과 힘의 역학관계를 잘 고려하여 교섭을 전개하며, 이슬람이나 아시아권 상인들 못지않게 상대방을 잘 다룬다. 예컨대 미국의 비즈니스맨들은 상대방을 힘으로 눌러 주도권을 잡는 데 익숙하고, 독일의 비즈니스맨들은 틀린 주장으로도 유리한 고지를 점하며, 프랑스의 비즈니스맨들은 유쾌한 대화 속에서도 할 말을 놓치지 않는다.

아시아권에서 일본 비즈니스맨들은 속내魂內를 거의 드러내지 않기로 유명하다. 그들은 보스나 조직의 동의 없이 섣불리 찬반이나 호불호好不好를 표현하지 않는데, 그것은 '네마우시根回し'라고 하는 집단 중시 문화에 의한 사전조율 때문이다. 네마우시根回し는 원래 나무를 옮길 때 뿌리를 통째로 묶는 것을 의미한다. 문화권별 대표적인 상인들에 대해서 이해하는 것은 매우 중요하며 자못 흥미롭다.

유대상인, 계약과 신용의 화신

유대상인과의 상담이나 협상 시 나타나는 대표적인 특징은 무엇보다 계약과 신용의 준수이다. 유대상인들은 함부로 약속을 하지 않으며, 〈탈무드〉에서는 어린이와의 약속도 분명히 지킬 것을 강조한다.

유대상인들은 싸게 사서 비싸게 파는 데 초특급 선수들이다. 오늘날 백화점의 '가격 정찰제'는 의심과 속임수를 경계하는 그들의 발명품이기도 하다. 유대상인들은 신뢰를 매우 중시하는 만큼 원만한 논리에는 바로 대응하지 않으며, 쉽사리 양보하는 법도 없다. 유대상인들은 정보 마인드가 매우 강하다. 그들은 원래 민족 자체를 하나의 대가족으로 생각하기 때문에 서로 간의 비즈니스에 관한 이야기나 정보 교류가 몸에 배어 있다. 오늘날 이스라엘의 정보기관^{MOSSAD}이 최고의 정보력을 가진 것도 결코 우연은 아니다.

유대상인들의 경이로운 점은 그들의 사브라^{Sabra} 정신이다. 사브라는 사막에서 피는 선인장의 열매이며, '사브라 정신'은 완벽한 잡초 근성과 같은 것이다. 유대인들은 전 세계를 유랑하며 핍박받았지만, 사브라 정신이 있었기에 그 누구도 무시 못 할 나라를 만들었으며, 세계의 거상들이 되었다. 필자의 미국 거래선 중에도 냄비 하나 달랑 옆구리에 차고 홀로 이민 온 후, 천신만고 끝에 거상의 반열에 오른 폴란드계 유대상인이 있었다. 그는 사브라 정신으로 갈고 닦은 노련한 상술과 집요한 교섭력으로 필자의 애간장을 깨나 녹였었다. 유대상인과의 협상 시에는 그들의 원초적 본성인 사브라 정신을 반드시 기억해야 한다.

유대상인들은 돈에 관한 한 지독하다. 그들은 깨끗한 돈, 더러운 돈을 구별하지 않으며 작은 돈도 소홀히 하지 않는다. 필자는 미국 연수 중 한 유대 상인 가정에서 홈스테이를 한 적이 있었는데, 젊은 시절 사업가이었던 그의 부인은 주방 내 한 테이블 위에 온갖 종류의 할인 쿠폰을 산더미처럼 쌓아 놓고 있었다. 좋게 말하면 근검절약이지만 여하튼 유대인들의 돈에 대학 악착함은 유명하다. 오죽하면 셰익스피어는 그의 희곡 〈베니스의 상인〉에서 유대인 고리 대금업자 샤일록을 교활하고 잔인한 수전노로 묘사했을까? 샤일록은 베니스의 젊은 상인 안토니오가 구혼하러 가기 위한 여비를 빌릴 때, 만약 갚지 못하면 가슴살 1파운드를 베어 갖는 조건을 내세웠다. 물론 그러한 묘사는 희극의 흥미 속에 반 유대인 정서를 섞은 것이지만, 유대상인이 얼마나 지독하게 흥정하고 타협하는지를 시사하기에 충분한 것 같다.

중국상인, 하늘에 구멍을 내려는 욕망과 허세

세계 시장에서 중국의 위상과 역할은 이전과는 달리 엄청나게 강화되었다. 때문에 그들과의 비즈니스에서 성공하려면 일단 그들의 특성에 대해 올바르게 알아야 한다. 중국상인들의 공통된 특징을 결정짓는 단어는 신용, 명분, 체면이다. 더불어 그들은 이해득실에도 철저하다. "돈만 있으면 귀신에게도 맷돌을 돌리게 할 수 있다有錢能使鬼推磨"라는 그들의 말은 '이해득실'에 대한 그들의 사고를 잘 엿보여 준다.

중국상인 중에는 절강상인, 광동상인, 산서상인, 휘주상인 등이 있는

데, 흔히 이들을 중국의 '4대 상인'이라 부른다. 한마디로 중국의 대표급 상인들이며 그들의 흥정하고 타협하는 방법은 각양각색이다.

우선 절강상인의 예를 들어 보자. 절강상인들은 달콤한 화술과 임기응변에 능숙하다. 원래 중국인들은 상담이 시작되면 최고의 화려한 언사를 던지지만, 그들은 그 이상이다. 절강상인들은 기회 포착에 능숙하며, 부족한 여건에서도 기필코 이익을 쟁취한다. 그들은 높은 효율과 빠른 회전을 추구하는 성향이 강하지만, 신중할 때에는 아주 신중하다. 절강지역에 속하는 상해상인의 특징을 설명하는 정精과 작作이라는 두 글자가 있는데, 정精은 고단수, 꾀돌이, 요물과 같은 의미이며, 작作은 꿈틀거림, 애교, 프로 의식을 가리킨다.

절강상인 중 온주상인은 중국의 유대인이라고 불릴 정도로 상업에 관한 한 천부적인 기질을 타고났다. 그들의 뛰어난 비즈니스 감각과 능란한 사교술은 타의 추종을 불허할 정도이다. 그들의 웃음 뒤에 감춰진 담대한 배짱은 숨겨진 칼과 같다. 그들은 다른 사람의 시선이나 갈등을 두려워하지 않으며, 더 이상 잃을 것이 없거나 불리한 상황에서도 감정보다 실리를 계산하는 것이 몸에 배어 있다. 그들은 유리하면 세게 나오지만, 불리하면 실권이 없다고 오리발을 내민다. 그들은 없는 척, 있는 척, 약한 척, 강한 척을 다 한다. 온주상인과 거래할 때에는 장사 수완이나 돈 자랑은 금물이며, 허를 찌르는 그들의 행동에 말려들지 말아야 한다. 그들의 겉과 속은 정말 여러 겹이다.

광동상인은 오직 상인 그 자체인 사람들이다. 광동상인의 특징은 개척과 모험 정신이다. 그들은 자존심이 강하지만, 외지인이면 누구나 고객처럼 대하고 일단 한번 맺은 관계는 진취적으로 발전시키려고 한다. 광동상인은 중원에서 환란을 겪은 이주인들의 후예이기에, 혈연·지연·연대감을 중시한다. 전 세계 화교인구의 70% 이상을 차지하는 그들의 위세는 "태양은 영원히 광동인들에게 비춘다太陽永遠普照着粵人社會"라고 표현될 정도이다.

광동상인에는 조주방潮州幇, 광주방廣州幇, 객가방客家幇 등 세 그룹이 있는데, 특히 동남아, 홍콩, 마카오 지역을 장악한 조주방 상인들은 유연한듯하면서도 실속을 차리는 흥정에 능하다. 광동상인은 협상에 임할 때 "우리에게 신이 있다면 그것은 곧 돈이다"라고 말할 정도로 강한 성취욕을 갖고 있다. 그들은 돈을 위해서라면 하늘에 구멍까지도 낼 수 있는 사람들이다.

산서상인은 원래 소금무역의 강자로서, 중국 최고의 상인 반열에 있었다. 그들은 중국 최초의 은행을 만들 정도로 앞서 가고, 매사에 안목이 높다. 휘주상인은 남송1127-1279 시절 주자학의 본거지 출신답게, 문화와 학문을 중시하는 선비 같은 성향을 갖고 있다. 복건상인은 과거 밀무역의 선수들로서, 해적 같은 강한 기질이 있다. 동남아 지역의 화교들 중에는 복건상인 출신이 많다. 닝보상인은 해산물, 의류, 보험업에서 두드러졌으며, 뒤늦게 부상하였으나 약삭빠르고 강하다. 산동상인은 뛰어난 상술보다는 성실성을 무기로 하며, 상도의를 중시한다. 산동은 공자의 출생지이고, 산동인은 한국인과 기질이 유사하다. 필자는 과거 산동성 정부 및 산동상인들과 협상을 많이 진행하였었는데, 그들은 아주 예의 바르고 남다른 배포가 있었다.

　중국상인들과의 협상에서 특히 유의할 점은 그들의 '만만디^{慢慢地}' 정신이다. 보통 '만만디'하면 그들의 게으름과 나태함이 가장 먼저 떠오를 것이다. 그런데 이는 정말 잘못된 관념이다. 사실 이런 관념은 청나라 시절, 일본이 청일전쟁과 만주사변 등을 일으키며 중국을 폄하하기 위해 퍼트린 개념일 뿐이다. '만만디'의 만은 '천천히' '느릿느릿' '차츰차츰'으로 이해할 수도 있지만 중국인들의 '만'은 한국어의 '잘'로 이해되어 '아무 탈 없이 목적이 잘 이루어지기를 소망'하는 의미이다. '만저우^{慢走}'는 '천천히 가세요'가 아닌 '잘 가세요'이고 '만츠^{慢吃}'와 '만융^{慢用}'은 '천천히 잡수세요'가 아닌 '잘 잡수세요' 즉 '많이 잡수세요'란 의미인 것이다.

　중국인들은 누군가가 다칠 위험에 처하거나 정상에서 벗어날 가능성에 처했을 때도 어김없이 습관적으로 '만디얼^{慢点儿}'이라 한다. 일을 빨리 빨리 하다 보면 잘 이루어지기보다는 중간에 사고가 날 가능성이 많기 때문에 그들은 늘 '만'자가 습관화되어 있다. 결국 그들의 '만만디' 정신은 어떤 일에서 결과도 중요하지만 '과정'을 중시하는 것을 함축적으로 나타낸 것이기도 하다. 다음은 '만만디' 정신을 잘 보여주는 예화이다.

　옛날 어느 유명 화가가 게 그림 한 장을 멋지게 그려 달라는 황제의 요청을 받았다. 그 화가는 황제에게 열두 명의 시종, 집 한 채, 5년의 시간을 요구하였고 황제는 기꺼이 그 요구를 들어주었다. 하지만 그는 5년이다 되어도 그림 그리기를 시작하기는커녕, 5년의 시간을 더 달라고 요구했다. 화가는 10년이 거의 다 될 무렵에야 붓을 들어 단숨에 완벽한 게의 모습을 그렸다는 이야기이다.

중국상인들은 절대로 조급한 모습을 보이지 않으며, 그들의 전술적 페이스에 말려들어서 조바심을 보이거나 선택의 여지가 없게 비춰지면 결국 그들의 요구를 들어줄 수밖에 없게 된다. 중국상인들은 위신을 살려주면서 마무리하는 것을 좋아한다. 그들의 허세는 단연코 으뜸이다.

인도상인, 늑대의 발목을 잡는 여유와 능청

중국상인들 다음으로 만만치 않은 사람들은 인도상인이다. 그들은 과거 굵직한 중동 상권을 좌지우지했던 사람들이다. 인도상인들은 뛰어난 언어와 수리 능력을 갖고 있으며, 영어와 서구 문화에도 능숙하다. 그들의 교섭 방법은 마치 여우가 늑대의 발목을 잡고 있는 것 같다. 그들은 여유와 능청으로 가득 차 있다. 필자는 상사맨 시절 중동에서 한 인도인 중개상과 상담을 하던 중, 그가 너무도 어처구니없이 가격을 깎아내리려는 바람에 곤혹을 치른 적이 있다. 인도상인은 서두름이 없으며, 유리한 상황에서는 답답함을 느끼게 만들고, 불리한 상황에서는 반전이 가능할 때까지 버틴다. 그들은 비논리 속의 논리와 핑계를 무기로 삼으며, 때로는 말도 안 되는 주장과 변명으로 일관한다. 그들은 계약서나 신용장에 애매한 문구를 슬며시 포함시켜서 덫을 놓기도 한다. 그들은 무엇이든 먼저 요구하는 성향이 강하며, 반드시 양보를 얻어내려고 한다.

인도상인들이 상도의가 없는 것은 거의 전통 수준이다. 그러한 스타일은 아마도 인도 특유의 신분제도인 '카스트'의 영향 때문일 것이다. 인도에서 상인들은 원래 세 번째의 낮은 계급인 '바이샤'에 속하는데, 그들에게 가장 중요한 것은 오직 돈이며, 돈 앞에서는 윤리와 도덕은커녕, 게임의 룰rule도 아랑곳하지 않는다. 이렇듯 믿기 어려운 인도상인들과 친숙해지려면, 중국상인들과 '꽌시關係'를 형성하는 데 필요한 정도 이상의 노력과 인내를 감수해야 한다. 어쨌든 그들은 세계 시장에서 두드러진 전문성과 영민한 두뇌로써 힘을 발휘하고 있고, 필히 상대해야 할 사람들이다. 그들과의 협상 시에는 개개인의 스타일까지 염두에 두고서, 절대로 꿇리지 않아야 한다.

이슬람상인, 신의 뜻을 앞세우는 형제애와 경계심

오일 머니의 주역인 이슬람상인은 비즈니스와 계약의 원조들이라 할 만하다. 이슬람상인은 "무역을 통해서 신의 은총을 찾고, 긴 여행을 하라"는 코란의 지침을 표방하며, 땅과 바다와 사막으로 장사를 다닌 탓에 상인으로서의 자부심이 크다. 이슬람상인들의 교섭하는 스타일은 의젓하다.

그들은 자존심이 강하고, 과장과 허세에도 능숙하며, 때로는 면전에서 재치기를 해도 커미션을 줘야 할 정도이다. 그들은 개방성이 강하지만, 형제애와 경계심을 동시에 갖고 있다. 하지만 그들은 일단 마음에 들면 거의 다 수용하는 편이다. 이슬람상인들은 상담이나 협상 도중에 줄곧 "인샤 알라Insha Allah" 즉 "모든 것은 신神의 뜻대로!"라고 말하며, 자신의 입장을 흐리기도 한다. 그들과 협상하고 있노라면 마치 그들만의 신神을 따르라고 하는 것처럼 느껴질 때도 있다.

필자와 이슬람상인들과의 인연은 정말 깊다. 마케터로서의 첫 성공과 뼈아픈 고생을 가장 많이 안겨 준 이도 바로 그들이다. 이슬람상인들 중에서 누가 가장 흥정과 타협에 능숙한가는 정말 알기 어렵다. 이집트상인은 무엇이든 교섭할 때 치사찬란하기 그지없고, 페르시아상인은 포용력이 있으며 비교적 통이 큰 편이다. 터키상인은 교활할 정도로 날렵하게 치고 빠지는 데 선수이다.

필자의 경험적 식견으로는 이집트 상인은 페르시아상인을 당하지 못하고, 페르시아상인은 터키상인을 당하지 못한다. 터키상인은 서역에 온 비단 장사 왕서방을 울리던 페르시아상인에 여러모로 앞선다. 필자에게도 어려운 상황에서 뒤통수를 치면서 가장 고생스런 기억을 남긴 상대는 바로 터키상인이다. 이러한 이야기들은 오랫동안 그들과 거래를 하거나, 분쟁을 타결하는 과정에서 겪은 필자의 주관적 경험에 의한 것이지만, 복잡한 세계 시장의 판도에서 참고할 만하다.

아르메니아상인, 정교하고 끈질긴 반전의 고수

유대상인, 아랍상인, 인도상인들의 강점을 두루 갖고 있는 흥정과 타협의 귀재들은 아르메니아상인이다. 아르메니아상인은 코카서스의 작은 나라 사람들로서, 지리적 위치상 페르시아, 터키, 러시아 등 인근 강국들의 유린과 유대인 이상의 유랑을 겪은 탓에 놀라운 생존력과 근성을 갖고 있다.

그들은 엄연한 백인들이지만, 미국 캘리포니아에서도 '프레스노 인디안'이라고 비하될 정도로 멸시를 받았다. 하지만 그들은 주변국이 모두 이슬람국가임에도 불구하고, 오직 홀로 기독교를 국교로 정했을 정도로 지독한 사람들이다. 필자의 경험적 식견으로 보아 아르메니아상인 한 사람은 능히 유대상인 다섯 명을 상대할 수도 있다고 본다. 그들은 상대방의 힘에 완전히 밀리는 것처럼 보이다가도, 어느덧 상대방이 필요로 하는 위치에 서 있을 정도로 반전의 고수들이다.

아르메니아상인들은 수준 높은 언어 감각과 인도상인을 능가하는 수리 능력을 갖고서 정교하게 흥정하고 타협한다. 아르메니아어로는 '사랑한다'는 표현을 수십 개 이상 할 수 있으며, 그들의 수리능력은 19단을 암산하는 인도인들보다 우수하다. 아르메니아상인들은 작은 나라 출신이지만, 비즈니스 스케일이 쫀쫀하지 않으며 기회 포착에도 강하다. 비엔나커피는 그들이 원수처럼 여기는 터키의 오스트리아 침공을 기회로 삼아, 그 정보를 제공한 대가로 얻은 커피 상권의 산물이다. 17세기 초 스페인에서 발견된 한 문서에는 아르메니아상인들에 대해서 다음과 같이 기술되어 있다.

"이들보다 더 탐욕스러운 민족은 없다. 그들은 지중해 연안에서 비단을 팔아 큰 이익을 보면서도, 한 푼이라도 더 벌기 위해 세상 끝까지 달려간다."

한국의 비즈니스 전사들이 나아갈 방향

세계화가 진행된 지 벌써 오랜 세월이 지났다. 글로벌 무대에서의 협력과 경쟁의 양상도 크게 달라지고 있다. 이러한 가운데 다양한 문화권의 협상 파트너들을 잘 이해해야 한다는 것은 아무리 강조해도 지나치지 않다. 글로벌 무대에서 상대방의 스타일을 모르고 전투에 임하는 것은 백전백패의 길이며, 그것을 아는 것은 백전백승의 길이다. 상대방을 모르고 어떻게 상대방을 정복할 수 있겠는가? 상대방의 스타일을 잘 알고 대응하는 것이야말로 유리한 위치를 점하면서도 장기적인 파트너십을 구축하는 길이다.

그러면, 한국 비즈니스맨들의 흥정하고 타협하는 스타일과 개선점은 무엇인가? 한국 비즈니스맨들은 대체로 협상의 조직력이 약하고, 인간관계에 의존하려는 성향이 강하다. 돌아보면 한국인의 위상으로 보아 글로벌 시장에서 상대할 대상은 많으나, 그들의 힘과 위세를 다루는 데에는 역부족인 경우 또한 많았다. 한국인은 매운 고추를 매운 고추장에 찍어 먹는 유일한 민족이지만, 그러한 맹렬함은 상대방의 입장을 잘 고려하지 않는 조급함이나 치밀함의 부족으로 나타나기도 한다.

한국인의 후끈 달아오르는 기질은 놀라운 성장을 이루고, 국제 사회에서의 위상을 높여주었지만, 다양한 이문화 환경에서 전개되는 협상 과정에서 상대방의 마음을 얻을 수 있는 협상력과 의사소통 기술 면에서는 고려할 점이 많다. 한국 비즈니스전사들이 염두에 두어야 할 개선점과 행동방향 5가지를 제시하면, 다음과 같다.

〈한국 비즈니스맨들의 개선점과 행동방향 5가지〉

1. 아시아적 협상 스타일에서 벗어나, 글로벌적 시각을 가져야 한다. 상대방이 어떻게 흥정하고 타협하는지를 잘 이해하고 대응하여야 한다. 한국 비즈니스맨들의 협상 스타일은 자기중심적인 경향이 많다.

2. 상대방과의 가치관 차이를 인정하면서, 대립이 필요할 때에는 당당하게 논리를 전개하며 맞서야 한다. 특히 문제의 핵심을 벗어나 단순한 흥정으로 일관하거나 쉽게 양보하는 자세를 버려야 한다.

3. 철저히 짜인 시나리오에 의해 세밀하게 접근하고, 최상급자나 누구 한 사람의 협상력에 의존하는 자세에서 벗어나야 한다. 살아서 꿈틀거리는 정보를 얻기 위해서는 항상 꿈틀거려야 함은 물론이다.

4. 인간적 매력과 신뢰를 보여야 한다. 또한 절박한 순간에도 협상 테이블 안팎에서의 접촉으로 교감을 이룰 수 있어야 한다. 한국 비즈니스맨들은 의사소통에 있어서 대립과 교감의 양날을 쓰는데 약하다.

5. 최악의 경우라도 포기하지 말아야 한다. 포기하지 말아야 하는 이유는 환경의 급변이나 상대방의 실수가 있을 수 있기 때문이다. 비록 작은 실마리라도 놓치지 않고 불굴의 자세를 견지하면, 나머지는 하늘이 알아서 한다.

초경쟁 글로벌 시대의 비즈니스전사들은 자신의 목적을 달성하기 위해서라면, 필히 상대방의 흥정하고 타협하는 모습을 잘 알고 덤벼야 한다. 아무리 거상의 눈빛과 친구의 손길로 대해주더라도, 그에 대해서 잘 알지 못하면, 견고한 파트너십은 고사하고 종국에는 모든 것을 다 양보하게 된다. 유력한 파트너들과의 지속적인 유대를 위해서는 문화와 상관습에 뿌리를 둔 그들의 협상 스타일을 잘 이해하고 대응해야 한다.

대립은 투쟁이 아니다, 즐겨라

"당신은 당신에게 맞선 사람에게서 큰 교훈을 배워 오지 않았던가?"

이것은 미국의 시인 월트 휘트먼Walt Whitman, 1819-1892의 말이다. 그의 말대로라면 만약 누군가와 어떤 일로 맞서더라도 최소한 얻을 것이 있다는 이야기가 된다. 더욱이 상대하는 파트너가 훌륭한 인물이라면, 그와 맞선다는 것은 분명히 득이 될 것이다.

비즈니스 세계에서 '맞선다'는 의미는 서로 대립하며 '싸우자'는 의미가 아니다. 정확히 말하자면 할 말은 하고 요구할 것은 요구하는 것, 즉 당당하게 맞수를 둔다는 뜻이다.

당당함, 냉정함, 여유

맞선다는 것은 당당함에서 출발한다. 당당함은 의사소통의 기본이다. 당당함을 제대로 보여주려면, 마치 결전을 앞두고 기氣 싸움을 하는 스포츠맨처럼 강한 눈빛을 유지하면서 뚜렷이 논조를 펴야 한다.

만약 상대방의 눈빛에 위축되어 그의 시선을 피하거나 우물쭈물 한다면 상대방은 나를 가벼이 여길 것이다. 당당하게 나가면 기선機先을 잡는 데에도 유리하다. 무엇보다 당당함에는 냉정함이 수반되어야 한다. 냉정함은 생각이나 행동이 감정에 좌우되지 않고 침착하게 합리적 판단을 내릴 수 있도록 도와준다. 기 싸움도 성질로 하는 것이 아니라 냉정함과 합리적 판단으로 하는 것이다.

당당함에서 잊지 말아야 할 것은 여유이다. 여유란 상대방이 강하거나 비합리적으로 나올 경우에 즉각적인 저항이나 반사를 하기보다는, 오히려 그렇게 나오는 근거를 추궁하는 자세를 취하는 것이다. 여유만만, 여유당당한 사람 앞에서는 누구라도 함부로 말을 하지 못하고 쩔쩔매게 된다. 여유는 자신감과 품격에서 나온다. 여유와 겸허함을 동시에 보이면, 팽팽한 국면에서도 타협과 상생의 길을 찾을 수 있다.

'권위와의 거래'에 익숙하라

미국 기업의 경영자들 중에는 월등히 높은 연봉을 받는 사람들이 있다. 그들의 대부분은 유대계인데, 그들은 능력도 뛰어나지만 연봉 협상에서도 탁월한 기량을 발휘한다. 유대인들의 협상능력은 어린 시절부터 몸에 밴 '하브루타havruta'에 기인한다. 하브루타는 3,500년을 이어 내려온 '짝을 지어서 질문하고, 토론하고, 논쟁하는 교육'이다. 유대인들은 '하브루타'를 통해서 일찍부터 까다롭고 복잡한 율법과 규범뿐만 아니라, 정치, 경제, 문화 등 다양한 이슈에 대해서도 거리낌 없이 질문하고 토론하는데 익숙해져 있다. 그들은 어린 시절부터 권위 앞에서 위축되는 법이 없다.

초경쟁 글로벌 시대의 직업인들은 '권위와의 거래'에 익숙해져야 한다. '권위와의 거래'란 강자나 실세 앞에서 주눅 들지 않으면서 흥정하고 타협하는 것이다. 권위와의 거래는 어린 시절이나 사회생활 초기부터 토론능력을 키우면 강해질 수 있다. 예컨대 부모의 도움 없이 "저는 이곳이 이렇게 아프니, 잘 치료해 주세요!"라고 의사에게 당당히 말할 수 있는 아이는 성년이 되어서도 '협상의 귀재'가 될 자질이 충분하다.

회사도 천편일률적인 지시나 통제보다는 맞장 토론과 쟁의를 독려하며 조직원들의 숨겨진 자질을 키워주어야 한다.

'권위와의 거래'에 익숙해지려면 거리낌 없이 질문하고, 토론하고, 논쟁 하는 것이 몸에 배어있어야 한다. 막강한 힘을 가진 구매처의 책임자나 하늘같은 상사 앞이라도 할 말은 똑바로 해야 얻을 것을 얻는 법이다.

유력한 파트너들과의 비즈니스 협상에서 '권위와의 거래'는 필연적으로 통과해야 할 터널이다. 그러므로 노련한 협상가가 되려면 권위와의 거래를 여유 있게 받아들여야 한다. 게임도 팽팽하게 쪼이는 것을 즐기는 사람이 고수高手이며, 만약 그렇지 않다면 기氣가 약한 하수下手에 불과하다.

대립을 즐겨라

피터 드러커는 그의 명저 '프로페셔널의 조건'에서, "사람은 의사소통을 할 때 상대방의 의사를 지각하고, 기대하며, 요구한다."라고 기술하였다.

그의 말대로라면 사람은 의사소통을 할 때 당연히 무언가를 바라고 요구하는 심리가 바탕에 깔려 있으므로, 기본적으로는 맞서거나 대립할 수밖에 없다는 의미가 된다. 오직 실리만이 명분보다 앞선다는 가정 하에서는 투쟁도 불사할 수 있겠지만, 무엇인가 요구할 것이 있을 경우에는 최소한 무조건 협력하기보다는 일단 맞서거나 대립하려고 할 것이다. 그런데 이와 같이 맞서거나 대립하는 자세가 없다면, 상대방은 나의 요구를 분명히 의식하지 못하게 되므로 대립하는 것을 주저해서는 안 된다. 그것은 상대방도 마찬가지이다.

대립은 투쟁이 아니다. 대립은 적대적 상황을 만들거나, 투쟁하는 것과는 다르다. 대립은 상대방을 존중하며 힘을 겨루는 것이지만, 투쟁은 상대방을 적으로 간주하고 싸우는 것이다. 대립할 때에는 자신에게 유리한 방향을 추구하되, 상대방에게는 진실한 정보를 제공한다. 이에 반해서, 투쟁할 때에는 자신에게 유리한 방향을 추구하는 것은 똑같지만, 상대방에게는 불리한 정보를 주고, 심지어는 속임수까지 쓰게 된다. 대립은 결코 투쟁이 아니다. 그러므로 아무리 가까운 파트너일지라도 자신의 이익을 위해서라면 당연히 대립할 것이라는 점을 기억해야 한다. 대립은 투쟁이 아니지만 피할 수는 없는 것이다.

대립은 기氣가 살아 있는 '페어플레이fair play'의 한 모습이다. 대립은 투쟁보다 차라리 신사적인 것이다. 대립은 긴장을 조성하기도 하지만, 상대방을 제압할 수 있는 자신감과 승부욕을 높여주기도 한다. 노련한 협상가는 대립을 두려워하지 않는다. 대립은 결코 투쟁이 아니다. 즐겨라!

의표를 찌르고, 은밀히 교감하라

얼마 전 공원의 가벼운 산책길에서 잠시 휴식을 취하던 중 의도치 않게 6살 남짓한 소녀와 엄마의 대화를 들은 적이 있다. 소녀는 복받치는 서러움을 억누르려는 듯 훌쩍거리면서 엄마에게 말을 걸고 있었다. 가만히 들어보니, 모녀간의 짧은 대화는 어린 딸과 엄마 사이의 흔한 대화라기보다는 무언가 밑에 깔린 배경이 있는 것 같았고 뭉클한 분위기마저 느껴졌다. 그 소녀는 복받치는 설움과 망설임을 억누르며 용기를 내어 엄마에게 말을 걸었던 것인데, 그것은 아들을 사랑하던 엄마의 의표를 정확히 찌르고 있었다. 필자는 그 소녀의 귀여운 모습을 보고서 무릎을 치지 않을 수 없었다.

"엄마, 나 좋아하지? 나도 엄마 좋아해! 나… 그런데… 엄마한테 할 얘기가 있어!"

"뭔데?"

"엄마! 앞으로 내 앞에서 오빠한테 뽀뽀하지마!"

"아이고, 가시나, 내가 죽고 못 살아!"

이 짧은 대화가 끝나는 순간, 소녀는 북받치는 서러움을 억누르려는 듯 어깨를 약간 들썩이면서 훌쩍거리고 있었다. 그리고 엄마는 그 소녀를 따뜻한 품 안으로 끌어안았다.

교감의 삼박자는 용기, 조율, 핵심

필자는 위의 대화를 듣는 순간, 소녀의 깜찍한 말투가 너무도 대견하게 느껴졌다. 감히 엄마에게 속내를 털어 놓지 못하다가 마침내 용기를 내서 말을 걸었고, 고심하던 문제의 핵심까지 정확히 건드렸던 것이다. 소녀의 관심사는 '오빠에게 기울어가는 엄마의 사랑을 어떻게 하면 되찾을 수 있을까'였고, 그 방법은 오직 엄마의 머릿속에서 오빠의 존재를 지워버리는 것이라고 믿었던 것이다. 소녀는 용기를 내어 엄마에게 접근함과 동시에 문제의 핵심을 정확히 찌름으로써, 자신의 목표를 달성한 것이다.

'교감'이란 이처럼 용기 있게 접근하는 것, 관심사에 대해서 조율하는 것, 그리고 문제의 핵심을 찌르는 것이다. 이렇게 보면 소녀는 교감에 정통한 의사소통의 귀재라고 할 수 있다. 교감의 비결은 용기, 조율, 핵심이다. 미래학자 다니엘 핑크Daniel Pink, 1964- 는 그러한 행위를 의사소통에서의 ABCAttunement, Buoyancy, Clarity 스킬이라고 말한다. 그것은 마치 악기를 조율하듯 상대방의 속내를 타진하면서, 문제의 핵심을 명확히 부각시키는 것이다. 교감은 용기와 억눌림의 극복을 필요로 한다.

교감하고 또 교감하라

협상의 의사소통에서 교감은 매우 중요하다. 교감交感은 대립對立과 더불어 의사소통 기술의 두 날개 중 하나이다. 교감을 시도할 때에는 상대방의 위상을 인정하면서, 핵심 관심사에 대한 공감대를 찾는 데에 초점을 맞춰야 한다. 만약 자신의 입장이 상대적으로 약한 경우라면 아예 납작 엎드려서 조언을 구하는 것이 좋은 방법이다.

교감의 또 다른 방법은 협상테이블을 벗어나서 은밀한 대화를 시도하는 것인데, 짧은 시간 동안의 대화는 예상외의 좋은 결과를 낳을 수 있다. 필자의 경험으로도 정말 중요한 대화는 종종 협상테이블을 떠나서 이루어지는 짧은 만남을 통해서 나온 경우가 많았다. 교감을 시도할 때에는 상대방과의 협력 분위기를 연출하는 것이 필요하다.

교감은 특히 교착 상태나 경색 국면에서 새로운 출구와 전환점을 열어줄 수 있다. 교감은 감정의 교환을 은밀하게 늘리면서 주도면밀하게 이루어져야 즉각적인 공감을 불러일으킬 정도가 된다. 교감은 상대방의 속내를 타진하려는 노력, 문제의 핵심을 부각시킬 수 있는 센스 그리고 용기에서 나온다. 교감을 시도하다 보면 거북하거나 때로는 자존심에 상처를 입을 수도 있다. 하지만 협상의 고수가 되려면 이쯤은 반드시 넘어서야 한다.

갈등에 대한 시각을 바꿔라

비즈니스에서나 조직생활에서나 교감은 중요하다. 교감이 부족하면 보이지 않던 갈등까지 커지고, 혹독한 대가를 치르게 된다. 1차 세계대전 시, 러시아 제1군 사령관 렌넨캄프와 제2군 사령관 삼소노프는 젊은 시절 극동의 멋진 항구도시 블라디보스토크에서 함께 근무하였지만, 서로 간의 교감부족과 반목으로 인해 감정이 쌓여갔고 결국 중요한 전투에서 협력을 하지 않았다. 그로 인하여 러시아는 역사적인 탄넨베르그 전투에서 독일에게 대패하였고[1914], 두 사람은 20만 명의 전사자와 10만 명의 포로를 남기고 비극적 최후를 맞았다. 링컨 대통령을 암살한 존 윌키스 부스John Wilkes Booth는 유명 배우였던 아버지와 형 사이에서 쌓인 갈등이 낳은 영웅심리 때문에 위대한 인물을 암살하는 사건을 일으켰다.

그런데 위와 같은 극단적인 갈등 상황에서도 상대방의 입장이 다를 수 있다는 점을 인정하면 국면은 완전히 달라질 수 있다. 다름을 인정한다는 것은 서로의 여건과 능력이 다르다는 것, 기대이익이 다르다는 것, 그리고 불확실성과 위험에 대한 인식이 다르다는 것을 인정하는 것이다.

이는 결국 상대방의 위상을 인정하는 것이며, 누구든지 자신의 위상이 인정받는 것을 마다할 상대는 없다. '다름의 인정'은 갈등과 투쟁을 완화시킬뿐더러 상호이익과 유대의 원동력이 될 수도 있다. 다름의 가치와 갈등에 대한 시각을 바꾸면, 교감의 문은 쉽게 열릴 수 있다.

협상은 실리와 명분을 둘러싼 게임이자, 논리적 화술과 심리·감정까지 아우르는 일종의 술術이라 할 수 있다. 상대방의 심리와 감정을 터치하다는 것은 매우 조심스럽고 민감한 작업이다. 그것은 섬세함을 요구하는 고난도의 창의적 행위이다. 그러므로 노련한 협상가가 되려면, 상대방의 머리와 가슴을 어우를 수 있는 다양한 방법을 동원해서 교감할 수 있어야 한다. 교감은 모든 갈등을 날려 보낸다. 교감은 적군도 아군으로 만드는 위력을 발휘하며, 대립과 쌍벽을 이룰 만큼 중요하다.

대립할 때에는 대립해야 하지만, 교감할 때에는 교감해야 한다. 협상의 고수는 상대방의 의표를 정확히 찌르고, 은밀하게 교감한다.

가슴으로 듣고, 눈으로 말하라

협상에서의 의사소통은 스포츠의 야구경기를 연상케 한다. 야구에서는 두 팀이 서로 공격과 수비를 번갈아 진행하면서 승패가 엇갈린다. 한 팀이 공격 시에 다른 한 팀은 수비를 하는데 공격과 수비과정에서는 많은 전술과 변화가 일어난다. 결국 협상에서나 야구경기에서나 쌍방이 공세와 수세를 반복하는 것, 그리고 전술에 따라 상대방에게 미치는 영향이 달라지는 것은 똑같다고 할 수 있다. 협상에서의 의사소통 자세는 가슴으로 듣고, 눈으로 말하는 것이다.

질문이 중요하다

협상에서 상대방의 마음을 읽으려면 질문을 잘 해야 한다. 18세기 프랑스의 사상가 볼테르는 "사람의 수준은 대답이 아닌 질문하는 능력으로 판단할 수 있다."고 말했다. 질문 수준은 질문하는 사람의 전문가로서, 프로로서의 격格을 가름한다. 질문은 상대방 내면의 숨은 욕구hidden interest를 건드리고, 그 정체를 파악할 수 있는 결정적인 방법이다. 협상에서 질문을 잘 해야 하는 또 다른 이유는, 얻고자 하는 정보의 약 70%가 협상테이블에서 오고 가는 질문에 대한 답변에서 나오기 때문이다.

질문은 핵심 내용을 잘게 쪼갠 후 통합하는 효과를 가져 온다. 질문에서는 내용과 우선순위뿐만 아니라, 질문 방법도 매우 중요하다. 가장 바람직한 질문 방법은 개방형 질문이며, 그것은 완곡하게 대화를 유도하는 질문이다. 개방형 질문은 상대방이 대답하고 싶거나, 대답하기 쉬운 질문, 그리고 공동의 목표를 확인할 수 있는 질문이다. 가장 순리적인 질문은 상대방의 눈을 바라보고, 그가 듣고 싶은 말을 골라서 묻는 것이다. 협상의 고수는 상대의 눈빛만 봐도 그가 무엇을 생각하는지 알 수 있다.

질문에는 마력이 있다. 질문은 상대방의 위상을 인정해 주는 좋은 방법이기도 하다. 질문은 상대방으로 하여금 자신만이 그 질문에 대한 대답을 줄 수 있는 유일한 사람이라는 의식을 갖게 만들고, 의사소통 과정에서 나에 대한 관심을 높게 한다. 질문을 단순히 어떤 문제에 대해서 답을 구하는 것으로만 생각하면, 원하는 만큼의 정보를 얻지 못한다. 질문은 상대방을 높여주면서, 얻을 것을 얻는 의사소통기술이다. 어느 경우이든, 중요한 질문을 할 때에는 상대방의 마음속에 숨어 있는 욕구를 건드릴 정도로 정곡을 찌를 수 있어야 한다. 물론 비굴한 느낌을 주어서는 안 된다.

경청, 하지 않은 말을 들어라

의사소통에서 질문 못지않게 중요한 것이 경청이다. 경청은 올바른 판단의 근거를 제공한다. 칭기즈칸은 "내 귀가 나를 가르쳤다, 적게 말하라! 듣지 않고는 함부로 결정하지 마라!"고 말했다. 경청은 한 마디로, 혀 대신 귀를 더 많이 내밀고, 상대방의 욕구를 확인하는 것이다. 경청의 태도에 따라 상대는 하고 싶은 말을 생략할 수도, 마음을 아예 닫아버릴 수도 있다는 것을 명심하자.

경청에는 절제와 훈련이 필요하다. 사실 대부분의 한국인은 대화 도중에 상대방의 말을 듣다가 후끈 달아오르면 상대의 말을 가로질러 자기 주장을 펴는 기질이 있다. 만약 상대방이 말하는 도중에 발언을 하고 싶다면, 3-2-1, 즉 3초 동안 듣고, 2초 동안 숨을 고르고, 나머지 1초 동안 말할 것을 권한다. 또 한 가지 훈련 방법이 있는데, 그것은 왼쪽 주머니에 500원 짜리 동전 20개를 넣고서, 상대방의 이야기를 정말 경청했다고 스스로 인정 할 수 있는 순간마다 동전 한 개씩을 오른쪽 주머니로 이동시키면서, 달성률을 점검하는 것이다. 이러한 방법을 인내심 있게 반복하면, 오른쪽 주머니로 이동하는 동전의 수가 증가하고, 경청을 잘 하고 있는 자신을 발견할 수 있다.

경청은 상대방이 하지 않은 말을 듣는 것, 곧 가슴으로 듣는 것이다. 경청은 참을성, 관심, 배려를 필요로 한다. 만약 상대방이 하지 않은 말과 가슴의 소리를 분명히 들을 수 있다면, 그것은 그 사람의 깊은 속내와 내면의 욕구를 분명히 꿰뚫고 있는 것이다. 경청은 상대방으로 하여금 흥이 나게 하며, 마치 기러기가 총총걸음을 걷듯 일을 빠르게 진전시킬 수 있게 한다.

영국의 시인 존 키츠John Keats, 1795-1821는 이렇게 말했다. "들리는 멜로디는 아름답다. 그러나 들리지 않는 멜로디는 더욱 아름답다."

설득, 진심을 담아라

설득은 긍정적 논리와 정서를 동원하면서 합리적인 주장을 관철시키려는 행위이다. 아리스토텔레스는 이미 기원전 330년경에 '에토스인격, 로고스논리, 파토스감정'를 설득의 3요소로 갈파하였다. 설득을 할 때에는 오직 겸손한 자세를 취하되, 자신의 뜻을 분명히 밝히는데 집중해야 한다. 상대방이 당면 과제의 타결을 더 절실히 원하게 된다면 설득에 성공한 것이다.

설득에서 유의할 점은 상대방의 반응에 휘말리지 않는 것이다. 예컨대 브라질인은 이쪽에서 이야기를 하려해도 오히려 쉬지 않고 떠드는 경향이 있고, 미국인 역시 떠들기라면 크게 뒤지지 않는다. 반면에 일본인은 아주 냉정하게 경청하며 본심을 잘 드러내지 않는다. 그러므로 설득을 할 때에는 상대방의 반응을 고려하되, 중간을 가로막는 그의 주장이나 감정에 좌우되지 않도록 유의해야 한다. 설득을 할 때에는 진지함과 단호함을 보여야 한다. 설득을 위한 최후통첩은 아주 냉정하되, 부드럽게 해야 한다.

비언어, 설득에 파괴력을 더한다

의사소통에서는 손짓, 몸짓, 시선, 자신 있는 목소리 등과 같은 비언어적 몸동작제스처도 중요하다. 그것은 자신의 전략을 관철시키려는 선거 시의 대중 연설 사례에서 자주 목격할 수 있다.

2008년 11월 미국 대통령 선거에서 민주당 후보 버락 오바마는 공화당 후보 존 메케인을 누르고 승리하였다. 당시 선거는 민주당이 전체적인 분위기 상 유리한 상황에 있었지만, 오바마의 승리에는 그가 우세했던 TV토론이 결정적 영향을 미쳤다. 당시의 TV토론을 보면, 오바마는 시선을 TV 화면 중앙에 두고 안정된 표정과 목소리로써 자신감 있게 말한 반면, 메케인은 시종 불안정한 시선에다가 표정과 목소리마저 불안하여 시청자들의 관심과 마음을 확 끌지 못했다. 상대방의 관심과 마음을 사로잡으려면 시선을 맞추는 것이 가장 중요한데, 메케인은 그 점을 간과하여 유권자들의 긍정적 반응과 신뢰를 얻지 못한 것이다.

비언어를 구사할 때에는 상대방의 반응을 점검하면서 행해야 한다. 만약 상대방의 반응이 냉담하거나 눈길을 주지 않으면, 재빠르게 분위기를 전환시킬 수 있는 임기응변을 할 수 있어야 한다. 예컨대 구미인과 만났을 때에는 웃음 속의 악수조차 차갑게 느껴지는 경우가 있는데, 그럴수록 여유와 부드러움을 보이면서 대응하는 것이 바람직하다.

제스처가 크고 친근감을 잘 드러내는 라틴계 파트너를 만나는 경우라면, 그와 유사한 몸동작으로 맞장구를 치는 것도 나쁘지 않다. 비언어에 대한 상대방의 반응을 점검하려면, 그들의 눈과 입을 먼저 보아야 한다. 대체로 동양인은 눈빛으로 반응을 나타내며, 서양인은 입 꼬리의 움직임에서 반응을 보인다. 만약 많은 사람을 상대로 하고 있는 경우라면, 그러한 반응이 어떻게 확산 되는지를 즉각적으로 간파해야 한다.

　협상 중의 의사소통에서 비언어의 위력은 크다. 비언어에 능숙하려면 문화적 차이를 고려하여야 하며, 다양한 경우에 대비한 훈련과 숙달이 필요하다. 특히 문화적 특성을 고려하지 않은 채 잘못 사용하는 비언어는 커다란 오해나 혼란을 초래할 수도 있다는 점에 유의해야 한다. 비언어는 가급적 자신의 이미지에 맞는 것을 적용하되, 지나친 과장은 피해야 한다. 노련한 협상가가 되려면, 5관 6감 모든 것을 적절히 사용하면서, 비언어에 능숙하여야 한다.

인간관계와 성과는 따로 논다

필자가 한 통신제조그룹의 전략총괄부사장으로 재직하던 때의 일이다. IT제품 현지생산판매법인 설립을 위한 협상 목적으로 필자는 여러 차례 중국 산동성 성정부를 방문하였다. 산동성은 공자, 제갈공명, 손무 등 우리가 잘 아는 역사적 인물들의 고향이며, 산동인들은 호방하고 의리를 중시한다는 점에서 그들과의 협상에 임하는 필자의 소회는 남달랐다.

산동인과 우리의 기질이 유사하기 때문인지는 몰라도 그들과의 의사소통은 원활했으며 모든 것이 순조로울 것으로 여겨졌다. 그들은 수차례의 방문 기간 중 경호 차량을 붙이고, 성정부의 소형제트비행기까지 내줄 정도로 예우를 했다. 그러나 수개월 뒤 협상이 종료되자, 그들의 의례적인 예의는 변치 않았지만, 실질적 배려들은 하나하나 사라졌다.

'꽌시關係'의 배반?

결과적으로 당시의 협상은 성공이었으나, 이 과정은 그리 순탄치만은 않았다. 필자는 공장부지, 조세, 금융, 수출허가 등에 관해서 매우 유리한 조건을 확보할 수 있었다. 하지만 그들은 파트너관계에 대한 진정성이 의심스러울 정도로 그릇된 정보를 주기도 했으며, 우리 측의 의중과 정보를 캐기 위해서 다양한 접근을 시도하였다. 필자가 협상에 관한 전권을 갖고 있음을 알고서는, 이런 저런 방법으로 밀착관리를 하였다.

이러한 과정 속에서 서로 간의 신뢰를 검증할 수 있었지만, 그렇다고 해서 그들과의 인간관계가 영원히 지속될 것 같은 생각이 들지는 않았다. 아마도 그들은 끈질기게 물고 늘어지면서 벼랑끝 전술까지 구사하던 필자를 속으로는 경원하고 있었는지도 모른다.

사실 중국과의 적지 않은 비즈니스 기회를 통해서, 흔히 알려진 그들의 인간관계의 모습 즉 '꽌시關係'에 대해서는 나름대로 이해하고 있었기에, 웬만한 환대에 대해서 그다지 놀라지는 않았다. 게다가 인간은 원래 교만한 존재라서, 제트비행기와 경호 차량까지 동원할 정도의 배려에 대해서는 내심 당연지사 같은 생각도 들었다. 하지만 그것은 필자의 커다란 착각이었다. 중국인들은 '꽌시'에 관한한 자신들의 목적에 부합하는 상대를 대할 때에는 온갖 화려한 언사와 환대를 아끼지 않지만, 일단 뜻하는 목적을 달성하고 나면 그것들은 하나하나 사라진다. 이렇듯 '꽌시'의 실체는 많은 사람들이 피상적으로 알고 있는 것과는 다르다.

인간관계와 성과를 구별하라

"중국에서의 비즈니스 성패는 '꽌시關係'에 달려있다"는 말은 그리 큰 어폐가 아니다. 그러나 필자는 여러 경험을 통해서 꽌시의 개념을 달리 생각하게 되었다. 살펴보면, 중국인들의 꽌시는 수천만 명씩에 달하는 공산당원, 군대, 화교들 간의 꽌시가 우선하며, 외국인과의 꽌시는 우리가 생각하는 것처럼 영원무궁할 정도가 아니다. 특히 거침없는 세계화의 물결은 그들로 하여금, 꽌시보다 '시장원리'를 앞세우게 하고 있다

이제 "시엔쮀펑요우先做朋友 허우쮀성이後做生意" 즉 "중국에서 장사를 하려면 먼저 친구가 되라"라는 말의 의미도 새롭게 해석되어야 할 것 같다. 중국에서도 인간관계와 성과는 따로 논다.

구미歐美, 러시아, 일본인들과의 경우에도 유의할 점이 있다. 우리가 잘 이해하고 있는 바와 같이, '계약문화'를 중시하는 구미인들은 비즈니스에서 성과가 없는 인간관계에 의미를 부여하지 않는다. 슬라브 정서가 강한 러시아인들도 우리의 생각과는 전혀 달리, 비즈니스 성과를 인간관계보다 우선시 한다. 러시아인들의 그러한 성향은 구미인들보다 오히려 더 강하며, 이제 보드카의 낭만은 개방 초기의 향수에 불과하게 되었다. 일본인들은 오랫동안 깊은 인간관계가 형성되어야만 서로 간에 비즈니스 성과를 도모하며, 어떤 면에서는 중국인의 꽌시보다 선이 분명하고 지독하다.

글로벌 비즈니스 무대에서 부딪히는 인간관계의 모습은 정말 다양하다. 그것은 세계화의 거센 물결 속에서 첨예한 경쟁과 이해관계의 충돌을 야기하며 변모하고 있다. 실제로 중국, 러시아, 구미, 일본인들의 인간관계에 대한 접근은 오히려 더 냉정하고 실리적인 경향으로 변모하고

있다. 그런데 한국인들은 그 놈의 정情 때문에 짧은 시간 이내 형님, 아우라고 부르며 서로 친숙해지지만, 바깥세상 사람들의 변모하는 모습에는 크게 유의하지 않는 듯하다. 지금은 시장원리가 앞서는 시대이며, 변화를 모르는 착각은 버려야 한다. 인간관계와 비즈니스의 성과는 항상 일치할 수는 없다는 사실을 인식하라. 상대방이 자신을 바라보는 시각과 접근자세를 잘 이해하면서 비즈니스에 임하라.

'비즈니스 마인드'와 '리걸 마인드'의 조화

프랑스의 루브르 박물관에 가면 "나라 전체에 정의가 뻗게 하기 위해서, 악행을 박멸하기 위해서, 강자가 약자를 학대하지 못하게 하기 위해서"라는 취지로 만들었다는 바빌로니아 시대의 함무라비 법전B.C.1728-1686경이 새겨진 돌기둥 모양의 석판을 볼 수 있다.

'눈에는 눈'이라는 구절이 포함된 총 282조의 함무라비 법전은 세계 최초의 법전인 수메르 법전보다 3세기 늦게, 그리고 최초의 계약서인 수메르인의 점토판 계약서보다 약 1300년 늦게 만들어 진 것이다.

함무라비 법전에는 품질이 나쁜 맥주를 팔거나 이물질을 넣어서 팔다가 걸리면, 술통에 집어넣고 맥주를 들이 부어 익사형에 처한다는 기록도 있다. 아무튼 인간은 도덕과 질서를 추구하는 법의 세계와 현실적 이익을 추구하는 비즈니스 세계 간의 괴리를 조화시키면서, 여러 문제들을 계약으로 다뤄왔다.

'비즈니스 마인드'와 '리걸 마인드'란?

일반적으로 '비즈니스 마인드'는 원하는 성과를 창출하기 위해서 필요한 전략적 사고, 역량, 정보, 인맥 등을 활용하는 능력을 의미하며, 단순히 '영업 마인드'의 의미로 말하는 경우도 많다. 이와는 달리, '리걸 마인드Legal mind'는 법 이론을 정확하게 이해하고 그것을 현실에 적용할 수 있는 능력을 의미한다. 단순히 '법적 사고력'으로 이해하면 될 듯하다.

'비즈니스 마인드'와 '리걸 마인드'는 거리감이 크다. 그 이유는 '비즈니스 마인드'는 '현상Be'을 유리하게 만들려고 하는 것인 반면, '리걸 마인드'는 '당위Must'를 관철하려는 것이기 때문이다. 다시 말해 '비즈니스 마인드'에서 중요한 것은 '현실성'이고 '리걸 마인드'에서 중요한 것은 법률적 근거에 의한 '당위성'이다. 이렇게 유리된 접근으로 인해 비즈니스 계약은 원하는 바대로 성사시키기도 어렵고, 특히 어려운 분쟁이나 갈등 국면에서의 합의는 말할 나위도 없다.

프로는 계약서를 잘 만들어야 한다

프로들에게 중요한 것은 계약이다. 사실 모든 비즈니스맨들은 일단 계약서 한 장을 잘 쓰고, 파트너의 사인을 얻기 위해서 뛴다고 해도 과언이 아니다. 하지만 어떠한 계약이나 합의를 추진할 때, 현실적 요소에 대한 고려가 잘 반영되지 않은 채 법률적 관점에만 의존하는 것은 실효성에 한계가 있다. 물론 고도의 전문성을 요구하는 법리, 판례, 용어들에 대해서는 당연히 법률전문가의 조력을 받아야 하지만, 스스로의 잣대가

결여된 채 전문가에게만 의존하는 것은 바람직하지 않다. 계약의 실효성은 스스로가 '현상Be'과 '당위Must'의 양면을 깊이 고려하면서, 그것들을 잘 반영하려고 고심하는 가운데 높아질 수 있다.

계약은 안 지키면 휴지조각이 되고 만다. 하지만 일단 맺어야 하는 계약은 잘 맺어야 한다. 예컨대 권리와 의무, 계약의 효력과 해지, 위약에 대한 배상 등 가장 기본적인 문제들일수록 애매하지 않게 기술해야 한다. 또한, '계약의 해지'를 일방적인 통보에 의존하는 경우가 많은데, 계약을 해지하려면 해지 의사의 표시가 명확히 표시되어야 하고, 또한 상대방에게 꼭 전달되어야 한다. 특히 새로운 비즈니스의 구체화 단계나 어려운 분쟁의 타결 국면에서는 현실성을 최대한 고려한 '비즈니스 마인드'와 법률적 논리에 근거한 '리걸 마인드'를 총동원해야 한다.

비즈니스에서의 계약은 당사자 간의 의사표시를 일치시키는 것이다. 영미법에서는 계약을 '약속'으로 정의하며, 독일과 한국에서 적용되는 대륙법에서는 계약을 '합의'라고 정의한다. 계약을 '약속'이라 여기던, '합의'라고 여기던 간에 현실에서는 큰 차이가 없다. 다만 중요한 것은 계약이나 합의의 추진 시에는 현실과 이상 사이의 가늠자를 잘 조정하여야 한다는 것이다. 계약은 쌓은 실력과 노력의 결정체이다. 프로는 '비즈니스 마인드'와 '리걸 마인드'를 조화시키면서 계약을 잘 맺어야 한다.

영원히 살 것처럼 꿈꾸고, 오늘 죽을 것처럼 살아라.

– 찰리 채플린(1889~1977)

LEADING GLOBAL PLAYER(21C)

제6장
21세기형 비즈니스 전사가 되라

초경쟁 시대의 글로벌 무대에서는 진취적인 사람만이 살아남을 수 있다. 이 시대의 비즈니스 전사에게는 반드시 과거보다 진일보된 국제화가 요구된다. 그것은 시대에 걸맞은 문화지능을 요구하며, 어설픈 국제 감각이나 겉핥기식 문화에 대한 이해만으로는 불충분하다. 넓은 혜안과 행동으로써 광활한 무대 속의 파트너들과 역량을 공유하고, 거침없는 행보를 이어갈 수 있어야 한다. 더하여 필요한 것은 뚜렷한 목표, 몸으로 실천하는 행동, 그리고 선의의 영향력을 행사하는 것이다. 만약 열정, 배려, 유머, 자신만의 독특한 감성과 인간애를 발휘할 수 있다면, 그 삶은 최고의 삶이 될 것이다.

넘나드는 전문가는 넘보지 못한다

미국 실리콘밸리 IT기업의 엔지니어들 중에는 우수한 전문가들이 많다. 그런데 이들 중에는 물리학, 생물학, 동양철학, 인도사상 등 다방면으로 넘나들면서 일하는 사람들이 있다. 이들은 새로운 제품 개발이나 마케팅뿐만 아니라, 신사업이나 유망 스타트업start-up의 발굴과 같은 종합적 판단력이 요구되는 일들도 아주 잘 한다. 혹자는 이러한 현상이 스티브 잡스로부터 일어난 현상이라 하지만, 어쨌든 지금은 그들과 유사한 '융합형 인재'들이 기업과 시장에서 각광을 받고 있다. 이러한 현상은 단지 IT 분야에만 국한되어 있는 것은 아니다. 오늘날의 전문가는 실로 다양한 능력을 갖추어야 할 것 같다.

융합형融合型 전문가를 지향하라

지금은 융합전문가의 시대이자, 협력과 소통의 시대이다. 기술과 정보혁명은 산업과 분야 간의 장벽을 허물어뜨렸고, 비즈니스 모델들도 상상을 초월할 정도로 다양해졌다. 이러한 상황에서 하나만의 전문성은 경우에 따라서는 난쟁이 팔 벌리기에 불과하게 되었다. 이제 전문가라는 소리를 들으려면, 한 분야에서의 전문성I형을 토대로, 연관 분야에 대한 역량T형까지 갖추고, 나아가 협력과 소통을 중시하는 역량H형을 발휘해야 하는 상황이 되었다I형, T형, H형.

이전의 전문가는 한 분야에 필요한 전문능력을 갖추고, 그 분야에서 역량을 발휘하는 사람이었다. 대표적으로 마케팅, 재무, 기술 부문 등의 전문가가 그들이며, 그들의 전문성은 독보적이다. 그러나 현대의 전문가는 기존의 전문성과 더불어 새로운 분야의 지식과 정보를 융합하여 일할 수 있는 사람이다. 예컨대 당신이 만약 마케팅 전문가라면 마케팅뿐만 아니라 구매, 생산, 심지어 기술 분야에 대해서도 잘 알아야 하며, 엔지니어라면 기술을 아는 엔지니어, 연구실을 벗어나는 엔지니어 정도가 아니라 경영 전반에 대한 포괄적인 이해와 더불어 시장을 넓게 바라보는 안목을 가진 융합형 전문가가 되어야 할 것이다.

이러한 전문가가 한 분야에서 괄목할만한 성과를 내어 인정받기 시작하면, 또 다른 분야에서 그를 필요로 하거나 새로운 과업이 주어진다. 그리고 또 다른 분야에서도 훌륭한 성과를 거둔다면 누구도 감히 가볍게 여기지 못할 정도의 위상을 갖게 된다. 그것은 분야와 직무가 다양한 기업이나 큰 조직에서 자주 목격할 수 있는 일이다.

전문성의 경계를 허물어라

전문가는 프로의식으로 뭉쳐있어야 한다. 프로의식은 뚜렷한 목표, 성취욕, 행동력에서 나온다. 당신이 아무리 열정적으로 일한다 해도 뚜렷한 성과가 없다면 회사는 당신의 미래를 책임지지 않는다. 그러므로 믿을 수 있는 것은 오직 자신의 확고한 전문성과 실행력일 뿐이며, 이러한 역량을 바탕으로 자신감과 승부욕 이상의 성과와 기여가 필요하다. 전문가가 경계해야 할 것은 잘 나갈 때 방심하는 것, 잘 안될 때 주저앉는 것이다.

전문가에 대한 조직의 요구는 비정할 정도로 높게 설정되어 있다. 그러므로 성공적 커리어를 추구하는 전문가라면, 누구라도 감히 넘보지 못할 정도의 다양한 전문지식을 갖추어야 한다. 아울러 다른 분야의 사람들과도 긴밀하게 협력하면서 시너지를 낼 수 있어야 한다. 배우도 자신이 제일 잘 하는 역할을 바탕으로 연기의 폭을 확장시켜며, 경계를 넘나들 수 있어야 명배우가 될 수 있는 것이다.

초경쟁 글로벌 시대의 프로들은 누구나 최고의 전문가를 꿈꾼다. 그러나 진정한 전문가라면 자신의 지경地境을 더욱 넓힌 후, 새로운 분야에서도 괄목할 만큼의 역량과 성숙한 모습을 보여줄 수 있어야 한다. 프로 전문가가 되기 위한 길은 그만큼 멀고 넓고 깊다. 아무리 어려운 난관과 장애가 버티고 있다 해도, 그 속에 겁 없이 뛰어드는 열정과 도전의식을 잃지 않는다면, 그 길은 가깝고 좁으며 한 눈에 들어올 것이다. 여러 분야를 넘나드는 전문가는 누구라도 넘보지 못한다.

시장의 혼전을 주시하라

"자본주의 시장 내에서 새로운 전투가 치열하게 일어나고 있으며, 그 전투는 자본주의의 힘을 약화시켜서, 수십 년 이내에 자본주의는 퇴조할 것이다."

이것은 미래학자 제레미 리프킨Jeremy Rifkin, 1945- 이 최근에 쓴 그의 저서 〈한계비용 제로의 시대2014〉에서 한 말이다. 리프킨은 잘 알려진 〈소

| 미국의 세계적인 경제학자이자 문명비평가 '제레미 리프킨'

유의 종말〉의 저자로서도 유명한데, 필자는 미국 펜실베이나대 와튼스쿨 연수 중, 운 좋게도 그의 명강의를 들을 기회가 있었다. 그는 당시 '실업과 인간성의 회복'이라는 문제와 바이오테크 시대 및 3차 산업혁명에 관한 폭넓은 주장을 펼쳤는데, 자본주의의 퇴조와 새로운 전투를 논하는 그의 최근 주장은 흥미롭고 공감할 만하다.

새로운 연결과 판도를 읽어라

그렇다면 리프킨이 주장한 자본주의를 퇴조케 할 전투의 실체는 무엇일까? 그것은 자본주의 특성인 '교환경제'와 초연결시대의 특성인 '공유경제' 간에 벌어지는 전투를 의미한다. 리프킨은 무한경쟁을 이끄는 기술혁신이 제품 하나를 더 많이 만드는 데 소요되는 비용, 즉 '한계비용'을 하락시켜서 종국에는 이윤 자체가 거의 사라져 버리게 될 것이라고 말한다. 그런데 이러한 상상은 이제 사물 인터넷IoT과 '접근의 경제Economy of Access' 시대의 도래에 따라 눈앞의 현실이 되었다.

'접근의 경제' 시대에는 네트워크 속의 다양한 접근이 새로운 생태계와 새로운 기회의 문을 열어 주며, 나아가 기업과 직업인들의 존망을 좌우할 정도가 된다. 만약 인간과 사물을 연결하는 센서의 개수가 천문학적 숫자에 이른다면, 참으로 놀라운 일들이 벌어질 것이다.

'접근의 경제' 시대에는 시장의 판도와 주역들이 크게 뒤바뀔지도 모른다. 그러한 현상은 이미 곳곳에서 일어나고 있다. 이를테면 일본과 네덜란드의 감자 생산량이 10년 전에는 비슷하였으나, 지금은 네덜란드의 생산량이 일본보다 6배나 많다. 그 이유는 네덜란드가 튤립 재배에 적용되는 기준·데이터·시스템·기술을 감자 재배에 원용하였기 때문이다.

한국에서도 물고기 양식에 황소 기르는 방법을 적용하고, 수초와 수질에 관한 과학적 데이터와 센서 기술을 활용하여 큰 성과를 이루고 있는 사례가 있다. 어쨌든 모든 것은 서로 연결되는 가운데, 새로운 비즈니스가 탄생하거나 판도를 바꾸고 있는 것이다.

시공을 뛰어넘는 변화를 주시하라

시장의 움직임은 혼전 그 자체이며, 그 치열함은 예나 지금이나 유사하다. 그러한 상황에서 앞으로 펼쳐질 세상의 모습이 어떠할까를 상상하면 질식할 것 같은 느낌이 들기도 한다. 시장은 언제나 혼전 속에 존재한다. 고대무역이 시작된 이래 숱한 이합집산을 거친 유럽의 강국들은 15세기부터 수백 년 동안 무역과 영토 확장을 위한 거센 싸움을 벌였고, 신대륙에서 수입해 온 금, 은, 곡물 등의 가격을 수십 배나 폭등시켰다.

한편 노예무역의 번창은 수많은 노예들이 일하던 텍사스의 면화 농장의 대량 공급을 가능케 함으로써, 훗날 인도와 아프리카의 면화 산업을 크게 위협하였고, 수많은 목화밭의 애환을 불러 일으켰다. 그런가 하면 한때 바닥을 기던 브라질의 경제는 중국의 부상에 힘입은 원자재와 광물의 수출 증가로 연간 5%라는 선진 수준의 성장률을 기록하기도 했다[2004]. 이렇듯 시장의 혼전은 시간과 공간을 초월한다.

이러한 혼전들은 자원전쟁, IT혁명, 금융위기 등을 거치면서, 수많은 기업과 비즈니스의 존망에 영향을 미쳐 왔다. 이제 다른 수많은 비즈니스들이 세상을 뒤덮을 정도의 네트워크 속으로 들어가고 있는 것을 보면, 정말 눈이 온 몸에 달려 있어야 할 것 같은 생각이 든다.

IT혁명은 런던의 증시와 시베리아의 광산을 단숨에 연결하고, 극악한 테러범의 처단을 워싱턴에서 조종할 수 있게 하며, 심지어는 발행의 주체가 없는 가상의 화폐까지 돌아다니게 하고 있다. 이제 지구는 완전히 평평해졌고, 모든 비즈니스에서 경계의 개념은 사라졌다. 글로벌 무대의 거센 변화는 끝없이 이어지고 있으며, 혼전의 양상 또한 변화무쌍하게 전개되고 있다. 그리고 바야흐로 기회는 새롭게 생성되고 있다.

새로운 감각으로 무장하라

필자는 이처럼 빠른 속도로 변화하는 글로벌 무대에서 과연 우리의 태극비즈니스 전사들이 준비해야 할 것은 무엇인가를 고민해보았다.

첫 번째는, 국제 감각을 더욱 새롭게 하는 것이다. 국제 감각을 새롭게 한다는 것은 "틀에 갇힌 평범한 시각을 넘어 먼 곳을 바라보는 혜안을 바탕으로 새로운 기회를 잡을 수 있는 능력을 강화시킨다"는 의미이다.

예컨대 17세기 초에 막강하던 네덜란드 상인들은 영국, 프랑스, 덴마크의 동인도 회사의 상인들과는 달리 선교활동을 교역의 조건으로 내세우지 않았는데, 이것은 그들의 새로운 국제 감각 때문이었다. 그들은 모든 것을 멀리 보고 기회를 확신한 후 도쿠가와 막부에 접근하여, 일본의 유일한 교역상대로 선택되었다. 국제 감각은 그처럼 멀리 보는 안목과 일을 만드는 능력이다. 국제 감각을 키우는 좋은 방법 중의 하나는 국제 언론을 습관적으로 체크하는 '뉴스 중독자'가 되는 것이다.

두 번째는, 새로운 비즈니스 모델을 탐색하면서, 파괴적 혁신을 실행하는 것이다. 파괴적 혁신이란 기술과 사람의 유출 같은 리스크를 감수하면서, 파트너들과의 협업과 혁신을 추구하는 것이다. 여기서 유의할 점은 정확한 정보와 데이터를 활용할 것, 신기술이나 신산업의 버블에 휘말리지 않을 것 등이다. 기업의 입장에서도 무모한 투자나 탐욕적 거래는 금물이다. 전쟁이나 테러와 같은 돌발적 상황으로 인한 위기의 가능성에도 유의해야 한다. 그 이유는 새로운 생태계에는 항상 약^藥과 독^毒이 공존하기 때문이다.

마지막으로 염두에 둘 점은 치열한 무역 전쟁의 양상을 주시하는 것이다. 지난 10여 년 간을 돌이켜 보면, 필자가 과거에 일하던 철강, 정보통신 분야를 포함한 주요 분야에서의 무역 전쟁은 살벌하기 그지없었다. 구미 시장의 개방과 보호주의의 두 얼굴은 여전히 야수적 교활함을 감추고 있으며, 지적 재산권을 둘러싼 분쟁은 엄청난 액수의 흥정으로 이어지고 있다. 무엇보다도 스마트 혁명의 급진전은 유수의 기업들을 몰락시켰고, 거대한 중국 시장의 후발 기업들은 거의 노골적으로 한국 기업의 뒤통수를 때리고 있다. 이러한 상황에서 인도, 브라질 등 신흥시장의 부침은 우리의 판단을 흐리게도 한다. 하지만 그들을 공략하는 것은 중단할 일이 아니다.

초경쟁 글로벌 시대의 비즈니스 전사가 해야 할 일들은 어렵지만 긍정적^{진취적}으로 즐겁게 받아들여야 한다. 그 즐거움을 더하는 방법은 혼전 속의 시장을 부단히 주시하는 것, 시장 생태계의 변화를 감지하는 것, 그리고 기회를 만드는 것이다. 새로운 기회와 성취는 시장의 크고 작은 변화를 바라보고, 돈과 정보의 흐름을 꿰뚫어 보는 것과 같은 일상적인 행동 속에서 찾을 수 있는 것이다. 가중되는 불확실성과 격변의 시대에 대비하여 시장의 혼전을 이전보다 주의 깊게 바라보고 앞으로 나아가자.

진취적 프로는 기회를 놓치지 않는다

"인생에는 큰 기회가 세 번 찾아온다."

필자는 이 말을 별로 좋아하지도 않고 동의하지도 않는다. 좀 더 현실적으로 말하자면 첫째, 기회는 크기를 정확히 가늠할 수 없고, 둘째, 기회는 시도 때도 없이 오고 가며, 셋째, 사람들은 이미 크던 작던 세 번 이상의 기회를 가져 본 적이 있을 수 있기 때문이다. 더욱이 이미 지나간 기회가 큰 것이었다면, 그 삶은 이미 끝난 것이나 다름없을 것이고, 만약 그 기회들이 별 볼일 없는 것들이었다면, 앞으로의 삶에서는 어떠한 형태로든지 새로운 기회를 맛볼 수 있을 것이다. 다만 중요한 것은 얼마만큼의 의지, 능력, 환경이 새로운 기회의 탄생을 허락할 것인가의 문제이다. 필자는 기회는 누구에게나 3번이 아닌, 33번 이상 찾아올 것이라고 굳게 믿는다.

격변의 틈을 파고 들어라

필자는 오랜 사회생활 기간 중, 해외에서의 상거래와 투자에 관한 업무를 중심으로 일하면서 선진시장의 등락, 사회주의의 몰락, IMF 사태, IT 혁명, 중국의 부상, 금융위기 등을 겪으며 무수히 많은 기회와 위험의 고비를 함께 경험했었다. 돌이켜보면 그처럼 불확실성으로 가득 찬 상황에서 기회를 붙잡고 일을 할 때에는 장(腸)이 뒤틀리는 고통과 신바람이 교차하였지만, 획기적인 성과와 더불어 전문가로서의 입지가 굳어지는 행운을 얻기도 했다.

기회는 격변의 틈 사이로 찾아들며, 이를 잘 포착하고 실행에 옮긴다면 새로운 기회가 창출된다. 필자의 지인 한 사람은 IMF 사태로 회사가 부도의 지경에 이르렀으나, 그러한 상황에서의 환율 급등을 오히려 기회로 삼아, 저가의 가구 구조물을 수출하는 작은 회사를 아주 헐값에 인수하여 재기에 성공했다. 지렁이 배설물로 비료를 만들고, 먹다 버린 과자 봉지로 가방을 만들어서 돈을 벌 수 있는 지금 같은 시대에는 기회를 재빠르게 포착하고 행동에 옮기는 것이 얼마나 중요한지를 더욱 절감케 한다.

새로운 무대로 나아가라

직업인으로서 세계무대에서 일하는 것만큼 신나는 일은 없다. 영국의 가난한 양조장 주인 아들이었던 로버트 하트 Robert Hart, 1835~1911는 아편전쟁 후에 중국의 무한한 교역확대 가능성을 기회로 삼아, 청나라의 세관

반세기 가량을 청나라 해관총세무사로 지낸
로버트 하트경

에 취업하여 그의 나이 73세까지 45년간 당당히 일했다. 그는 영국의 이름 없는 지방대학 출신의 촌뜨기였지만 격동기의 중국 땅에서 일어나는 변화를 주시하고 편안하게 머물던 직장을 과감히 정리한 뒤, 청나라 세관의 고위직^{해관총세무사}에 오를 때까지 마음껏 일했다.

하트는 스스로를 "가장 열심히 일하고 가장 적은 자유를 누리는 지위의 노예"라고 말했다는데, 이것은 그가 먼 이국땅에서 얼마나 열심히 일했는지를 입증하는 말이다. 중국은 1914년 상해 외탄^{外灘}에 그의 업적을 기리고자 동상^{1941년 일본군에 의해 파손됨}을 세웠으며, 북경과 상해에는 아직도 그의 이름을 딴 도로가 있다.

세계무대에서의 활동을 위해서는 특별한 전문성이 요구되기도 하지만, 중요한 것은 진취적인 자세와 도전이다. 필자는 〈비정상회담〉이라는 TV프로그램을 즐겨보는데, 이 프로그램에는 여러 나라에서 온 다양한 청년들이 등장한다. 국제 청년들의 평화와 행복한 미래를 주제삼아 토론을 하고 즐기며, 기성세대의 멘탈을 흔드는 비정상적이고 재기발랄한 시선들을 보고 있노라면 큰 갈채를 보내고 싶어진다. 진정한 글로벌 전사는 망망대해^{茫茫大海} 같은 곳에서도 기회를 잡고, 그 기회를 살리는 사람이다. 두려워 말고 새로운 세계무대로 나아가자.

상식을 뒤엎어라

1987년 필자가 미주법인에서 근무하던 시절이었다. 그해 봄, 중미의 과테말라에 출장 중이었던 필자는 우연히 바나나맨^{bananaman}에 대해서 알게 되었다. 바나나맨은 러시아 이민자 출신의 사업가인 새뮤얼 재머리^{Samuel Zemurray, 1877-1961}의 애칭인데, 그는 중미 지역에서 바나나 무역으로 거부가 된 사람이다. 갈색점이 두 개 이상 보이면 제때 팔 수 없다는 원칙에 따라 대형 청과상들이 항구에 쌓아둔 수 톤 규모의 썩어가는 바나나를 목격한 그는 거저 줍다시피한 가격으로 모두 매입해 큰 이익을 거두었다. 재머리는 일반상식과는 달리, 갈색점이 있는 바나나에도 가치가 있다고 판단한 것이다.

상식을 뒤엎는 기회를 포착하여 큰돈을 벌게 된 재머리는 이후 과테말라와 온두라스 접경지역에 정글을 구입하여 바나나 농장을 건설했으며 큰 성공을 이루었다. 두 나라 사이의 분쟁이 일어나자, 그는 뉴올리언스에서 고용한 용병을 이용해 온두라스 정부를 전복시키고 자신의 마음에 드는 정부로 갈아치울 정도로 막강한 실력자가 되었다. 그는 생전에 사

| 산적해 있는 바나나를 살펴보는 새뮤얼 재머리

업가, 혁명가, 박애주의자로서도 활동한 가히 상식을 뒤엎는 비즈니스 전사였다.

역사 속의 상인들 중에도 기회에 강한 전사들이 많았다. 그 대표 선수들은 베네치아상인과 유대상인이다. 베네치아상인들은 1492년부터 이베리아 반도에서 유대인들이 추방되는 것을 기회로 삼아 오히려 그들을 받아들인 후, 침체된 경제 회복의 견인차로 활용하였다. 베네치아상인들은 오스만 투르크 제국의 술탄 메메드 2세의 문화적 포용성마저 기회로 삼아, 유명한 화가 벨리니G. Bellini로 하여금 그의 초상화를 그리게 하면서, 전쟁 후의 교역 관계 복원에도 성공했다. 유대상인들은 전쟁과 죽음마저 기회로 삼는다. 로스차일드가의 3남 네이던Nathan은 나폴레옹의 워털루 전투 패배를 먼저 알고 그것을 기회로 삼아, 영국 국채를 매입하여 막대한 이익을 얻었다. 로스차일드가는 가문의 종주의 사망을 기회로 삼아, 주식 시장을 요리하기도 했다. 글로벌 전사들은 이처럼 상식을 뒤엎을 정도로 기회에 강하다.

기회 포착의 안테나를 세워라

최근 중국의 전자상거래업체 알리바바의 마윈 회장이 큰 각광을 받고 있다. 그런데 마윈 이상으로 미소를 짓는 사람은 소프트뱅크의 손정의 회장이다. 그는 중국 전자상거래시장의 폭발적 성장 가능성을 기회로 삼아, 지난 2000년 알리바바에 2,000만 달러 상당의 투자를 한 후, 현재는 무려 투자대비 3,000배에 가까운 이익을 남겼다. 물론 그러한 정도의 천문학적 금액이나 이익률이 거론되는 것은 하늘이 낸 사람들의 이야기라 치부할 수 있지만, 한 가지 그들에게서 본받을 점은 기회를 포착하는 안목과 결단 그리고 행동이다.

기회에 관한한, 그것을 붙잡고 움직이는 방법이나 여건은 예전과 비교해 많이 달라졌다. 벤 허Ben Huhr, 34라는 재미교포는 사람들이 우발적으로 저지르는 멍청한 행동에 관심이 많다는 점을 기회로 삼아, '치즈버거Cheeseburger Inc'라는 유머 사이트 네트워크를 만들어서, 3,200만 달러의 투자를 유치하는데 성공했다2012. 벤 허의 히트상품은 유머이다.

스마트워치를 만드는 '페블 테크놀러지Pebble Tech'의 에릭 미기코프스키Eric Migicovsky, 25는 '클라우드 펀딩'에 의한 투자유치 가능성을 기회로 삼아, 무려 68,928명으로부터 1,027만 달러를 유치하는데 성공했다2012. 한국에서도 다양한 서비스의 제공이나 중개를 목적으로 하는 등의 새로운 비즈니스 모델이 속속 등장하고 있다.

또한 국내외에서 적지 않은 금액의 투자를 유치하여 활동하는 벤처기업들도 늘고 있는데, 이러한 현상은 뛰어난 아이디어를 무기삼아 거의 맨손으로도 사업을 벌일 수 있는 여건과 기회방법을 잘 포착하고, 그것들을 최대한 활용할 수 있기 때문이다. 기회는 거대기업들의 발 빠른 움직임 속에서도 찾아볼 수 있다. 예컨대 구글은 2007~2014년 사이에 무려 9억 달러를 쏟아 부으며, 156개의 기업을 인수합병M&A 했다.

인수합병은 많은 분야에서 새로운 비즈니스 모델 확보 가능성을 기회로 삼으려는 전략의 하나이다. 인수합병 전략은 기업의 입장에서 보면 혁신의 시대에 부응하는 비즈니스 모델과 인재 및 기술 확보의 기회가 된다. 이 시대의 혁신적인 프로들은 바야흐로 비즈니스 모델 혁명을 추구하고 있으며, 직업인들은 그 속에서 새로운 기회를 발견할 수 있을 것이다.

이제 기술과 자본의 경계는 사라졌다. 당신은 경쟁력 있는 아이디어와 기술만으로도 새로운 기회를 창출할 수 있으며, 뉴비즈니스 혁명의 주체가 될 수도 있다.

기회와 준비의 결합

지금의 글로벌 무대는 초경쟁과 연결의 시대라 해도 과언이 아니다. 모든 것은 불확실하고 불투명하다. 하지만 불확실·불투명 속에는 무한한 기회가 살아 꿈틀거린다. 기회에 한 발짝 더 다가서기 위한 전제조건이 있다. 그것은 조금이라도 가능성이 엿보인다면, 주저 없이 무대 속으로 뛰어들어야 한다는 것이다. 프로에게 언제나 필요한 것은 기회를 포착하는 혜안, 정확한 판단, 그리고 민첩한 행동이다. 만약 그렇지 못하면, 기회들은 눈앞에서 오가다가도 슬며시 사라질 것이다.

기회는 안목과 행동력이 만든다. 그것은 동서고금東西古今을 막론하고, 전쟁에서나 그 어느 분야에서건 적용되는 변함없는 사실이다. 기회는 붙잡히는 관대함과 달아나는 얄미움을 모두 가지고 있다. 그러나 변치 않는 사실이 하나 있는데 그것은 곧 내가 포착하고 내가 만든다는 것이다.

"알맞은 때를 알라$^{Nosce\ Tempus}$" 이것은 네덜란드의 철학자 에라스무스$^{Desiderius\ Erasmus,\ 1466-1536}$가 한 말인데, 기회에서 '때'를 중시하라는 것은 '때' 자체를 말하는 것이 아니라 안목과 행동력을 잘 결합시키라는 의미이다.

글로벌 무대에서의 변화는 더욱 심화될 것이며, 경쟁과 협력의 양상도 매우 다양해 질 것이다. 수많은 기업과 전문가들이 손을 맞잡고 어울리며, 기회는 그 속에서 끊임없이 생성되고 있다. 그러므로 21세기의 비즈니스 전사들은 사고와 행동의 틀을 뒤집고 바꾸면서, 새로운 기회에 대한 준비를 단단히 해나가야 한다.

카이로스의 앞머리가 무성한 이유는 그를 발견한 자가 그의 머리채를 쉽게 붙잡을 수 있도록 하기 위함이었다. 그러나 지나간 그를 다시 붙잡는 것은 불가능하였다. 뒷머리가 대머리인 까닭에 머리카락을 붙잡는 것이 불가능할 뿐만 아니라 발에 날개가 달려 있어 순식간에 사라져 버리기 때문이다. 한번 지나가면 다시 잡을 수 없는 것, 그리스 사람들은 이를 '기회'라고 보았다.

마키아벨리$^{N.\ Machiavelli,\ 1469-1527}$는 성공의 조건을 '운명', '덕^{德}', '역사의 부름에 대한 준비'라고 말했다. 준비는 크고 작은 성공의 전제이며, 행운은 그러한 준비와 기회가 만났을 때 내 손에 들어온다. 설령 분수에 맞지 않는 꿈이나 당장 이룰 수 없는 목표를 가졌더라도, 머뭇거릴 이유가 무엇이겠는가?

21세기형 문화지능으로 무장하라

"미스터 리, 아무리 당신이 나의 보스지만 어떻게 이럴 수가 있습니까? 이게 말이 됩니까?"

토니 알바라도Tony Alvorado는 펄펄 뛰면서 분을 가라앉히지 않았다. 이후, 그와 나 사이의 냉기는 거의 일주일이나 지속되었다. 그는 멕시코계 입양아 출신으로서 아름다운 백인 아내와 좋은 가정을 이루고, 업계에서도 좋은 평판을 지닌 넉살 좋은 세일즈맨이었다. 필자는 그가 이렇게까지 화를 낼 줄은 정말 몰랐다. 물론 그로서는 무언가 들킨 것 같은 생각이 들고, 기분이 좀 나쁠 수 있었겠지만, 그래도 그의 반발은 예상외로 컸다. 하지만 보스의 말이라면 죽는시늉까지도 하는 미국인이 아닌가? 자신의 노트를 무심코 열어 보았다고 그렇게까지 화를 내다니… 나로서도 욱하는 마음이 한껏 치밀어 올랐다. 과연 나의 행동이 그토록 화를 낼 만한 일이었을까? 그래도 나는 그의 보스 아닌가? 하지만 이것은 나만의 위대한 착각이었다.

현지화를 위한 역량을 키워라

위의 일화는 필자가 미국 현지법인 근무 시절에 저지른 큰 실수담이다. 당시 필자는 현지 세일즈맨과 더불어 한 거래처와 큰 상담을 진행하고 있었다. 그런데 필자는 상담진행이 궁금한 나머지 무심코 담당자인 토니의 비즈니스 노트를 열어보았던 것이다. 그는 노발대발하며 어떻게 이럴 수 있느냐고 필자를 몰아 세웠고, 분위기는 냉랭해졌다. 이 사태의 원인은 필자가 오직 일의 목적의식에 사로잡힌 나머지, 위계질서가 프라이버시에 우선하지 않는 미국인의 일과 조직에 대한 시각을 바르게 인식하지 못했기 때문이었다. 그리고 그것은 단순한 해프닝이 아니었다.

국제화 역량모델 중에 '이異문화 간 대인감수성Cross-Cultural Interpersonal Sensitivity'이란 게 있다. 문화적 배경이 전혀 다른 상대방의 사고와 감정을 깊이 이해하고 행동을 예측하는 역량을 말한다. 성공적인 해외진출은 현지화로부터 시작되며, 현지화는 기업 성장에 필수적 조건인데, 당시의 필자는 이러한 역량이 미흡했던 것이다.

현지화에 연착륙하려면 반드시 이러한 역량을 갖추어야 하며, 그래야만 세계현지화Glocalization에 성공할 가능성도 높아진다.

새로운 초상肖像을 그려라

"자신의 고향이 달콤하게 느껴지는 사람은 아직 미숙한 어린아이와도 같다. 타향이 모두 자기 고향처럼 느껴지는 사람은 이미 성숙한 어른이다. 그러나 모든 곳이 다 타향처럼 느껴지는 사람이야말로 완성된 인간이다… 미숙한 사람은 세상의 단 한군데로만 사랑을 집중시킨다. 성숙한 사람은 자신의 사랑을 모든 곳으로 확대한다. 그러나 완성된 사람은 사랑의 불을 끈다…"

이것은 중세의 스콜라 신학자이자 신비주의자인 '생 빅토르 후고'가 쓴 〈디다스칼리콘〉의 한 구절이다. 후고의 글은 읽는 사람에 따라서 다양하게 해석되기도 하지만, 필자는 김성곤 교수서울대의 해석이 가장 마음에 와 닿는다.

"후고는 어린 시절부터 일생을 타향에서 살았던 사람이었다. 그런 그가 왜 고향에 대한 사랑의 불을 끄자고 했을까? 후고는 신앙과 복종의 시대에 홀로 의문과 의심과 회의의 중요성을 설파했고, 기독교도들에게 최초로 웃음을 가르쳤으며, 과거에 대한 집착보다는 새로운 학문을 시작해야 한다고 주창했던 진보주의 학자였다. 후고의 글은 우리 모두가 진취적이고 개방적이며 미래지향적이 되어야만 한다고 암시하고 있다. 중세의 종말과 근대의 도래를 예언한 후고의 글은 자꾸만 과거로 되돌아가려 하고 있는 우리에게 시선을 미래로 돌리라고 권고하고 있다."

- 김성곤

필자는 묻고 싶다. 진정 우리는 전 세계 모든 곳을 타국이자 내 나라처럼 느낄 정도로 넓은 시각과 열린 마음으로써 일하고 있는가? 비록 타국에서 일하더라도, 자신만의 아집과 편견을 넘어서 무한한 다양성과 차이의 가치를 수용하고 있는가? 바람직한 세계인의 초상은 중세시대나 지금이나 그 뿌리 면에서는 다를 바가 없다.

격동의 21세기인 지금, 바야흐로 세계인의 모습은 변하고 있다. 그리고 이제는 새로운 초상像을 그려야 할 때다. 진정한 세계인이라면 오직 자기의 주장과 이익만을 추구하는 이기주의적 자세나, 그것들을 무차별적으로 수용하는 이타주의적 자세, 아니면 그것들을 무조건 경계하는 배타적 자세 중 어느 것에도 얽매이지 않아야 한다.

글로벌 무대에서의 냉혹함을 바라보는 시각이나 협력과 공존에 대한 개념은 현저히 바뀌어야 하며, 강자의 표리부동이나 적과의 동침 속에서도 줏대 있게 대응할 수 있는 실력을 강하게 다져야 한다. 또한 다양한 문화에 대한 심층적 이해와 더불어, 시대에 걸맞은 문화적 대응력을 갖고서, 우수한 파트너들과 상생하고 함께 성장할 수 있는 전향적인 자세를 가져야 한다. 이제 필자는 이를 통틀어 '21세기형 문화지능'이라고 칭하겠다. 그리고 이것은 일, 조직, 사람에 대한 시각을 바꾸는 데서부터 시작된다.

일, 조직, 사람에 대한 시각을 바꿔라

글로벌 무대에서 일, 조직, 사람에 대한 시각은 다양하다. 대표적으로, 미국인은 개인주의 색채가 강하고, 일본인은 집단주의 색채가 강하며, 한국인은 개인과 집단을 불문하고 관계의 끈線을 중시한다. 그 이유는 미국 문화는 점點의 문화, 일본 문화는 면面의 문화, 한국 문화는 선線의 문화이기 때문이다. 이를 확대해서 살펴보면, 구미인들은 지시와 명령의 계통이 일원화되어 있는 조직에 익숙하고, 책임과 권한에 대한 인식이 명확하다. 반면, 아시아인들은 지시와 명령의 계통이 다원화되어 있는 조직에 익숙하고, 상위자의 시각에서 책임을 공유하려는 성향이 크다. 이러한 점들을 잘 인식하지 못하면, 비록 작은 실수라도 큰 문제가 될 수 있다. 글로벌 무대에서 일, 사람, 조직에 관해서 꼭 유념해야 할 사항들은 다음의 세 가지로 축약된다.

이문화 간 대인감수성

글로벌 무대에서 상대방의 문화에 대한 이해는 필수적이다. 그럼에도 불구하고, 오직 일의 목적의식에만 사로 잡혀서, 상대방이 어떻게 생각하고 행동하는지에 대해서 배려하지 않는 것은 바람직하지 않다. 특히, 해외 조직에서 일할 경우에는 구미인과 아시아인 사이에 존재하는 개인과 집단에 대한 의식의 차이를 잘 인식하고 행동하는 것이 매우 중요하다. 필자가 겪은 프라이버시 문제를 둘러싼 미국인 세일즈맨과의 진통은 하나의 예이다. 이문화에 대한 이해는 문화에 대한 단순한 이해의 차원을 넘어서, 개개인의 사고와 행동을 깊이 이해하는 가운데, 좋은 파트너십을 구축하겠다는 '이문화 리더십'의 차원에서 이루어져야 한다.

위계조직에 대한 관점

글로벌 무대에서 조직을 바라보는 관점은 아주 다양하다. "위계조직은 꼭 필요한가?" "업무효율 상 위계서열의 파괴를 용인할 수 있는가?" 그에 대한 답은 흥미롭다. 위계조직의 필요성에 대해서는 한국, 일본, 인도네시아 등 아시아인들은 찬성 비중이 높지만, 미국, 영국, 독일, 네덜란드 등 구미인들은 찬성 비중이 낮다. 한편, "업무효율 상 위계서열을 파괴할 수 있는가?"에 대해서는 미국, 영국, 네덜란드, 스웨덴 사람들은 찬성 비중이 높은 반면, 같은 유럽에서도 독일, 프랑스, 이탈리아 사람들은 찬성 비중이 낮다. 위계조직과 위계질서에 대한 시각은 이처럼 나라마다 사람마다 다르다. 그러므로 글로벌 무대에서는 위계조직에 대한 상대방의 관점을 잘 파악하면서 대응해야 한다. 특히 권위의식과 허세가 강한 한국인에게는 더욱 그러하다.

타인에 대한 긍정적 시각

다음으로 꼭 명심해야 할 점은 타인에 대한 긍정적 시각이다. '타인에 대한 긍정적 시각'이란 타인의 존재와 가치를 인정하고, 그의 성장을 돕는 것이다. 가까운 중국에서의 상황을 예로 들어보자. 중국인들은 개방 초기와는 달리 단순히 외국 유수의 기업에서 일하고 보수를 받는 것 이상으로 승진이나 교육 등 성장의 기회를 찾아서 직장을 선택한다. 그럼에도 불구하고 한국 기업들은 중국인들의 이러한 시각과 행동의 변화를 정확히 인식하지 못하고 있는 경우가 많다. 최근 중국에 진출한 한국 기업에 대한 선호도가 낮아지고 있는데, 그 이유는 중국인들의 일과 조직에 대한 시각이 크게 변하고 있기 때문이다.

문화적 배경이 다른 사람과 함께 일한다는 것은 아주 민감한 일이다. 이런 측면에서 보면 한국 기업의 해외경영에 있어서 일, 조직, 사람을 이끄는 방식에는 아직도 개선할 점이 많다. 한국 기업의 장점은 열심히 일하는 문화와 끈끈한 유대감이다. 하지만 한국 기업의 해외 조직들은 위기를 강조하는 본국의 지침에 부응하여 항상 긴장을 늦추지 않으며, 현지인들의 일과 조직에 대한 관점을 잘 고려하지 않는다. 한국인들은 화를 잘 내며, 권위적이라는 말을 자주 들으며, 중요한 일이나 비즈니스에서 현지인의 역할을 잘 인정하지 않는다. 그것은 글로벌 무대에서 공존의 게임을 펼치려는 바람직한 파트너의 모습이 아니다. 이러한 관점에서, '21세기형 문화지능'의 역할은 매우 중요하다.

'21세기형 문화지능'으로 무장하라

세계화는 땅과 바다에서의 전쟁이 시작된 이래 오늘에 이르기까지, 숱한 굴곡과 변천사를 기록해왔다. 그러한 견지에서, 오늘의 비즈니스 전사들에게 문화역량에 대한 이해를 거듭 강조하는 것은 지극히 당연한 일이다. 세상은 끊임없이 변모하는 가운데, 새로운 비즈니스와 시장 창출을 위한 시도와 노력들은 다양한 양상을 띠고 전개되고 있으며, 문화에 대한 심층적 이해는 아무리 강조해도 지나치지 않는다.

'21세기형 문화지능'은 초경쟁 글로벌 시대의 조직이나 시장에서 '보다 발전된 비즈니스'를 전개하고, '보다 큰 성장'을 이루기 위해서 반드시 갖추어야 할 전향적진취적인 역량이다. 21세기의 무한경쟁시대에는 인재, 기술, 자금, 새로운 시장의 확보를 위한 진일보된 역량이 반드시 필요하며, 그러한 역량이야말로 진정한 세계인의 요건이라고 할 수 있다. 필자는 '21세기형 문화지능'의 핵심 내용을 다음의 5가지로 축약하고자 한다.

〈'21세기형 문화지능'의 핵심내용 5가지〉

1. 글로벌 감각과 행동력을 더욱 강화시켜야 한다. 초경쟁 시대의 글로벌 무대에는 변동성과 이동성이 과거보다 훨씬 크므로, 장기적 관점에서 일의 결과를 예측할 수 있는 선견력과 정세의 변화를 극복할 수 있는 행동력이 더욱 요구된다. Forejudging & Responsiveness

2. 문화적 차이와 특성을 고려하되, 자신의 관점을 굳게 밀고 나갈 수 있는 영향력을 발휘해야 한다. 다양한 이문화 환경에서 자신의 관점을 이해시키지 못하면, 어떤 일을 해도 결과가 없다. Initiative & Influencing

3. '우리'의 방식보다는 '현지'의 방식을 수용하는 세계인으로서의 유연성과 겸허함을 지녀야 한다. 다양성과 차이 속의 가치는 무한하며, 그것을 인정할 수 있어야 세련된 세계인이다. Flexibility and Humility

4. 실리와 명분, 성과와 보상에 신경을 쓰되, 파트너들과 함께 가치를 공유하면서 성장할 수 있어야 한다. 미래는 자신과 동반자가 더불어 만드는 것이다. Shared Value & Growth

5. 글로벌 기준과 윤리에 부합하는 비즈니스 행위 및 관계 유지에 주력해야 한다. 특히 갈등이나 위기 발생 시에는 책임성 있는 자세와 행동으로써 신뢰와 진정성을 잃지 말아야 한다. Ethics & Credibility

모든 분야에서 장벽이 사라진 지금, 글로벌 무대의 전사들은 이전보다 더욱 열린 마음과 시각으로 움직이는 세계인이 되어야 한다. 일, 조직, 사람에 대한 관점을 혁신하고, 세계 속의 인재나 파트너들의 역량을 공유하고 활용할 수 있어야 한다. 그것은 어설픈 국제 감각이나 겉핥기식 문화에 대한 이해만으로는 부족하다. 바야흐로 세계는 질주하면서 끊임없이 변하고 있다. 그리고 이에 발맞추어 새로운 역량을 정립하고 혁신하는 것은 그 누구도 아닌 바로 우리의 몫이다. 이제 '21세기형 문화 지능'을 무기 삼아, 세상을 향해 거침없는 행보를 이어가자.

말과 글, 토론과 PT로 뛰어넘어라

필자가 잘 아는 미국인 교수 한 사람이 있다. 그는 언젠가 한국계 유학생들에 대해서 놀라운 점이 네 가지 있다고 말했다. 그것은 첫째, 미국 유수의 대학에 우수한 성적으로 입학한다는 점, 둘째, 높은 우수한 성적에도 불구하고 수업 시간에 토론에 적극적으로 참여하지 않는다는 점, 셋째, 그럼에도 불구하고 유수의 대학을 무난히 졸업한다는 점, 넷째, 졸업하는 마지막 날까지 토론에 적극 참여하지 않는다는 점이었다.

그는 덧붙여 해외에 진출한 한국 기업의 임직원들 중에서도 토론에 능숙한 수준의 영어를 구사하는 사람이 생각보다 적은 것 같다고 말했다.

뒷자리의 침묵에서 벗어나라

이것은 어디까지나 그의 개인적 의견이자 수년전의 일이므로, 국제화가 가속되고 한국인들의 활약이 훨씬 광대해진 지금은 적절하지 않은 내용일지도 모른다. 실제로 일찍이 해외에서 비즈니스나 학업의 경험을 쌓은 사람들 중에는 자유 토론이 가능한 정도로 능숙하게 영어를 구사할 뿐만 아니라, 불어, 스페인어, 중국어, 일본어까지도 잘 구사하는 사람이 많다. 하지만 아직 어떠한 상황에서도 상대방을 휘어잡을 수 있을 정도로 능숙하게 토론을 벌이기에는 미흡한 경우가 많은 것도 사실이다.

토론 문화에 관한 한, 한국 사람들이 개선할 근본적인 문제는 여럿이 모인 자리에서 뒷줄에 앉거나 침묵으로 일관하는 것, 그리고 질문이나 대꾸와 같은 의사 표현을 하지 않는 것이다. 필자는 강연 중 뒷자리에 앉아서 꿈나라를 오가는 사람들을 보면, 오죽 바쁘고 지쳤으면 뒷자리에서 조용히 침묵을 지키고 싶겠는가 하여 안쓰러운 생각이 들 때도 있다. 하지만 그들이 귀중한 정보를 제대로 얻어 가지 못하는 점에 대해서는 아쉬움 또한 남는다. 반면에 투자설명회[IR] 같은 행사에서도 부지런히 앞자리에 앉아서, 이것저것 묻고 적극적으로 토론에 참여하는 사람을 보면, 뿌듯한 느낌이 든다. 이러한 적극적 행동은 습관화되어야 하는데, 그 습관의 시작은 뒷자리의 침묵에서부터 벗어나는 것이다.

외국어 토론과 프레젠테이션[PT]에 능숙하라

국제 비즈니스 활동 과정에서 외국어로 토론과 프레젠테이션을 해야 하는 것은 필수이다. 외국어로 토론이나 PT를 잘 할 수 있다는 것은 단순히 의사소통을 잘 하는 정도가 아니라, 그 언어권의 문화와 사고방식을 깊이 이해하는 가운데, 전문성을 발휘하는 것을 의미한다. 예컨대 영어로 토론과 PT를 잘 한다는 것은 구미 문화와 사고방식을 깊이 이해하면서, 그들과 자웅을 겨룰 수 있음을 의미한다.

'토론'과 'PT' 능력은 정말 중요하다. 비즈니스맨은 어디서든지 그냥 일만 잘 하면 되는 것이 아니라, 자신이 하는 일을 잘 알리면서, 주장할 것은 주장하고, 얻을 것은 얻어야하기 때문이다. 토론은 자신의 생각을 말로 전하는 것이고, PT는 자신의 생각을 글로 전하되, 핵심적인 내용만을 축약해서 발표하는 것이다. 따라서 토론의 능력과 PT의 능력은 밀접한 상관관계를 갖고 있다. 외국어 토론과 PT에 능숙하면, 글로벌 무대에서도 펄펄 날 수 있다. 진취적 프로가 되기 위해서는 말과 글, 토론과 PT 역량을 반드시 갖출 수 있도록 하자.

훈련하고, 또 훈련하라

일석이조一石二鳥

외국어 토론과 PT를 잘 하려면, 기본적으로 그 언어에 능숙한 가운데 필요한 스킬에 익숙해져야 한다. 언어의 능숙과 스킬에 익숙해지기 위해서는, 토론과 PT를 무조건 외국어로 연습하는 방법밖에 없다. 사실 바쁘기 그지없는 비즈니스 전사들로서는 토론과 PT 스킬을 훈련하는 것만큼 효율적인 외국어 능력을 향상시키는 방법도 없다.

우선 토론모임을 만드는 것이 첫 번째 순서다. 그런 뒤, 가벼운 주제부터 시작하여 점차 폭 넓은 이해가 요구되는 토론주제를 선정해 연습을 하라. 이렇게 하면 외국어 구사력은 전반적으로 향상될 것이고, 토론능력 또한 향상되어 일석이조一石二鳥의 효과를 얻을 것이다. 토론능력이 PT

능력으로 직결되는 것은 물론이다.

소질보다는 노력

외국어 토론과 PT를 훈련할 때, 원어민처럼 잘해야 하거나 발음도 끝내 줘야 한다는 강박관념에서 벗어나라. 필자는 대학에서 외국어를 전공하고, 미국에서 6년 9개월 동안 일하였으며, 수십 개 국을 순방하며 영어로 상담을 하였음에도 불구하고, 자유로운 토론이나 PT에는 늘 부족감을 느꼈었다. 때문에 미국 연수 시절에는 3개월간 전문강사로부터 집중 훈련을 받기도 하였다.

간혹 사람들은 언어에 대한 소질을 말하곤 한다. 그러나 소질보다 중요한 것은 노력이다. 언어의 천재로 알려졌던 이탈리아의 주세페 메조판티[1774-1849] 추기경은 모국어인 라틴어 이외에 아랍어, 히브리어, 프랑스어, 중국어 등 총 72개국 언어를 구사하였고, 그 중 30개국 언어에 능통하였다고 알려졌는데, 그는 고유의 학습훈련체계를 갖고 있었다고 한다. 필자 또한 나름대로의 학습 방법을 갖고 있었는데, 그것은 영어로 된 여러 종류의 잡지들을 쌓아놓고 소리 내어 읽는 것과 반복적인 듣기 연습이었다. 자신만의 효과적인 학습체계를 고안해 보라. 왕도는 없다. 꾸준한 노력과 성실만이 필요할 뿐이다.

세 박자를 맞추라

외국어 학습에서는 듣기·말하기·쓰기의 기초를 단단히 쌓는 것이 중요하다. 그 중에서 가장 선행적인 것은 듣기 훈련인데, 그것은 반복적인 듣기에 의한 철저한 암기로 튼튼한 주춧돌을 쌓는 것이다. 그 구체적인 방법은 자신이 좋아하는 토픽의 원어인 녹음 자료를 하나 선택해서 3개월 단위로 언제 어디서나, 자나 깨나, 쉬지 않고 듣기를 반복하는 것이다. 그러한 반복적 듣기는 단어의 연결, 문장의 구성, 발음과 음률이 무의식적으로 머리와 귀 속에 배게 만들며, 만약 그 단계를 넘어설 수 있다면, 말하기와 쓰기 또한 저절로 잘 할 수 있게 된다. 결론적으로 외국어 구사력의 향상을 위해서는 세 박자가 듣기·말하기·쓰기가 잘 맞아야 한다.

주역들의 대열에 합류하라

외국어 구사력이 능숙한 비즈니스 전사들은 정말 놀랍다. 세계화의 가장 분방한 주역이었던 네덜란드인들 중에는 영어, 불어, 독일어, 스페인어 등 4개의 언어를 자유롭게 구사하는 사람이 많다. 유럽연합EU 집행위원회의 조사에 의하면2006, 네덜란드에서는 모국어 이외에 영어를 포함한 복수의 외국어를 자유롭게 구사할 줄 아는 사람의 비율이 91%나 된다. 또한 작고 부강한 국가들인 벨기에, 스위스, 싱가포르인들의 경우에도 복수 언어를 구사하는 사람이 많다. 최고의 비즈니스맨인 유대상인들은 최소한 2개 국어를 유창하게 구사하면서 세계를 드나든다. 그들이 여러 언어로 토론과 프리젠테이션을 하면서 비즈니스를 성공적으로 이끄는 것은 본받을 만하며, 한국의 글로벌 전사들 또한 그러한 주역들의 대열에 합류해야 한다.

격변의 시대에 부응하는 다양한 주제와 환경에 대응하려면 토론과 프리젠테이션을 원활히 할 수 있을 정도의 외국어 구사력을 갖추는 것이 최우선이다. 물론 그것은 전문가의 조력 이외에 자기 나름의 학습과 훈련을 필요로 한다. 초경쟁 글로벌 시대의 비즈니스 전사들은 어느 곳 어떤 자리에서도 눈치를 보거나 주저하지 말고, 당당하게 자신의 의견을 펼칠 수 있어야 한다. 글로벌 전사는 말과 글로 뛰어야 한다. 그리고 외국어 토론과 프리젠테이션 능력은 선택이 아닌 필수 무기이다.

나만의 성공 기준을 가져라

직업인으로서의 성공적 삶을 예로 들어본다면, 샐러리맨으로서 이름 난 CEO가 되거나 높은 직위에 오르는 것, 한 분야의 탁월한 전문가로서 확고한 위상과 몸값을 누리는 것, 그리고 특유의 기업가 정신을 발휘하여 사업을 성공시키고 부를 이루는 것 등이 있을 수 있다. 특히 꿈과 열정으로 가득 찬 벤처기업의 임직원들이라면, 회사의 비즈니스 매출을 확대시켜 증시에 상장시키려는 꿈과 포부를 갖고 있을 것이다.

반면에 어떤 사람은 오직 뚜렷한 직업관을 갖고서, 하루하루의 일과 삶의 균형을 지키는 삶을 성공이라고 생각할 수도 있을 것이다. 이렇듯 성공에 대한 기준은 저마다 다를 수 있다. 중요한 것은 이런 성공이든 저런 성공이든 '내적 욕구가 충족되지 않은 성공'이란 진정한 의미에서의 성공이라 말할 수 없다는 것이다.

내 안의 지평地坪을 열어라

누구나 좋은 스펙, 좋은 직장, 높은 보수를 추구한다. 그런데 그것들을 얻는 것만이 과연 성공의 전부는 아닐 것이다. 미국 로체스터대학에서 졸업생들의 행적을 조사한 결과, 조사 대상자 1,300명 중에서 '내적 욕망'을 추구했던 사람일수록 삶의 만족도가 높았지만, 부와 명예 등 '외적 욕망'을 추구했던 사람들은 졸업 후에도 삶의 만족도가 낮았다고 한다. 물론 좋은 스펙, 좋은 직장, 높은 보수를 추구하는 것이 전혀 의미가 없다고 말할 수는 없지만, 그것들만이 전부가 아니라는 점은 분명하다.

이처럼 직업인에게 있어 성공의 의미에 대한 해석은 분분하지만, 필자가 생각하는 성공적 삶은 따로 있다. 그것은 바로 "어떤 분야에서 일을 하던 성공 자체에 대한 일반적인 관념에서 벗어나, 자신의 내면에 담긴 욕구와 역량을 마음껏 분출할 수 있고, 그 결과에 만족할 수 있는 단계에 이르는 것"이다. 다시 말하면 성공이란 내 안의 지평地坪을 여는 것, 그리고 '어떻게·얼마만큼' 그 속에서 달릴 수 있는가를 말하는 것이다. '얼마만큼'이란 목표·방향성·성취도를 지칭하는 표현이다. 어떻게 보면 성공이란 '이룰 때까지 경주하는 것'이라고 말할 수도 있겠다.

성공 공식이란?

성공의 정의에 대해서는 거인들도 해석을 달리한다. 미국의 사상가 에머슨Ralph W. Emerson, 1803-1882은 "성공이란 자신이 태어나기 전보다 세상을 조금이라도 살기 좋은 곳으로 만들어 놓고 떠나는 것이며, 자신의 삶으로 인해서 단 한 사람의 인생이라도 행복해지는 것이다"라고 말했다. 반면에, 미국 최고의 거부였던 월마트^{Walmart}의 창업자 샘 월튼^{Sam Walton,} ¹⁹¹⁸⁻¹⁹⁹²은 죽음 직전에 이렇게 술회했다. "나는 인생을 잘못 살았다. 나는 내 삶의 우선순위를 잘못 골랐다."

일찍이 고난 끝에 거부가 된 그는 자식과 친구들로부터 이렇다 하게 기억되지 못한 것을 후회했다고 한다. 샘 월튼은 기독교적 가치관과 나눔의 삶을 실천한 거인이었기에 분명히 성공한 사람이었지만, 그 자신은 좀 더 주변을 배려하지 못하고 산 것을 아쉬워했던 것이다.

흔히들 "후회 없는 삶을 살아라!"라고 말한다. 하지만 세상에 그것처럼 어려운 것은 없다. 필자는 "나는 지금까지 해 온 일을 결코 후회하지 않는다"라고 말하는 사람을 가장 부러워하면서도, 완전히 믿지는 않는다. 그렇다면 후회 없는 삶이 무엇인지를 설명해 주는 공식은 없을까?

후회 없는 삶은 뚜렷한 정체성을 갖되, 주어진 업^業과 시간 속에서 이루고자 하는 열망을 극대화할 때 가능한 것이다. 이를 공식으로 만들어 보면 다음과 같다.

> 성공 = 정체성 × 시간 × 열망

성공은 결국 꿈, 시간, 그리고 간절한 열망의 소산이다. 비록 다소의 부족감이 있더라도, 자신의 목표를 이루는 과정에서 무언가 의미 있는 일을 했다면 그것이야말로 후회 없는 삶이라고 할 수 있을 것이다.

허울 좋은 양떼의 무리를 쫓지 말라

직업인은 반드시 자기만의 성공 기준을 가져야 한다. 그리고 일과 삶의 원칙을 '개인화' 하여야 한다. 그 이유는 나의 삶, 나의 경력을 만드는 사람은 결국 나 자신이기 때문이다. 혹시 어느 분야의 최고를 꿈꾸면서도, 다른 사람들이 관심을 갖는 것을 맹목적으로 추구하고 있지는 않은가? 사람들은 누구나 다른 사람들이 좋다고 하거나 겉으로 좋아 보이는 것에 맹목적으로 쏠리는 경향이 있기 때문에, 정말 자신에게 필요하거나 적합한 것을 놓치는 경우가 많다. 직업인의 행로에서 다른 사람들의 평가나 시선은 정말로 중요하지 않다. 다만 필요한 것은 뚜렷한 목표, 실천하는 행동, 그리고 선한 영향력을 소중히 하는 것이다.

진정한 프로가 되려면, 자신만의 성공 기준을 가져야 한다. 자신만의 성공 기준이 없다면, 그는 얼굴 없는 병사에 불과하다. 영국의 시인 윌리엄 블레이크William Blake, 1757-1827는 이렇게 노래했다.

"나의 스타일, 시스템, 스케일을 가져야 한다. 그렇지 않으면 다른 사람의 그것들에 예속되니까. 나는 추론도 비교도 하지 않는다. 내 일과 내 삶은 내가 창조하니까…"

사람들은 모두 다른 삶의 노래를 부른다. 이 사람은 이런 노래를 부르고, 저 사람은 저런 노래를 부른다. 자신만의 성공 기준이 없다면 그 삶은 이미 가치를 상실한 것이나 다름없다. 진정한 프로, 이기는 프로가 되려면, 부디 허울 좋은 양떼의 무리를 따르지 말고, 자신 만의 지평을 열 수 있는 삶의 개척자가 되어야 한다. 만약 열정, 배려, 유머, 그리고 자신 만의 독특한 감성과 인간애를 발휘할 수만 있다면 그 삶은 더욱 멋진 삶 이 될 것이다.

자유에 투자하라

1999년 7월 초의 일이다. 필자는 상사맨으로서의 숨 가쁜 생활을 접은 뒤 2년여가 지나서야 비로소 홀가분하게 유럽 배낭여행을 떠날 수 있었다. 그 여행은 마침 평생에 없을 시간의 틈이 생겼기 때문에 가능했다.

여행의 목적은 이전에 방문한 적이 없는 새로운 지역들을 돌아보면서 사회인으로서의 삶에 활력을 불어넣고, 의미 있는 성찰의 시간을 가져보려는 데 있었다. 물론 그동안의 비즈니스로 인해 여러 국가들을 방문할 기회는 많았지만, 과중한 업무와 시간적 여유의 부족 때문에 온전한 자유로움 속에서 자신을 돌아본 적은 없었다.

당시의 1개월여 간의 자유로운 여행은 일과 삶에 대한 균형감을 어느 정도 되찾게 해주었고, 필자의 정체성을 굳건히 해주는 계기가 되었던 것 같다.

떠나야 할 순간 인간은 두 번 태어난다.
한 번은 어머니의 자궁에서, 또 한 번은 여행길 위에서.

이제껏 한 번도 여행을 떠나지 않았다면,

모두에겐 또 한 번의 탄생이 남아 있는 셈이었다.

소심한 자는 평생 떠날 수 없다.

더 이상 안전한 삶에 대한 미련이 내 발목을 잡게 둬서는 안 된다.

- 파비안 직스투스 쾨르너의 〈저니맨〉 중에서

자유인自由人 이란?

자유인自由人이란 어떠한 존재인가? 원래 개방적인 성격에 자유인 기질이 있는 필자였지만, 자유인의 참 의미를 이해하기까지에는 적지 않은 세월이 흐른 것 같다. 흔히 자유인이란 일정한 틀이나 환경에 구속 받지 않고, 분방함과 여유를 갖고 있는 사람이라고 생각하며, 심지어는 그냥 제멋대로 마음껏 사는 사람이라고 생각하는 경우도 많다.

하지만 진정한 자유인의 모습은 그 이상의 것이다. 자유인은 한 마디로 참된 것을 추구하는 사람이다. 자유인은 올바르고 뚜렷한 가치관을 갖고 있으며, 사고와 행동의 기준이 명확한 사람을 의미한다. 자유인이라면 진취적이고 힘찬 것은 말할 것도 없다.

자유인의 본성은 자유이다. 자유는 진리에 바탕을 두고 있다. 기독교 성경의 "진리를 알지니, 진리가 너희를 자유롭게 하리라요한 8:31 ~32"는 구절이 시사하듯, 자유의 원천은 진리이다. 자유란 결국 참된 행동을 하는 것, 마음껏 하는 것, 그리고 어떠한 어떤 올무에도 걸려들지 않는 것을 의미한다. 물론 인간으로서의 한계가 있을 수 있지만, 진정한 자유인은 부질없는 탐욕과 쓸데없는 모든 것들로부터 자유로워지려고 스스로를 혹독히 다스린다. 자유인은 거룩한 분노를 위해서라면, 펑펑 울기도 한다. 자유인이라면 마땅히 올바른 가치관의 신봉자이며, 만약 그러한 면모를 지닌다면, 사회인으로서 성공적인 길을 걷는 데에도 아무 무리가 없을 것이다.

'자유인다운' 삶과 사람

'자유인다운 삶'에는 이득이 넘친다. 자유가 주는 최고의 이점은 깨어서 통찰하며, 새로운 아이디어가 샘솟게 하는 것이다. '자유인다운 사람'은 예리한 판단력과 과감한 행동력을 갖고 있으며, 활력과 센스가 넘친다. 이런 사람들에게는 세상이 언제나 처음 열린 듯이 신나게 돌아가는 것 같고, 도처에 새로운 일과 기회가 넘쳐 보이며, 위기조차 위대한 기회로 여겨진다.

이들은 기업심지어는 사라져버린 기업들까지들과 비즈니스의 동향, 주변 환경의 변화, 그리고 고수나 석학들의 다양한 주장들 속에서도 혜안을 얻으려는 데 주저함이 없다.

'자유인다운 삶'은 족적을 남긴다. 자신의 분야에서 뛰어난 족적을 남긴 기업가, 과학자, 철학가, 예술가, 문학가, 혁명가들은 모두 자유인다운 면모를 지니고 있다. 잘 살펴보면, 자기 분야에서 괄목할 만한 성과를 내는 샐러리맨, 전문가, 사업가들 중에는 '자유인다운 삶'을 추구하는 사람들이 많다. 그리고 이것은 필자가 추구하는 사회인으로서의 바람직한 모습이기도 하다.

자유인다운 삶이 꼭 명성과 인기를 수반해야 하는 것은 아니다. 그저 몸담고 있는 조직과 시장 및 파트너들에게 기여하고, 타인들에게 선의의 영향을 끼칠 수만 있다면, 그는 진정한 자유인이자 이미 성공한 프로이다.

자유에 투자하라

자유에 투자한다는 것은 무엇일까? 그것은 바로 자신의 정체성과 존재감을 더욱 굳건하게 함으로써, 그로부터 생성되는 희열의 원천을 단단하게 하는 것이다.

자유에 투자하는 방법은 끊임없이 갈구하고, 보고, 듣고, 읽으며, 돌아다니는 것이다. 자유에 날개를 달아 주는 것은 좋은 예술 작품, 좋은 책 그리고 사람들의 입이다. 문학, 역사, 철학 속에 등장하는 뛰어난 인물과 사건의 흔적들은 경영과 비즈니스에 필요한 혜안과 통찰을 갖게 한다.

온갖 잡학과 수첩에 적힌 메모들 또한 폭 넓은 시야와 합리적 판단에 도움이 된다. 업무나 해외 출장 중에 공연장, 박물관, 백화점이나 암시장을 둘러보는 것도 유익한 일이다. 때로는 광활한 대자연을 접하고, 감동을 주는 음악을 듣거나, 같이 웃을 수 있는 사람과 더불어 교류할 수 있다면 그것처럼 좋은 축복도 없다. 이러한 모든 것들은 인간과 비즈니스에 대한 접근과 행동을 원숙하게 만드는 묘약과 같은 효력이 있다.

최후의 보루는 인간애^{人間愛}이다

자유인의 최대 무기이자 자산은 인간애이다. 자유^{free}라는 단어는 '사랑한다'는 의미를 가진 인도유럽어의 'pri'에서 유래한다. 영국의 유명한 수필가 윌리엄 해즐릿^{William Hazlitt, 1778-1830}은 "자유를 사랑함은 남을 사랑하는 것, 권력을 사랑함은 자신만을 사랑하는 것이다."라고 말하지 않았던가?

'자유인다운 사람'은 일과 삶 속에 인간에 대한 깊은 배려를 담고 있다. 그것은 조직 구성원 간의 화합, 고객과 파트너들에 대한 진실한 존중으로 나타난다. 진정한 프로, 자유인다운 프로라면 조직에서나 시장의 어느 곳에서든 '인간 존중'의 대의^{大義}를 절대 잃지 않으며, 부정한 방법으로 일을 하거나 영혼이 조롱당하는 일도 없어야 한다. 그것은 가치관과 행태가 완연히 다른 이문화 환경, 나아가 글로벌 무대에서는 더욱 그러해야 한다.

초경쟁 글로벌 시대의 사회인은 모두 자유인다운 면모를 지녀야 하며, 이를 위해서는 끊임없이 자유에 투자하여야 한다. 그것은 혼이 살아서 깨어 있으며, 항상 새로운 것을 추구하는 것이다. 비록 어느 기업, 어느 조직에 몸담고 있든 간에 진정한 프로가 되려면 진정한 자유인다운 면모를 갖춰야만 비로소 가능해질 것이다.

자유인다운 면모는 현실을 직시하되, 먼 곳을 바라보는 노력을 지속함으로써 견고해질 수 있다. 변화의 파고^{波高}를 뛰어넘을 용기와 꺼지지 않

는 열정은 필수의 무기이다. 실패와 좌절도 넘어서야 한다. 무엇보다 중
요한 것은 올바른 가치관과 정도를 추구하며, 따뜻한 인간애를 잃지 말
아야 하는 것이다. 글로벌 무대에서도 인간애를 멀리한다면 유력한 파트
너들과 깊은 유대관계를 형성할 수 없다. 비즈니스는 사랑이며, 인간애
는 만사 최후의 보루이다.

맺는말

    땅과 바다에서의 혼전이 시작된 이래, IT 혁명이 세상을 뒤엎은 오늘에 이르기 까지 무대를 이끈 이들은 시대와 환경을 넘어서며 앞을 보고 달린 비즈니스 전사들이다. 초경쟁 글로벌 시대인 오늘과 내일의 세계에서도 그 점은 더욱 분명해질 것이다. 하지만 세계화가 낳은 경계의 파괴는 시장, 산업, 기술의 영역을 넘어서 사람과 문화의 정체성마저 모호하게 만들고 있으며, 때로는 자신이 어디로 가는지, 무엇을 이룰 수 있는지에 대해서도 헛갈리게 하고 있다.

    이러한 상황에서 조직과 시장에서의 이전투구와 글로벌 무대에서의 치열함은 틀에 박힌 사고와 행동을 더 이상 달가워하지 않는다. 그럼에도 불구하고 격변의 상황이 가져다주는 이점 또한 없지 않다. 그 속에는 무수한 기회가 꿈틀거리고 있으며, 미리 정해진 주인공 또한 없다는 점이 바로 그것이다. 그러니 완벽한 영웅이 아니면 어떻고, 광대한 꿈이 아니면 어떠한가? 중요한 것은 세상과 자신을 바라보는 눈과 행동이다. '프로액티즘'은 바로 그 눈과 행동의 방향을 분명히 밝혀줄 수 있는 새로운 이정표가 될 것이라 확신한다.

　사회생활은 치열한 경주의 과정이다. 이러한 과정 속에서 성공적인 커리어를 구축하려면 바르게, 제대로 뛰어야 한다. 허공을 치지 않는 달음질을 계속하려면 헛손질과 헛발질을 되풀이해서는 안 되며, 넓은 바다를 헤엄치려면 팔 다리를 제대로 저어야 한다. '프로액티즘'은 그러한 인식과 행동으로의 전환을 가능케 해줄 것이며, 두려움의 기피자나 어려움의 방관자가 되는 대신, 미래를 위한 구체적이고 가치 있는 행동을 이끌어내고 성취할 수 있게 만들어 주는 뉴패러다임이 될 것이다.

　무한 경쟁 시대인 오늘에 있어서, 모든 이들이 해야 할 일은 과도한 자부심이나 불편한 위축감에서 벗어나, 진취적인 기상과 풍모를 잃지 않으면서 꿋꿋이 무대를 이끄는 것이다. 부디 이 책을 읽은 모든 분들이 진취적 프로이자 진정한 프로가 되어, 각자의 분야와 영역에서 뜻하는 바를 모두 성취하기를 기원할 뿐이다.

| 저 | 자 | 소 | 개 |

소보(少甫) 이 대 희

유진그룹 해외부문 사장, ㈜인프라넷 사장, 텔슨전자 부사장, 삼성물산 미주법인
팀장, 해외전략팀장 등을 역임하고, 현재 세종네트웍 부회장과 글로벌리딩경영
원 대표로 활동 중인 경영인, 해외사업, 마케팅(협상)전문가이다.

서울과학종합대학원(경영학박사), 연세대 경영대학원(석사), 한국외국어대 영어과
를 거쳐, 서울대 최고경영자과정, 펜실베니아대 'Wharton AMP', 스탠포드대
'Negotiation & Influence Strategy Program' 등을 수료하였으며, 2007년에는
대한경영학회 '경영자 대상'을 수상하였다.

다년간 국내 및 해외 시장에서 풍부한 비즈니스 경험을 축적하였으며, 삼성물산
재직 시에는 최우수 상사맨으로서, 미주법인 및 여러 이문화 현장에서 뛰어난 비
즈니스 성과를 거두기도 하였다. 쉼 없는 도전정신을 바탕으로 한 경영 철학을
갖고 있으며 가치경영, 인문경영, 현장경영 등을 강조하는 태생적인 마케터이자
실행주의자이다.

프로액티즘 PROACTISM

2판 2쇄 발행 2018년 8월 30일
지은이 이대희
펴낸이 이정수
책임 편집 최민서·신지항
펴낸곳 연경문화사
등록 1-995호
주소 서울시 강서구 양천로 551-24 한화비즈메트로 2차 807호
대표전화 02-332-3923
팩시밀리 02-332-3928
이메일 ykmedia@naver.com
값 15,000원
ISBN 978-89-8298-178-4 (03320)

이 도서의 국립중앙도서관 출판예정도서목록(CIP)은 서지정보유통지원시스템 홈페이지
(http://seoji.nl.go.kr)와 국가자료공동목록시스템(http://www.nl.go.kr/kolisnet)에서 이용하실
수 있습니다. (CIP제어번호 : CIP2016017772)